U0154050

真理原理論
——純粹現實學序說

第一分冊（論項 *1-18*）

曾天從　著

黃文宏譯注／解說

第一分冊目次提要

純粹現實學的諸理念的原理研究
——關於哲學的基礎究明的一個試論——

日本語版凡例

原文に於けるページ間の区切りを // で示した。また、原文の文字表記をできるだけ忠実に使用することとし、以下の場合に限り特に断ることなく適宜処理した。

1・対応する新字体がある漢字は新字体に変換した。〔例〕絕對→絶対
2・旧仮名は新仮名に変換した。〔例〕ヲ゛ルテール→ヴォルテール
3・文中のギリシャ語とドイツ語は現代表記法を用いて表記し、明らかな誤字脱字は訂正した。
4・文中のラテン語はイタリック体で示した。
5・原文を「編、章、節、論項、段落」の五つの構成要素に分けた。
6・各論項は番号の前に「§」を付けて示し（例：第九論項→§9）、各段落は論項番号と段落番号を付けて示した（例：第九論項第一段落→§9.1）。一つの論項が一つの段落のみによって構成されている場合は、段落番号は付けず論項番号のみで示した（例：第3論項→§3）。

中文版凡例

一、本譯注底本為《真理原理論——純粹現實學序說》（東京市，理想社出版部，1937）。「邊頁」所標示的數字為原著頁碼。

二、原文區分為「編、章、節、論項、段落」等五個構成要素。

三、本譯注「論項」用「§」表示。例如「§9.1」指「第9論項，第1段落」。如該論項只有一段，則不再細分，例如「§3」指「第3論項」。

四、譯注者「解說」與原文「論項」一一對應，引文如出自該段落，則不再標明出處。

五、原文原有注解皆重新連續編碼，採隨文附注，置於半型方括號（[]）中，與「譯者注」編號區別開。

六、作者所引用的外文（例如德文與拉丁文），作者原則上自己皆已譯成日文置於正文。未譯成日文部分，本譯著將其譯成中文，置於原注解處。

七、日文原著中「拉丁文」更改為「斜體字」，中譯部分同樣處理。

八、譯文中方括號〔〕是譯者所添加，為語義補充或解釋之用。

九、譯文中有些引號「」是譯者所添加，為突顯或標示之用。讀者可以與日文對照，分辨出譯者添加的引號。

譯注者解說

> 無真理自體的存在，則無真理認識的成立；無真理認識的成立，則
> 無學問體系的構成。

　　曾天從（1910-2007）是日治時期最具代表性的臺灣哲學家之一。他在戰前最具代表性的著作，是在 1936 年完成，1937 年出版的《真理原理論——純粹現實學序說》（以下簡稱《真理原理論》）。這是一部以日文寫成的，由當時作為日本新康德哲學的代表學者之一的桑木嚴翼（1874-1946）[1] 為之做「序」的巨著。[2] 全書由「桑木嚴翼序」、「自序」與「正文」構成，其中「正文」長達 616 頁，加上兩則序言共 630 頁。在內容上區分為前後兩篇、四個章節、兩百個論項，該書「副標題」雖然標示為「序說」，然而在筆者看來，本書足以作為其哲學思想的代表著作。就內容來看，該書「前篇」處理「真理自體」的領域，「後篇」處理「擬而真理自體」領域，分別用來批判當時哲學界（主要是歐陸與日本）的「實在論」與「觀念論」兩大潮流、將其包越並安置於一個真理論的體系當中，在這裡可以看出曾天從思想的企圖。[3] 本譯注計劃將整本著作譯出，以日中雙語的方式呈現，並加上筆者個人的「解說」。由於原著龐大，將以「分冊」的方式呈現，本分冊為「第一

1　桑木嚴翼（Kuwaki Genyoku, 1874-1946），1906 年京都帝國大學教授，1914 年東京帝國大學教授。日本康德哲學專家。

2　曾天從，《真理原理論——純粹現實學序說》（東京都：理想社出版部，1937）。由於該書將兩則「序」言，與「正文」的頁碼皆以阿拉伯數字重新編號，以至於頁 1-14 有頁碼重複的情形。本譯注將「序言」的頁碼改為羅馬數字（i, ii, iii 等），「正文」的頁碼則保持原阿拉伯數字，文本引用時亦同樣處理。

3　其中「擬而真理自體」的部分，屬於《真理原理論》的「後篇」。讀者也不妨參閱曾天從的《論理論》（或譯為《邏輯論》）（臺北市：青文出版社，1964）。

分冊」。對於曾天從的生平事蹟與年譜，學界已有何秀煌的《見證時代的哲思》[4] 以及《曾天從教授百歲冥誕紀念集》可供參考。[5] 讀者可以找到詳細的說明，本譯注就不再重複，僅將重點置於「展示」與「解說」其哲學體系的構想。

據曾天從自己的回憶。本書完成時，他年僅 26 歲，也提到這是他的「青春之夢」的初次公開發表，而對於貫徹本書的中心概念的「真理自體」，也有簡短的描述。在這裡，曾天從提到在真理論中所提出的「真理自體」，其實就是「現實的自體存在」，而該書是以「真理自體」與「真理認識」的差異（我們以下簡稱為「真理論的差異」）為出發點。[6] 換句話說，解明「真理自體」或「現實存在的自體存在（現實自體）」是本書的重點。關於什麼是「現實自體」，我們先不預設任何想法，將其視為一種「操作概念」（operativer Begriff），並試著在具體的翻譯與解說中來逐步充實其意義。[7] 但是作為一個預備的理解，我們仍然可以沿著實在論的方向，暫且將其理解為一種康德式的「物自體」（Ding an sich），或者更恰當地說，可以將「物自體」理解為一種「真理自體」，但是兩者仍然不能混同。[8] 因為這只是一個暫時的理解。粗略地來說，不同於牟宗三沿著西南學派的想法，將物自身理解為一種「價值」概念，曾天從傾向於將其理解為一種「事實」概念。然而透

---

4 何秀煌著、何義麟、曹永洋編，《見證時代的哲思──何秀煌文存》（新北市：遠景出版公司，2021）。

5 林義正、郭博文、趙天儀主編，《曾天從教授百歲冥誕紀念集》（新北市：富春文化事業公司，2010），頁 119-120。

6 曾天從，《哲學體系重建論》下卷（臺北市：青文出版社，1981），頁 114。

7 「操作概念」的意義。請參閱：芬克著，黃文宏譯，〈芬克：胡塞爾現象學的操作概念〉，《面對實事本身──現象學經典文選》（北京市：東方出版社，2000），頁 588-605。

8 「物自體以及與之同格的超驗的理念，對我們的真理論來說，是作為真理自體、作為真理存在本身，而自身自體地存在的現實之物。」曾天從，《真理原理論──純粹現實學序說》，頁 197。

過這個初步的理解，我們可以知道，曾天從強調理論哲學的優先性、採取了一種實在論的進路，並以真理自體為「真理認識（哲學）」的前提。「無真理自體的存在，則無真理認識的成立；無真理認識的成立，則無學問體系的構成。」[9] 然而讀者在閱讀中，自然就會發現，用「實在論」來稱呼曾天從的哲學，只是一種權宜之計，但是它確實表現出了一種「實在論的傾向」。在這裡曾天從沿著波扎諾（Bernhard Bolzano, 1781-1848）一路到新康德學派來追溯這個傾向，並且試圖結合胡塞爾的現象學來解決其所提出的問題，於是他不僅批判了新康德學派，也批判了現象學，致力於在當時的兩大主流（新康德哲學與現象學）之間尋找一條出路。讀者在往後的各分冊中就會發現，「真理原理論」的實在論傾向，並不是傾向於建立一個「與觀念論對立」的實在論，而毋寧是一種「超對立的真理論」，而這一點在筆者看來，可以說是日治時期臺灣哲學對永恆哲學（*philosophia perennis*）的貢獻。

就翻譯而言，日文本的《真理原理論》的某些部分，曾天從自己曾經中譯過一部分，並以一個比較簡潔的方式，置於戰後的中文著作中。就本譯注的範圍而言，《真理原理論》的「序言」，可以在《哲學體系重建論》下卷中，找到他自己的中譯。[10] 但是這個戰後的文本，在語詞的使用上與本譯注有些許的不同，筆者無法在此討論戰前戰後的語詞變動，而僅根據日文原著進行翻譯，保留日文本的在專有名詞上的統一。「文本解說」的方式，則採用筆者在胡塞爾《大英百科全書草稿》[11] 中的作法，盡量保持在文本內部，讓各「篇、章、節、論項」與「解說」一一對應。為解說方便，筆者個人在各個「論項」中，再區分出「段落」，例如原文的「第 149 論項，第 1 段落」，則簡稱為「第 149.1 論項」。所引用的曾天從文字，除非出自其他論

---

9 曾天從，《哲學體系重建論》下卷，頁 114。
10 曾天從，《哲學體系重建論》下卷，頁 116-122。
11 黃文宏，〈譯注者解說〉，收入胡塞爾著，黃文宏譯注／解說，《大英百科全書草稿》（新竹市：國立清華大學出版社，2021）。

項或文獻，不再標明出處（請參閱本譯注「凡例」）。

※※※※※※※

在進入正文之前，我們可以看到本書有兩則〈序〉。其一是〈桑木嚴翼序〉，另一是曾天從的〈自序〉，在這裡讀者要注意的是曾天從的〈自序〉。首先一般來說，在傳統德式的目次分類上，「序言（或譯為「前言」）」（Vorrede）雖然是出現在一本書的最前面，但卻往往是最後才寫的，是這位哲學家自己對自己的計畫或體系的說明，牽涉到這本書在其哲學體系中的位置。相對來看，「導論」（Einleitung）才是論文的開始，它具有「引導」進入正文的功能，黑格爾的《精神現象學》就是典型的例子（讀者在以下的各分冊就可以明白地看到，不止康德、新康德學派、現象學，黑格爾與黑格爾學派對曾天從的影響也很大）。因而在閱讀上，不熟悉其體系的讀者，可以越過「序言」，直接從「導論」開始。然而曾天從這本書，在編排上並沒有「導論」，而是在本書「正文的第一章」之前，附上一頁標題「純粹現實學的諸理念的原理研究——關於哲學的基礎究明的一個試論」，雖然只有幾個字，但是意賅言簡地表達出了本書的真正主題，曾天從很可能是想以整本書作為其體系的「導論」。不論如何，筆者保留其在目次上的位置不予調動。另外在編排上，桑木嚴翼與曾天從的兩則序言，筆者雖然用「論項 00」與「論項 0」來表示，但是這其實不是「論項」，而是基於「解說」的方便而設立。不熟悉其體系的讀者，不妨直接從「第一章（論項1.1）」開始閱讀。

桑木嚴翼序

[解說 §00.1]　哲學的一般性觀察

　　首先桑木教授給出一個「一般性的觀察」，談到哲學所面臨的一種困境，以相對於第二段落的「全般的觀察」。[12] 他提到哲學要求「體系」，但是哲學不同於「經驗的學問」，它沒有所謂的「經驗的檢證」的問題，因而也不像物理學的進展，比如說當托勒密的「體系」與「公認的事實」抵觸的時候，我們可以在「事實的觀測」與「數學的計算」當中，找到托勒密體系的缺陷與破綻，最終乃至於由哥白尼的體系來取而代之。而科學在歷史上也確實如此發展，並且取得了豐碩的成果。相對來看，哲學體系並不能用觀測與計算來否定、也欠缺公認的事實、沒有看似明確的「破綻」，而且就算遠離了「當初的原理」，還可以用「發展」，甚至用「辯證法的發展」來自圓其說。因而相對來看，哲學體系似乎可以一直保持其體系的不變。然而這只是一般的觀察，桑木教授在這裡毋寧是要說明「真正的體系」的建立的困難。

[解說 §00.2]　哲學體系建立者的條件

　　接著桑木談到，上述所說只是一般的觀察，並不足以說明全般的情況（桑木的措詞是「全般の觀察」），因為「真正的哲學體系家」並不是如此。首先真正的哲學體系家不是獨斷的，他在「原理」的建立上，需要細心地思考與公正地論斷。但是不論個人如何努力，哲學體系都難以達到完美，哲學家的疑惑與煩悶是必然的，然而疑惑與煩悶要求著更深的反省與批判，這迫使哲學家除了單純的「原理」之外，還需要「事實」的觀察與研究，

---

12 關於「全般」與「一般」的使用，雖然因人而異，但是感興趣的讀者還是可以參閱，胡塞爾著，黃文宏譯注／解說，《大英百科全書草稿》的〈譯注者解說〉中的說明。

需要廣泛地學習其他學問所獲得的成果，「真正的體系家除了是真正的批評家之外，同時也必須是真正的多識者。」這是體系性哲學家的命運。也就是說，在桑木看來，一個哲學體系的建立者，必須同時具備「歷史的研究」與「體系的解釋」的能力。然而現實上來看，能同時具備這兩種能力的哲學家，在哲學史上並不多，這雖然看似是一種「理想的狀態」，「然而在事實上，這又未必只是停留在一種理想的狀態而已」，這種人確實存在。這一點讀者只要仔細閱讀曾天從的著作，就可以知道他同時具備「歷史」與「體系」的能力，「臺灣第一位哲學家」這個名稱是當之無愧的。

[解說 §00.3]　新的機軸的建立

曾天從以 27 歲的少壯青年（該書完成時為 26 歲），就建立起自己哲學體系，這即使在現今哲學界，也是絕無僅有。讀者在接下來的「文本解說」中，就可以知道為什麼這本「大作」只是其哲學體系的「序論」，僅佔全部計畫的「六分之一」。就我們現今所尋獲的文獻來看，曾天從終其一生皆貫徹了桑木的這個想法，而其為哲學所建立的「新的機軸」或「核心」就是「真理原理論」。

自序

[解說 §0.1]　作為世界觀的哲學、世界觀哲學、真正的哲學

在「論項 0.1」中我們會先接觸到的幾個名詞，即「作為世界觀的哲學」、「世界觀哲學」與「真正的哲學」，其中「真正的哲學」是曾天從在「論項 0.2」以下的論述的主要部分，本論項的重點在「作為世界觀的哲學」（日文漢字為「世界観的哲学」）與「世界觀哲學」（日文漢字為「世界観

哲学」）的區分。[13] 曾天從沿著兩者與真正的哲學的區別來談。

　　首先是「作為世界觀的哲學」，這個詞可以理解為「哲學作為世界觀」、「世界觀式的哲學」、「具世界觀性質的哲學」等等。它不是「真正的哲學」，其理由分兩部分陳述，就日文來看，分別對應到兩個「から」，筆者在翻譯上將其意義譯出，由兩個「其理由在於」帶領。簡單地來說，作為世界觀的哲學是以人類為中心所成立的學問，是站在「人類中心主義」或「人性論」的立場上的、是日常態度中的「人生觀」與「素樸的世界觀」表達、是在日常直接意識樣態中所出現的「日常的觀念形態」的表現。[14] 這樣的學問並不是真正意義下的「哲學理說」，或者更恰當地說，它還不是真正的哲學，而是「基於主觀性的爭論的興趣」的產物，是「似是而非的」、「應被排除於真正的哲學」之外的，但是我們很快就會看到，在曾天從看來，這種「應被排除」的東西，對於真正的哲學的建立，並不是完全無意義的東西。

　　相對來看，「世界觀哲學」則是一種哲學。[15] 它是關於「世界理觀的學問」，是一種「能提供世界觀」的「純粹學問的理論」或「哲學的理說」，也就是說，它是「學問性的理論」、是反省性的、以「世界觀作為研究對象」的學問，曾天從也稱之為「世界觀學」，這是具有「學問意義」的。這

13　曾天從的這個區分應是源自於胡塞爾〈哲學作為嚴格學〉（1911）的啟發，胡塞爾在〈哲學作為嚴格學〉中談到「嚴格學（學問的哲學）」（strenge Wissenschaft）與「世界觀哲學」（Weltanschauungsphilosophie）。前者具有「絕對的有效性」，是超時間的，而後者（例如狄爾泰）則是一門「關於世界觀的哲學」，它所處理的是某特定時代的世界觀，以及從中所產生的哲學。請參閱 E. Husserl, *Philosophie als strenge Wissenschaft. Aufsätze und Vorträge. 1911-1921*, in *Husserliana* XXV, S. 3-62.

14　關於「觀念形態」（Ideologie）這一詞，曾天從在「論項 165.2」中有解釋其意義。簡單地來說，idea（觀念）是不變的，超歷史社會的，而「觀念形態」則是「歷史的社會的」或說「受限於歷史與社會」的表現。

15　曾天從的這個區分應是來自於胡塞爾的《哲學作為嚴格學》，在這份文獻中，胡塞爾將狄爾泰的哲學理解為一種「世界觀的哲學」（Weltanschauungsphilosophie）。

樣來看的話，「作為世界觀的哲學」其實是將「哲學」作為一種「世界觀」的表達，它受到人類主觀的情意因素的限制。而「世界觀哲學」則是一種能「超脫主觀的情意」而「保持著客觀的認知的立場」的學問。[16] 相對於前者，後者是一種能夠提供「世界觀」的哲學理說。在曾天從的措詞上，「世界觀學」（研究世界觀的學問）與「世界觀哲學」（具學問性質的哲學）是同義詞。在解讀這段文字的時候，讀者只要注意中譯本中「其裡由在於」所引導的兩個句子，就可以了解其中的分別。

接下來的部分，倘若將其對比到胡塞爾的現象學來看會比較清楚。如所周知，在胡塞爾看來，「學問的態度」（超越論的態度）與「素樸的態度」（自然的態度）之間應該要分別開，在 1907 年的《現象學的觀念》，更是強調兩者應屬於截然不同的兩個向度，相對應地，建立在兩個不同的態度中的學問，也必須截然地分別開。[17] 然而我們看到曾天從認為，在這裡確實應「相互明白地區別開來」的兩門學問，「應該有一種聯繫關係的存立」。讀者在這裡會看到一個專有名詞「存立」，這個語詞在曾天從的文本中，是使用的非常廣泛的語詞，這表示它是重要的哲學概念。簡單地來說，這是德文「Bestand」的翻譯，它表示一種「存在樣式」，所有的理想之物（例如，本質、理念、有效性、價值、數學、邏輯等等）的存在樣式都是「存立」。初步地來說，在曾天從的措詞上，理想之物（觀念之物）的存在樣式是「存立」，現實之物的存在樣式則是「現實存在（實存）」（Existenz）。[18] 這也是當時學界的一般用語，然而由於各個哲學家的使用仍有不同的重點，我們

---

16 曾天從，《哲學體系重建論》上卷（臺北市：青文出版社，1981），頁 42。

17 請參閱胡塞爾著，黃文宏譯注，《現象學的觀念》（新竹市：國立清華大學出版社，2017）。

18 「前者（實在的對象）擁有實存（Existenz）的存在性，後者（觀念的對象）雖然沒有實存，然而被認為是擁有存立（Bestand）的東西。這意味著前者是時間的事態的，後者則是超時間的意義的東西。」曾天從，《真理原理論——純粹現實學序說》，「論項 141.3」，頁 392。

可以先將其視為一種「操作概念」，在文本的閱讀中再慢慢地充實其意義。

　　回到文本，我們可以看到，曾天從認為在「哲學態度」與「素樸的態度」之間並不是斷裂的，內存於其中的學問也是如此。而在素樸態度下的「作為世界觀的哲學」，可以透過一種「二重升騰」的過程而向上提升。第一重升騰是從原本日常的直接性中的「觀念型態」，向上提升到「事實解明的科學」，第二重升騰則是從「事實解明的科學」再提昇到「本質究明的哲學」。從曾天從使用「升騰」一詞來看，我們可以知道這三種學問之間，並不是並列、平行，而是一種「轉形」（transform）的關係，一層往一層轉形，或者在筆者看來是往「更為純正」的一層而去，也就是說，「作為世界觀的哲學」是學問的「不純正的表現」。[19] 讀者在往後的文本中，可以看到一種東方式的思考型態的介入，也就是說，曾天從在肯定「其一」與「另一」必須截然分別的同時，又主張其間存在著向上升騰的關係，下層的學問可以轉形成在本質上完全不同的上層學問，而這樣的想法，在胡塞爾的超越論現象學中是欠缺的，自然態度下的學問與超越論態度下的學問，必須保持截然二分。[20] 然而在曾天從看來，「科學」與「哲學」都是學問，然而兩者在「分別」的同時，又有著「升騰」的關係，其間關係的解明是曾天從的貢獻之一，我們在以後的文本中，就會看到這牽涉到「超對立」的理解。不過我們先注意曾天從這裡的說法。

　　曾天從在這裡談到是一種發展的過程，由「作為世界觀的哲學」到「世界觀哲學」，再到「真正的哲學（學問的哲學）」。這三者截然分別，但是其間存在著一種「升騰」或「進展」的關係。讀者在閱讀上要注意這裡的「媒材」一詞的使用。在這個升騰關係中，底層的部分（作為世界觀的哲

---

19 關於「純正」一詞的使用，請參閱胡塞爾著，黃文宏譯注／解說，《大英百科全書草稿》的〈譯注者解說〉。

20 請參閱胡塞爾著，黃文宏譯注，〈第一講稿〉，《現象學的觀念》。

學）是上層部分（世界觀學）的媒材，由於最底層的部分是「直接的」，上層的部分是「間接的」，於是在措詞上，「作為世界觀的學問」就成為通向「世界觀學」的「間接的媒材」。同樣地，由於「世界觀哲學」是「學問的哲學」的一個「特殊分科」，它構成了「哲學全般」的建立所需要的間接的媒材。這樣來看的話，「哲學」的成立需要「科學」的媒介，哲學是一種在「被媒介的間接態」中所成立之物。不僅「學問的哲學」需要「世界觀學」作為媒介，「世界觀學」也需要「作為世界觀的學問」的媒介。其實任何「學問」（哲學與世界觀學）都是間接的，都是「被媒介的間接態」，是在「被媒介」中形成的、都需要媒介的參與。在這裡我們看到「媒介」的概念。它是一種中間項，是由底層往上層的發展之所必需，中間層不是底層、也不是上層，但是沒有這個中間層，底層往上層就不可能。也就是說，真正的哲學不是人生觀的表現，而是人生觀的升騰，而真正的哲學也不脫離了人生觀的建立，它需要人生觀作為其自我實現自身的媒材。沒有媒材，哲學無法實現。關於「日常的觀念形態」、「科學」、「哲學」這三者間的關係，在往後的文本中（例如「論項 162.1」等），我們還會再陸續地看到曾天從的討論。

[解說 §0.2]　絕對唯一的學問理念

接下來是曾天從心目中的「真正的哲學」，這當然也是他所要開展的哲學。首先它必須是一種「學問的哲學」，這是一種學問的理念。對此，他分兩個側面來談。首先就其「本質面」而言，它必須是以「嚴密學的」、「本質學的」方式所顯揚出來的「理念哲學」。這裡的「嚴密學」是胡塞爾的「strenge Wissenschaft」一詞的日譯，曾天從也談到胡塞爾的〈哲學作為嚴格學〉這篇論文讓他「感銘最為深刻」。[21] 不過由於兩人對「學問」的了

---

21 請參閱曾天從，《哲學體系重建論》上卷，頁 112。

解不同，在翻譯上，筆者就保留其日文漢字的使用。[22] 比較要注意的是這裡的「理念哲學」的「理念」一詞，是被「哲學本然的理念」所帶領、所要求的「理念」。哲學在這裡必須「呼應」（即応する）這個「學問的理念」的要求，而成為一門「理念哲學」，並且在哲學的活動中，讓包含於自身中的「理念」顯揚出來。也就是說，在曾天從看來，哲學作為「學問的哲學」的本質面是「純粹本質學」，而「理念哲學」則是基於「哲學的理念」所建立的學問。因而哲學應作為一種「理念哲學」、「嚴密學」與「本質學」而成立，它是基於哲學本然的理念而成立的學問，是「學問的理念的本質面的純粹顯現」。

其次，「學問理念」除了「本質面」之外，還有「事實面」。「哲學」是其本質面的顯現，而「種種科學」則是其事實面的顯現，兩者必須統合在「絕對唯一的學問理念」當中。[23] 這個意義下的哲學才是「真實的哲學」，它並不與「科學」處於對立的狀態，而是必須與科學統合在一起。同樣地，在洪耀勳看來，哲學與科學必須處於一種「和諧」或「調和」的狀態。[24] 這種對「哲學」與「科學」間關係的理解，可以說是日治時期臺灣哲學的一個特色。

這一點就曾天從來看，他並不是要放棄兩者的「對立狀態」，而是要改變「對立的意義」，其中「原樣的對立狀態下」（対立の状態の儘に）指「沒有改變其意義」或「通常意義下的相互排斥的對立」，換句話說，曾天從批評西方哲學中將哲學與科學視為對立的想法（例如康德、胡塞爾等），

---

22 在筆者看來，同樣的情況也發生在西田幾多郎的《善的研究》，這是因為語詞的意義是在這位哲學家的使用下取得的，只能從這位哲學家的思想中去理解的緣故。

23 類似的想法，讀者也可以在胡塞爾的哲學中看到。請參閱胡塞爾著，黃文宏譯注／解說，《大英百科全書草稿》。

24 洪耀勳著，黃文宏譯注／導讀，《洪耀勳日文哲學著作集》（新竹市：國立清華大學出版社，2020），頁 73。

認為這樣所理解的「哲學」還不是「真正的哲學」。在真正的哲學當中，哲學與科學的對立要以「絕對否定」來媒介，將其原有的對立狀態「揚棄」，轉變成「相即」，並讓真正的哲學「包越地超越」對立的兩者。在這裡的「包越」一詞是「包攝與超越」的意思。也就是說，哲學是從科學的升騰而來，兩者間的「原樣對立」必須被揚棄，而形成「絕對的統一」，而作為絕對統一的「真正的哲學」包越了對立的兩者。在這裡「絕對的」一詞，表示要從這個哲學家所特有的意義來理解，這在曾天從是「超對立」的想法及其所建立的哲學，這是整本書的重點，我們只能一步一步地來予以解明。

我們做一個小結，並且注意曾天從的「絕對否定的媒介」的想法。如我們所知，曾天從承認「科學」與「哲學」的相即關係，哲學作為全體，科學作為部分，是一種「相即且包越」的關係。兩者的原樣的對立被揚棄，而取得另一種形式的對立，兩者的結合是以「絕對否定」作為媒介所形成的「絕對統一」，也就是說，在「科學（事實學）」與「哲學（本質學）」，兩者之間有著「絕對否定的媒介」，兩者是相即的，哲學需要科學，科學需要哲學，兩者共同形成真正的哲學。真正的哲學並不與科學對立，而是以絕對否定為媒介而與科學相即。在這裡仍然保留一個學問的全體的想法。科學與哲學間的絕對否定，表示兩者間的「絕對統一」並不是兩者的「等同」。

這樣來看的話，「真實的哲學體系」必須是能夠將科學「絕對否定地」媒介於自身的「間接的學問體系」（其實在曾天從看來，只要是學問都是間接的），而哲學作為更上層的學問，它必須絕對否定地「採擇（採納選擇）」種種科學的成果為其媒材，換句話說，不同於胡塞爾認為，應將自然態度及其學問全都存而不論，在曾天從看來，「真正的哲學體系」必須以自然態度下的科學成果為其「媒材」，哲學是「被媒介的間接的學問」。但是如我們所知，這並不意味著哲學應「原樣地」採納科學的認識成果，在這裡仍然必須有一個「絕對否定」的媒介。真正的哲學唯有在「間接的意義上」才能是學問全體，而真正的哲學體系也唯有在「間接的意義上」才能是「學

問體系」本身。這裡的「學問體系」一詞，明顯地是指更上層的體系，即下一段所說的「學問的哲學」。

[解說 §0.3]　真理原理論、純粹現實學、學問的哲學

這裡說明本論著的目標，《真理原理論》的第一步，必須開啟一條能通向「學問的哲學」（日文漢字為「學的哲學」）的道路，並且究明「哲學全般的基礎」，這是它的第一步。也就是說，《真理原理論》是一種「方法論」，我們以後就會看到，曾天從沿著胡塞爾的「現象學的還原」而提出「真理論的還原」，這是本書的重點之一。

不過在這裡我們先注意「純粹現實學」意義與體系的構造。首先，它是一門「關於哲學理念的純粹現實的學問」，作為方法論它指向「學問的哲學」。這門學問所要論究的理念有三，即「學問」、「真理」與「認識」，這三個理念之間形成「即自」（an sich）、「對自」（für sich）、「即且對自」（an und für sich）的辯證關係。因而就「學問」的發展來說，藉由否定原樣的「真理理念的即自態」，而建立起「對自的認識理念」，再否定這個認識理念，而建立起「學問的哲學」，這形成「絕對唯一的理念」的三種運動的樣態，而「把握」（begreifen）這種運動的軌跡的「概念」（Begriff）就是辯證法。在曾天從看來，「學問的哲學」是一種「純粹本質學」，它是「學問理念」在本質面上的純粹顯現，而要純粹地將學問的理念的本質面顯現出來，我們需要在方法上先行地建立起一門「純粹現實學」，換言之，《純粹現實學》是一門方法論，其目標在將「學問的理念」予以「純粹地現實化」，它是「學問的哲學」的「預備學」。

而「純粹現實學」所要現實化的「學問的理念」有三：真理理念（即自）、認識理念（對自）、學問理念（即自對自），於是相對應的有三個部門，即真理理念論、認識理念論、學問理念論。而且各個部門又可以再根據「原理論」與「批判論」再區分為兩個篇章。於是我們可以整理出「純粹

現實學」的全部研究部門，即「真理理念的原理論」、「真理理念的批判論」、「認識理念的原理論」、「認識理念的批判論」、「學問理念的原理論」、「學問理念的批判論」這六個部門。現行的「真理原理論」則屬於「純粹現實學」的第一部門的第一論篇，即「真理理念的原理論」。在這裡我們可以看到曾天從「純粹現實學」的全部計畫（共六個論篇），「真理原理論」只是其計畫的六分之一，如本書的副標題所示，它屬於「純粹現實學序說」，而「純粹現實學」則是「學問的哲學的預備學」。

[解說 §0.4] 真理原理論的論究領域

從本段的第一個句子，我們可以知道兩個問題獲得了解明。「真理原理論」是「純粹現實學」的預備學，而「純粹現實學」則是「哲學的預備學」，這裡的「哲學」應是接續上一段落，指狹義的「學問的哲學」。接下來要說明的是「真理原理論」所要論究的「領域」，與所採取的「論究立場」與「方法」，這三個主題其實一路沿伸到「自序」的結束。簡單地說，本書共討論「四個真理論的領域」，採取「真理論的絕對辯證法」或「全體體系的辯證法」的論究立場（「論項 0.5 到論項 0.7」），其方法的操作則是「真理論的還原」（「論項 0.8」）。

首先我們知道有四個真理論的「領域」，也就是「真理自體」、「對我們來說的真理（曾天從又稱為「認識的真理」）」、「擬而真理自體」與「我們的真理（又稱為「實存的真理」）」，這些都是「領域概念」，是哲學全般的基礎究明所要究明的基本真理領域，也是哲學論究的領域，因而要究明「哲學為何」，就需要先解明這四個真理領域，這構成「哲學論究的第一課題」，這是因為在曾天從看來，「哲學」終究是「究極的真理學」的緣故。接下來是曾天從對這四個領域的簡單描述，其意義的具體的理解，讀者可以從往後的各分冊中逐步地充實。我們在這裡只要記住幾個要點。

首先不論是「真理自體」或是「擬而真理自體」都屬於超對立的領域，

兩者都是超越了「實在與觀念」的對立，其中真理自體是沿著「實在論」的方向的超越、擬而真理自體則是沿著「觀念論」方向的超越。在這裡「擬而真理自體」一詞是曾天從所自創，它表示「以真理自體為準據的、並具有其自身的自體存立性」的存在原理。[25] 這是《真理原理論》後篇的重點，其意義我們留待相關的部分再來討論。相應於這二種超對立的真理領域，曾天從分別再配以「對我們來說的真理（認識的真理）」與「我們的真理（實存的真理）」這兩種「對立的領域」的真理。因而全書分為四章，兩個超對立的領域（真理自體、擬而真理自體），再配以各自的對立的領域（對我們來說的真理、我們的真理）。再者由於真理自體二重性本質，而有兩種規制原理（形相原理、理念原理）、六種真理認識的樣態、三種真理論的還原等等，這些概念都只能在文本中慢慢地充實其意義。

　　現在對我們比較重要的地方在於「真理自體的二重本質性原理」，這是下一段的重點，就其作為「規制原理」來說，指的就是上文所說「兩種規制原理」，分別是「真理的形相原理」與「真理的理念原理」，前者又稱為「絕對無（純粹無）」，後者則稱為「絕對有（純粹有）」，兩者共同形成真理存在的「無內容性（內容的無規定性）」與「全般內容性」的統合原理。這裡的「絕對無（無內容）」的意思表示「沒有辦法規定真理存在的內容（內容的無規定性）」，並不是虛無。而它之所以無法規定，是因為它包攝一切的內容（全般內容性），而這必須連「內容的否定（反面）」也包含於其中的緣故，因而就內容而言，它只能用「無」來形容，無法用「有」來言說。但是這種「無內容」並不是「沒有內容」，而是一切「有內容」的來源。於是我們可以說，真理自體是「無內容性」與「全般內容性」的統合

25　「擬而真理自體指謂準據於現實的真理自體，而成立於超現實存在的更為高層次的真理自體。擬而表示準據的意義，並無貶價的含義。」曾天從，《論理論》（或譯為《邏輯論》），頁 619。

原理，它是自身無內容而規定一切內容的內容。這樣的描述不僅適用於真理自體所規制的領域，也適用於擬而真理自體所規制的領域，也就是說，超對立的領域都適用。其中「擬而真理自體」的領域則主要是談兩種「擬而存在」，即「擬而超越實在的」與「擬而超越觀念的」存在，前者的討論主要在第三章「擬而真理自體」、後者的討論則主要在第四章的「我們的真理（實存的真理）」，在這裡曾天從的工作在於指出，不論是指向「邏輯真理」的純粹哲學，或是指向「實存真理」的實存哲學，其最終都指向一種「擬而真理自體」，或者反過來說，擬而真理自體是「純粹哲學」與「實存哲學」的基礎與導引。

[解說 §0.5]　真理自體的二重本質性原理

　　接下來主要是真理自體的二重本質性原理的說明。如我們所知，這是真理存在的根本規制原理。其中「形相原理」作為「無內容」或「內容的無規定性」表示著一種「純粹無」或「絕對無」，它是「最高的形式原理」（對於「最高的形式」，曾天從也用「形相」一詞來表示）；而「理念原理」作為「全般內容性原理」則表示「純粹有」或「絕對有」，它是「最高的內容原理」。於是就真理自體作為一切真理存在在形式上與內容上的規定性而言，我們可以用「絕對無而（即）絕對有」或「純粹無而（即）純粹有」來加以描述，這裡的「即」（或者也可以說「即非」）表示了在真理自體當中，包含著一種「絕對否定的自我同一性」的原理。

　　我們先分辨幾個概念，真理自體的二重本質是「絕對無即絕對有」、「純粹無即純粹有」，這是真理自體本身「形相原理」或「絕對真理性」。當我們問真理自體「是」什麼的時候，問的就是它的「絕對真理性」。而在這樣的絕對真理性當中，包含著一種「超對立的原理」或「超辯證法的原理」，這是讓「超對立的邏輯」、「絕對辯證法」與「真實的絕對辯證法」得以成立的原理。也就是說，曾天從並不是在二重本質性之外，再肯定第三

個東西，而是「絕對的辯證法」本身就包含在其解明當中。在這裡「真理自體的純粹形相」有廣義與狹義的使用，廣義的使用是真理自體的二重本質，而狹義的使用則是指它的「純粹無」的那一面，也就是說，我們只要解明了「真理自體的純粹形相」，就可以知道它其實是具有二重本質性的。而所謂的「真實的」就是內在於真理領域中，被「真理的形相原理所統制的」，而以如此的「超辯證法」為前提的辯證法則是「真實的辯證法」。在曾天從看來，這些都是對「真理的形相原理」所直接分析出來的結果。

　　真理自體本質是二重性，這意味著我們可以在概念上，區別開「純粹無」與「純粹有」這兩面而分別地來說，「形相地來看」它是超越了一些形式的「無形式的」、「無內容性」的純粹無，「內容地來看」它是究極原理地規定一切形式的內容的根源的「最高的內容原理」。換句話說，「無形式」是「最高的形式原理」，「無內容」則是「最高的內容原理」。「形相」與「形式」雖然都是對希臘文「εἶδος」的翻譯，在哲學史上有多種譯名。[26] 我們只要注意曾天從的措詞習慣就可以。曾天從原則上依循拉斯克（Emil Lask, 1875-1915）或現象學的理解，將「形式」與「質料」（現象學譯為「材質」）理解為一種直觀的對象，而且任何「存在（有）」皆擁有「形式的規定」與「內容的規定」。這樣來看的話，真理自體就超越了一切「形式的規定」與「內容的規定」，而成為一種「無內容的內容（全般內容）」、「無形式的形式（形相）」，它是一種「無」，然而這樣的「無」並不是什麼都沒有，而是「溢出言表（判斷）之外的無」，它超越了所有形式性的、內容性的言說，是「絕對無規定性」或「純粹無規定性」的。曾天從稱它的「絕對真實相」是「絕對否定的自我同一」，就其自身而言，它是「絕對無即絕對有」、「純粹無即純粹有」，這裡的「即」就可以作為一種

---

26 感興趣的讀者，不妨參考筆者在《大英百科全書草稿》中的「解說」（胡塞爾著，黃文宏譯注／解說，《大英百科全書草稿》，頁29-30）。

「超辯證法的原理」而被顯示。這種語詞看似是來自於西田幾多郎，但是在
哲學語詞的使用上，加上「絕對」一詞，就表示我們不能用平常的方式來了
解，只能就曾天從這位哲學家的哲學來了解，不能從西田哲學。不過相對於
西田的措詞，曾天從倒是突顯了「超」一詞，而有「超對立」、「超辯證
法」等的說法，以下所有的「超」的使用，都是指向真理論的領域。

如我們所知，超對立的真理自體的雙重本質，包含著一個「超辯證法」
的邏輯，這是指「真正的超辯證法」，任何「對立的辯證法」（例如觀念的
辯證法與唯物的辯證法）都不是「真正的超辯證法」。「真正的超辯證法的
邏輯」必須是「超對立的」，它不與對立的辯證法對立，而是將所有的「對
立的辯證法」予以包越地統一，也就是說，超對立並不與對立對立，而是將
對立包越。我們在以下的分冊討論中，就會看到「相對（對立）」是構成
「絕對（超對立）」的一個不可或缺的媒介。

[解說 §0.6]　真理的理念原理作為媒介的原理

本論項的一開始是對「真理的純粹形相」的解明，也就是說，這是一
個分析的結果。曾天從首先說明「真理的純粹形相」是在「純粹無規定性」
中成立的「最高形式（純粹形相）的全體統一性」，它不是空虛的，而是在
其自身中就包含著「最高的內容原理」。也就是說，作為「真理的純粹形相
原理」的「純粹無」，從另一個視點來看，其實是一種「純粹有」，於是這
個時候就必須定立出「最高的內容的統一性」，這就是「真理自體的理念原
理」，這與其形相原理是相互依存的、相互需要的。這是因為只要存在、具
有直觀的可能性，它都必須具有形式、內容，即使是真理存在也是如此，於
是曾天從稱「純粹無」為「形相原理」，「純粹有」為「內容原理」，這構
成真理存在的兩個成素。而「真理的理念原理」作為「最高內容的純粹有」
又是一切存在之物的形式，因而必須有其自身的內容原理而將自身媒介出
去。在這裡我們看到曾天從說，作為「絕對無規定性」的最高內容原理，它

本身就必須是一種「媒介的相關原理」，必須將自身的純粹「無形式、無內容」，媒介到「有形式、有內容」之物，這意味著真理自體本身必須具備一種「辯證法的原理」。

　　換句話說，在曾天從看來，形相（形式）與內容是相互依存的，我們並不需要在「形相原理（形式）」與「理念原理（內容）」之外，再設想另外一個東西作為媒介，而是只要「存在」都具有「形式與內容」。就真理自體來看，其形相原理（無內容）需要理念原理（全般內容），而其理念原理（全般內容）作為形式原理，又需要「有內容」之物，將其自身媒介出去。我們以下在討論拉斯克的部分就會看到，曾天從這種形式與內容的相互依存的看法，其實受到拉斯克或者說現象學很大的影響。對於曾天從的這個想法，倘若我們就「真理自體的形相原理」來說，那麼我們可以說形相原理本身就需要一個理念原理，將其自身媒介出去。因而「純粹無」本身就包含著一個「自我否定的原理」，藉由這個絕對否定的媒介，而將自身媒介到一切有，而這個絕對否定原理並不是外於絕對無的另一個東西，而是分析地解明絕對無的結果。這樣來看的話，真理自體的雙重本質本身就包含著一種辯證法，曾天從稱之為「真理論的絕對辯證法」。於是形相原理、媒介原理、理念原理，這三者都是解明真理自體的結果，而「真理的理念原理」在這裡，就扮演著將「純粹無（形相原理）」絕對否定地媒介到一切具「形式」與「內容」之物的「辯證法原理」，或者說媒介者就是「絕對否定」。

[解說 §0.7]　真理論的絕對辯證法

　　「論項 0.7」是曾天從思想的表達，他提出了「真理論的絕對辯證法」的想法，也可以說是《真理原理論》所採取的立場。首先我們分別地來看，有「超辯證法」與「對立的辯證法」的對立，前者的「超」並不是曾天從意義下的超對立的「超」。前者例如努出比徹的辯證法，這是只注意到真理自體的完結性的「靜的辯證法」，後者例如黑格爾的辯證法，則是只注意到「無

限生成的動的辯證法」，這兩者都不足以被稱為是真理論意義下的「絕對辯證法」。在曾天從看來，真正的辯證法或絕對的辯證法是將「完結體系」與「無限生成」予以辯證法地統一的辯證法。也就是說，它本身是「絕對完結的」，並且在絕對完結中包含著「無限的生成」，前者（完結體系）的原理是「真理的形相原理」，後者（無限生成）的原理則是「真理的理念原理」，兩者共同形成真理論的絕對辯證法。從這裡來看，真理論絕對辯證法（全體體系的絕對辯證法）是真理的形相原理（超辯證法的原理）與真理的理念原理（辯證法的原理）的統合。在這個意義下，「哲學的知」也因而必須是「絕對知與相對知」的絕對統一知，它是「絕對辯證法的自覺知」的自我實現，而哲學的思惟原理也必須與絕對的辯證法合致。

在這裡，讀者要區別「真正的」、「絕對的」、「究極的」等等這些語詞，都是曾天從在稱呼自己的哲學的用詞，一個哲學家的「真正的」、「絕對的」等等，在另一個哲學家看來並不是「真正的」、「絕對的」等等，這是哲學家的用詞習慣。雖然不能說是通例，但是確實表現在某些哲學家身上。因而哲學與哲學之間的爭論，需要真正的了解，無法單看表面用了什麼語詞，這也是哲學困難的地方，它無法速成，只能從哲學家的思想來了解其語詞的使用，這個時候的「哲學術語」都是「專業術語」（terminus technicus），它是「規定性的使用」，由哲學家的思想來規定其意義，因而也只能從其思想來了解。

就真理論的絕對辯證法來看，我們可以建立幾個基本的想法，首先絕對的辯證法是一種將「無限生成」包越地 [27] 超越的「絕對全體完結的體系」。也就是說，它是一種「包越的辯證法」，是在原理上實現了將「無限生成」

---

27 「而所謂包越的關係，指的是絕對之物，既擁有其自身超越的意義、又在其中包含著朝向相對之物的內在關係的這種關係樣態的意思。」（論項104.2，頁282）在《哲學體系重建論》上卷中，曾天從有個簡單的說明，「所謂『包越』是指謂包攝而又超越之對立統合的意義。」（頁234）。

與「完結體系」予以辯證法地統一的辯證法，所以其最恰當的名稱，既不是「生成辯證法」、也不是「完結的辯證法」，而將兩者包越的「超辯證法」、「超發展、超生成的絕對辯證法」，也是一種「全體體系的絕對辯證法」。在筆者看來，這種用「辯證法」來建立「真實的全體體系」可以說是曾天從立場的表明。讀者在往後的各分冊中，可以看到「超」一詞的使用，往往是曾天從想法的表示。而這樣的辯證法是一種「絕對靜不動」的辯證法，但是這裡「絕對靜不動」的「絕對靜（絕對不動）」並不是全然靜止，它指的是「絕對靜即絕對動」中的「絕對靜（超生成的完結體系）」的那一面。這是強調真理自體的「純粹無」的那一面，它是「絕對靜」的原理的辯證法的基礎。換句話說，倘若分別地來看，那麼「絕對靜」對應到「純粹無」，「絕對動」對應到「純粹有」，而「絕對無」作為一切「存在的體系得以成立的根源的無」，是包越一切存在而「超存在」的「純粹無而純粹有」、「超自覺」的「絕對無而絕對有」，它是「絕對靜與絕對動」、「純粹無與純粹有」的統合原理。這樣來看的時候，「絕對無」同時也是「根源的無」，它是一切「存在（有）的體系」的所從出。但是讀者不能素樸地將曾天從所理解的「絕對無」，等同於西田幾多郎的「絕對無」。就曾天從所在的時代背景來看，兩者之間不能說沒有關係，但是輕易地混同兩者，只會妨礙真正的理解。[28]

回到文本，我們知道真理自體就其自身而言，是一種統合了「純粹無」與「純粹有」的原理，而在這兩者的「絕對統一性」中，現示出了作為「絕對否定的自我同一」的「絕對靜不動」的「真實相」。也就是說，如果我們一定要用「真實相」來說它的話，那麼它是「絕對靜不動」，然而這個表

---

28 在《真理原理論》的「第 193-194 論項」（頁 589-599），曾天從批評了西田幾多郎與田邊元的辯證法，他稱西田的辯證法是一種「生命的辯證法」（集中在西田的《生命》與《哲學論文集》。此外，也稱田邊元的辯證法為「即物的辯證法」，並且從自身的哲學或「絕對的辯證法」的角度（第 200 論項，頁 614-616）給予批判。

達，並不是「絕對靜止且不動」，而是「絕對否定的自我同一」的「絕對靜不動」，在這裡「提示出」了超辯證法（無）與辯證法（有）的「絕對統合原理」，並且形成曾天從的所說的「絕對辯證法」的可能性根柢。

[解說 §0.8]　真理論的還原

　　曾天從先總結上一論項，指出「真理論的絕對辯證法」的基礎在真理自體的雙重本質原理，這是其哲學體系的原理。接下來的重點在「真理論的還原」，它構成曾天從「哲學的全體的方法論」。讀者可以在正文中看到比較詳細的討論，曾天從在此只說明它的基本原則。首先，曾天從以「還原」為一種「指向研究對象的根源」的「學問上的操作」，並且肯定其作為「哲學的方法」的重要性。在筆者看來，「真理論的還原」其實是針對胡塞爾的「現象學的還原」而發。就如同「現象學的還原」足以開啟現象學的全部領域，「真理論的還原」也足以開啟真理論的全部領域。也就是說，就像胡塞爾的現象學，可以稱為是一門關於「現象學的還原」的學問一樣，「真理原理論」也可以說是一門關於「真理論的還原」的學問。所以「真理論的還原的全體體系的確立，應該可以視為是能讓哲學的全體的方法得以開明的東西」。[29]

　　首先總括地來說，「真理論的還原」原則上可以區分為兩個方向，一個是「朝向超越之物的方向」（「超越論的還原」）、一個是「朝向先驗之物的方向」（「先驗論的還原」），前者是朝向「真理自體」與「擬而真理自體」的還原，後者則是朝向「我們的真理」的還原。在這裡「真理自體」與「擬而真理自體」是「客觀性的」，而「我們的真理」（實存真理）則是「主觀性的」，我們也可以說，這是兩種不同的超越方向，分別是「主觀面

29　「開明」一詞在曾天從哲學中，原則上對應到「erhellen」一詞。由於這個語詞在「我們的真理」的領域中有特殊的意義，所以在翻譯上，筆者保持固定譯名，例如「實存並不是能夠被認識到的東西，而只能夠是被開明的東西（das zu Erhellende）」（曾天從，《真理原理論》，論項 169，頁 502）。

的超越」與「客觀面的超越」。然而這兩種超越，盡管方向不同，它們都是以「超越的意義」為目標的。三種還原分別指向三種超越者，「存在的超越者」（客觀的超越者＝真理自體）、「邏輯的超越者」（客觀的超越者＝擬而真理自體）、「先驗的超越者」（主觀的超越者）。在措詞上曾天從以「存在（現實存在）」為最底層，「邏輯」為上層，於是在由「存在的超越者」往「先驗的超越者」、再往「邏輯的超越者」的方向上，形成了所謂的「向上哲學」或「純粹哲學」。而其相反的方向，由「邏輯、先驗而存在」的向下溯源，則形成了「向下哲學」或「理念哲學」，而解明這三種超越的方向，就能了解這三種（存在的、先驗的、邏輯的）超越者的意義。因而這三種超越者，既是「真理原理論」的根據，也是「真理論的還原」所要解明的目標。於是在曾天從的哲學中，同時包含了「向上（上昇）之道」與「向下（下降）之道」，這兩條道路分別開啟了「純粹哲學」與「理念哲學」。雖然向上之道（*analogos*）與向下之道（*katalogos*）並非曾天從的措詞（其措詞為「向上哲學」與「向下哲學」），而是筆者採自洪耀勳的對努出比徹的批判。[30] 但是在筆者看來這樣的說法是可以成立的，其意義讀者可以從以下的各分冊中，獲得初步的解明。更進一步地，曾天從再將兩條路徑所開啟的哲學，總括於「存在論的哲學」中，於是解明純粹哲學、理念哲學、存在論哲學的關係就會是一個重點。就現行的了解而言，讀者只要記得「（現實）存在論哲學」佔據其哲學體系的「中樞位置」，並且這三大學科皆究極地指向一門「絕對同一的哲學」，至於這三者之間的關係，需要先解明曾天從所提出的種種「真理論的還原」，以及這些還原所指向的「真理自體」與「擬而真理自體」間的關係，對此讀者可以在本書的「第 156 論項」中，找到一個簡潔的說明。

---

30 「因而這個二重本質的原理，不只是讓真理論的還原的上昇之道得以可能，也必須是讓真理論的演繹的下降之道得以可能的最究極的根據。」洪耀勳著，黃文宏譯注／導讀，《洪耀勳日文哲學著作集》的第五論文〈存在與真理〉，頁 354-357。

[解說 §0.9] 本論文的主題：方法論的開拓、形相學與理念學的論據之提示

　　最後是本論文的主題的總結：如我們所知，曾天從的目標在建立一門「學問的哲學」，所以本論著的第一個主題在於開拓出一條通向「學問的哲學」的「方法論的通路」，也就是說，《真理原理論》其實是一種「方法論」，我們也可以說這是一門關於「真理論的還原」的學問。我們知道曾天從原則上採取了一種實在論的進路，而在筆者看來，這種實在論可以視為是針對現象學的「相關主義」（Korrelationismus）而提出，因而在這裡他必須接著有第二個任務，即提出在形相學上與理念學上必須定立出「諸種超越的存在」的「真理論的證據」。如我們所知，這種「超越的自體存在」就構成了「哲學全般的基礎」，是真正的哲學之得以成立的必要的前提，而這一點正是曾天從在《真理原理論》中，所要逐步展開的課題。

※※※※※※※

　　在本書的正文之前，還有一頁標題：「純粹現實學的諸理念的原理研究——關於哲學的基礎究明的一個試論」。這個標題給出「真理原理論」的意義，也就是說，「真理原理論」就是關於「真理理念的原理論」（請參閱「論項 0.3」與「論項 0.4」的解說），它是一門「純粹現實學的理念的原理研究」，是「關於哲學的基礎究明的一個試論」。由這個安排，我們可以知道，「序言」的考慮是針對整個「純粹現實學」，而正文的部分僅涉及「真理原理論」。日語原文「目次」中並沒有標示此標題，由於這是本書所實際討論的東西，所以筆者將其置入中文目次，標示正文的開始。本書在編排上雖然是日中兩語，然而由於主要的對象是漢語的讀者，所以就將日語版的目次省略。

前篇　真理形相原理

第一章　真理自體

第一節　哲學與哲學論究的開端

[解說 §1.1]　哲學的兩個特徵：實事全般的根本學與絕對自覺的學問

　　「論項 1.1」的一開始，曾天從先表明自身對「哲學」的了解，其次則是相對於「科學」來突顯哲學的兩個特徵。首先如我們所知，曾天從認為所有的學問的問題，追根究底都可以回到「真理為何」的問題，因而哲學與其他科學不同的地方在於，哲學是在「最純粹的形態下，全般地且究極地」來追求「真理為何」的學問，這是曾天從所採取的基本立場。在筆者看來，「全般」且「究極」分別是就「量」（magnitudo）（包括「廣度量與深度量」）的層面來描述哲學的特徵。也就是說，哲學在廣度量上形成「純粹知識的體系學」，在深度量上形成「絕對自覺的批判學」。而對真理論來說，重心自然放在「關於真理的究極的原理」，最後可以用「究極全體真理知」來予以總括（例如「論項 0.7」、「論項 44」等等）。這一部分會再繼續展開，在這裡曾天從先突顯哲學的兩個特徵。

　　首先哲學相對於科學的第一個特徵在於，科學是關於「經驗事實」的學問，各種科學都是以各自的「個別現象」或「經驗事實」來作為研究對象。相對來看，哲學則是一門「純粹知識的根本學」，是關於「實事全般」的「內在本質」的「根本學的根本學」。在這裡「實事全般」一詞的日文漢字為「事象一般」。日文的「事象」一詞是對德文「Sache」的譯名，筆者在這裡遵從學界的用法譯成「實事」，它指的是研究者所研究的「主題（對象）」，並不是一個固定不變的東西，即使是同一個哲學家，在其研究的進展中，新的主題或研究對象也會持續地出現。「實事全般」就意味著哲學的

研究涵蓋了一切事物，或者說是以「全般的事物」為其考究的對象，這在廣度量上是最大的，同時也是最為基礎的學問。由於如此的學問是在「實事全般」的內在本質中來考究種種科學的前提，也可以說是「學問的學問」或「根本的根本學」，它不僅「涵蓋全般事物」，也是賦予一切個別科學以基礎的「根本學」。這也可以說是就哲學的「對象面」或「客觀面」來說的特徵。

哲學相對於科學的第二個特徵在於「絕對自覺」，這也可以說是就哲學的「主觀面」來說的特徵。這是因為科學是單純地「對象認識」的學問，而哲學則是將認識主觀與客觀皆包含在內的「主觀與客觀統一的學問」。也就是說，哲學不僅僅要思考「對象」，也要將思考對象的「主觀」也作為思考的對象，這是因為當我們意識到對象的時候，也「自覺」到自己在意識著對象，粗略地來說，反省針對「對象」，自覺針對「自我」，它並不一定是兩個不同的活動，因為在反省對象之時，也自覺到自我在反省對象。「自覺」一詞是東方的語詞，它對應到不同的英譯，例如「self-awareness」或「self-consciousness」等等，表示一種自我自身的覺識。這樣來看的話，就主觀面（活動面）而言，哲學必須包含著一種自我反省。曾天從稱這種自我反省為「自覺的反省」，而哲學也要對這種「自覺」進行反省。也就是說，哲學的反省不僅是對「哲學自身的立場」與「哲學思索的方法」的反省，它也要將「主觀客觀的統合自覺」包含於其中。這個時候哲學是以哲學思索本身為其對象，它是「哲學思索的自覺」，這讓哲學成為一門徹底的反省之學，而形成「哲學的哲學」。哲學在這個意義下是一門「絕對自覺的學問」。在這個絕對自覺中，思索的對象與思索的活動是合而為一的，這「構成了哲學思索的徹底的自覺的本質特徵。」

[解說 §1.2]　哲學論究的要件：開端的自覺反省

　　「論項 1.2」的開始是上一段落的總結。哲學的探討從「對象的觀點」來看是「純粹知識的根本學」或「究極原理學」，從「活動的觀點」來看則是「絕對自覺的哲學思索」。這是相對於科學所突顯出來的哲學的特徵，而就曾天從來說，哲學是原理地追究「真理為何」的純粹知識的理念體系。哲學需要哲學思索，哲學思索的目的在建立一個「哲學的體系」，在「體系」的建立之前，「開端」是更為根本的。「開端」一詞是筆者對曾天從使用的日文漢字「端初」與「發端」的中譯，其所對應的德文是「Anfang」，可以抽象地理解為「開始」，也可以具體地理解為「開端」。就筆者個人的語感，「抽象、具體」兩種意思都有，依文脈不同而有重點不同。讀者不妨依據上下文脈自行解釋。這是在康德學派的傳統內部所形成的一個問題，因為倘若將哲學視為一種「認識體系」，那麼就會形成「認識」的如何「發動與起始」（曾天從的措詞是「發始」）的問題，如所周知，這在康德哲學傳統內部牽涉到對「物自體」（Ding an sich）的不同理解，在曾天從哲學則是屬於「真理自體」的問題。

　　我們回到文本，從上下文可以知道，「哲學思索」與「哲學論究」兩者都對應到「philosophieren」，但是仍然有「哲學論究的立場」與「哲學思索的方法」這種依文脈不同，而有的措詞上的差異。在曾天從看來，相對於「哲學體系的組織」，哲學思索對其自身的「立場」與「方法」的反省是更為根本的。這裡閱讀的重點在「反省」一詞，也就是說，哲學思索必須將自身的「開端」置入反省之中，這是哲學思索的「自我反省」，曾天從又稱之為「自覺反省」，讀者可以大致了解「自覺」類似一種「自我指向自身反省」，學界有時也譯成「反思」。如「論項 1.1」中所說，它是比對象性的反省更為根本的「自覺」。[31] 不論如何，讀者在「論項 2.1」的一開始，就會看

---

31 譯注：「反省」與「反思」在筆者的語感上是有些許的不同的。讀者不妨參考胡塞爾著，黃文宏譯注 / 解說，《大英百科全書草稿》，頁 14-15 的說明。

到這個「自覺反省」，是要揭示某種比「立場」與「方法」更為根源的「某物」，這個「某物」是接下來的重點。

我們回到原文，曾天從認為「哲學思索」也必須納入哲學體系內部來思考，這是哲學的「自我反省」或「自覺反省」，哲學的自我反省屬於「哲學的哲學」，正就是如此的「哲學的哲學」，才是讓「真正的哲學」得以成立的根柢。[32] 這樣來看的時候，作為「純粹知識體系」的哲學，在其自身中，就必須以「自覺的反省」為前提。因而就客觀面來說，哲學可以說是一門「純粹知識的體系」，而就主觀面來說，則是一門「自覺反省之學」，而且「主觀面的自覺反省」先在於「客觀面的純粹知識體系」的建立。讀者可以看到，這是接續前一論項結論的進一步反省。在曾天從看來，哲學的「反省的自覺」應該指向「哲學的開端」並且反覆地進行，這是一種「哲學的自我批判」，它構成了哲學體系的批判與組織的前提。換言之，作為「純粹認識的體系」的哲學，仍然必須以「絕對的自覺」作為前提。在這裡「開端」的探討是首要對象。也就是說，哲學思索有一個「開端」，或者說「開端」主導了哲學的思索，而哲學思索始終要回溯這個開端，反覆地思考這個「開端」。這是「組織」與「批判」一個哲學體系的前提。而如我們所知，在曾天從看來，哲學思索的開端必須以「真理為何」的問題為開始，然而在思索這個問題的時候，我們會遭遇到一些前提。

[解說 §2.1] 哲學思索的開端的前提

首先如「論項 1.2」所說，哲學思索必須問向一個比「立場」與「方法」更為根源的「某物」。接下來，曾天從沿著「主觀面」與「客觀面」這兩個

---

32 「哲學」本身必須包含「哲學的哲學」的這個想法，也包含在胡塞爾現象學的內部，就是所謂的「現象學的現象學」（Phänomenologie der Phänomenologie）。請參閱 Eugen Fink, *VI. Cartesianische Meditation. Die Idee einer Transzendetalen Methodenlehre,* in Hua Dok II/1, hrsg. von G. van Kerckhoven (Dordrecht: M. Nijhoff, 1988).

方向來談哲學思索的開端，簡單地來說，在客觀面必須有理論的思想的終極的指向的「根源的某物」，在主觀面則必須是思想的「絕對自覺」，而在本論項的最後，曾天從稱這兩者為「同一之物」。在筆者看來，這個「同一之物」，在很多地方雖然譯成「同樣的（相同的）東西」或「同一個東西」比較通順，日文也容許這樣的翻譯，但是它指的毋寧是「絕對矛盾的自我同一」的這種「同一」，也就是說，作為認識的條件的主觀端與客觀端（請參閱「解說 6.2」），是處於「絕對矛盾的自我同一」之下的兩個各自獨立的東西，其意義大概只能慢慢地在文本中解明，因而在翻譯上筆者選擇保留曾天從的漢字措詞，讀者可以根據文脈或解釋的不同而有不同的轉換。不過我們先看看曾天從怎麼來鋪陳。

　　首先曾天從認為所謂的「立場」是關於「某物」的理論的立足地，「方法」則是關於「某物」的把握的方式。換句話說，必須先要有「某物」，才有關於某物的立場與方法，因為立場與方法，都必須要根據所探討的東西來設定。因而「所討論的主題」，用現象學語詞來說，就是廣義下的「實事」（Sache）。以下日文的「事象」一詞，筆者就固定中譯為「實事」。同樣地，倘若有意義地來探究「真理為何」是可能的，那麼「某物」必須被設定為前提，它是在探問或提問結構中所必須的「所探問之物」。換句話說，在對真理的探問中，真理自體必須轉變成某物（真理存在），才能接受探問。曾天從在這裡其實是在說明「理論思想」的前提，所探究之物必須成為某物（存在之物），才能成為被思想之物或被認識之物。「真理」的探問也一樣，在真理問題中，探問必須「指示著某物」，思想也只能透過這個「被指示的某物」來思想。這樣來看的話，在哲學論究中「某物」必須是前提，或者更恰當地說，「某物的事實存在」必須是前提。因而曾天從認為在哲學論究的開端之初，我們必須舉揚出「某物」。這意味著真理自體必須先轉變為「某物」或「存在之物」（對象）才能接受思考，而這已然是個限制。因而就對象的認識而言，真理自體是「超對象的（超對立的）」（比對象（對

立之物）還多的））。我們在以下的分冊中就會看到，這雖然說明了真理論的差異，但是這不代表真理認識一定是「謬誤的」或「全然無關於真理自體的」。[33]

除了在客觀面必須有被思想的「某物」之外，在主觀面的自覺中，「探問的主觀的作業（活動、動作、工作）」，也就是哲學思索的主觀活動也一樣要「被設定為前提」。也就是說，就如同在客觀面必須有被探問的「某物」，在主觀面則必須有能探問的主觀「活動」。如此一來，這個能探問的活動本身也應成為被探問的對象。這是哲學的「自覺」的表示，也就是說，對哲學思索來說，它本身必須是主觀的、也是客觀的，必須既是能思的活動、也是所思的對象，這讓真理論的哲學思索具有「絕對自覺的哲學」的特徵。

[解說 §2.2]　真理問題的提出

「第 2.2 論項」可以區分出兩個主題，首先曾天從表明，「真理自體」必須從哲學論究的一開始就主導著「真理問題」，它必須先在而且持續地存在。用筆者熟悉的語詞來說，它必須持續地「保留在眼前」（im Auge zu behalten），否則真理的哲學探究無法開始。另外一個導引的主題在於，在哲學思索的開端當中，真理為何的問題要在什麼樣的形態下來提問？這個問題牽涉「真理」是以什麼樣的方式存在於探問中？或者說，就哲學思索而言，它要如何來突顯真理問題呢？

首先，由於哲學思索是以「真理」為究極的指導原理的緣故，所以「真理的探究」必然會擁有一種「進展的性格」，指向「充全」的真理認識的獲得。在這裡的「充全」一詞的中譯是直接採用日文漢字，其意思是指「充分完全」，這應是德文的「Adäquation」的日譯。這個詞的意思，就認識來

---

33 或者讀者也可以參考黃文宏，〈論曾天從「理念的真理認識」的難題〉，《國立臺灣大學哲學論評》第 60 期（2020 年 9 月），頁 133-166。

說，它表示「判斷」與其對應的「事態」在比較上的「完全一致」，本書固
定中譯為「充全」。[34] 也就是說，在真理認識中的「真理」，是一種「真」
的「理念」，真理認識意圖達到對真理的充全的把握，但是這個充全的把握
並不完全給出，因而對其探究必然表現出一種「進展性格」。這意味著哲
學思索雖然不是「已然完全獲得真理」，也不是「全然無知」，而是在一
種「已知與無知」的中間狀態，這個時候的「無知」也可以說是一種「未
知」，這是對哲學思索的一個事實的描述。而曾天從與洪耀勳對此討論的背
景，都是源自於努出比徹對蘇格拉底的討論。然而在措詞上，曾天從穩定地
使用「未知之知」（未知の知）。洪耀勳則使用了「未知之知」（未知の
知）與「無知之知」（無知の知）這兩個表達。原則上來看，洪耀勳在表示
「哲學的難題」的時候，將「Wissen des Nicht-Wissens」，日譯成「未知の
知」（「未知之知」），而在談到蘇格拉底的「Wissen des Nichtwissens」
的時候，則譯成「無知の知」（「無知之知」）。[35] 就漢字來看，「無知」
與「未知」是有著細微的差異的，其所對應的德文，在努出比徹的書中，也
確實有兩種不同的德文表示（Nichtwissen 與 Nicht-Wissens）。[36] 這或許是印
刷、措詞習慣等的問題，也有可能是洪耀勳與曾天從都覺察到了某些意義的
改變，並將其表現在語詞的選擇上。對此，我們留待相關的「論項解說」
（「論項 53 到 57」）再來討論。[37]

---

34 在筆者看來，這應是源自胡塞爾現象學的一個措詞，簡單地說，它表示意向之物（意義
或對象）在直觀中的完全給出。感興趣的讀者可以參閱胡塞爾《邏輯研究》的「第六研
究」。

35 洪耀勳的部分，請參閱洪耀勳著，黃文宏譯注／導讀，《洪耀勳日文哲學著作集》，頁
204-207，頁 220-223。

36 Vgl. Schalwa Nuzubidse, *Wahrheit und Erkenntnisstruktur. Erste Einleitung in den
Aletheiologischen Realismus* (Berlin und Leipzip: Walter de Gruyter & co., 1926), S. 18, 25, 30f. etc.

37 筆者對此的基本想法，請參閱黃文宏，〈論曾天從「理念的真理認識」的難題〉，《國
立臺灣大學哲學論評》第 60 期（2020 年 9 月），頁 133-166。

　　我們回到原文。哲學思索雖然處於中間狀態，但是它仍然表現出一種意圖，意圖對真理有一個完結與充全的把握。這樣來看的話，在真理認識的內部，必然包含著一種「追究的進展努力」，隨之哲學思索也必須有一種「進展性格」，唯有在這個動機之下，「真理為何」才會顯現它自己。或者我們反過來說，唯有「透過表示出這種意圖的真理認識」，才能夠把握「真理為何」。我們以下就會看到，這個意圖的動機必須來自於真理自體，換句話說，唯有預先對「真理」有所認識、有所把握，才會追求「真理為何」，才能正確地提出真理問題。不過這並不是說，哲學家都應追求同樣的哲學，因為這是對「一個動機」的完成的說明。作為一個哲學研究者，並不必然要追求這種真理，仍然可以成為一個哲學家。曾天從的意思毋寧是說，倘若我們「真實地或真誠地」（wahrhaftig）以「真理為何」作為問題的時候，我們的思想就會受到真理的規制與導引，自然而然地就會顯現出這種「進展性格」。這往往是哲學家從自身的角度跟我們說，在如此的情況下，會獲得如此的結論，也可以說是一種措詞的習慣。換句話說，這是「自然而然」的邀請，不是「非如此不可」的表示。哲學的思考因為根植於個體的緣故，所以必定是多種多樣的，這是哲學的命運，如果推動一個個體的哲學思想的動機，不是真理問題，那當然是另一種思考方式，但是如果「是」這個動機的話，那麼他必須回到這個問題來，動機才有完結的可能。於是接下來的問題在於，倘若我們作為追求真理的哲學家，要如何來進行探問？要怎麼樣才能夠獲得解答？

　　如我們所知，探問是一種尋找，被尋找之物必須先在於尋找而存在。也就是說，被探問之物必須先在，而且必須是作為一個存在之物而先在。在「探問」（Fragen）的構造中，就包含著「所探問之物」（Gefragtes）。再者，探問者對所探問之物也必須有某種先行的理解，完全沒有預先理解的尋找將無從開始。這裡的「存在之物」的日文是「在るもの」，在筆者看來，也可以理解為是在「論項 2.1」中所說的「某物」，因而被探問的東西雖然是

真理本身，但是真理本身或真理自體必須作為一種「存在之物」而被探問，這是哲學提問或探問的第一要件。也就是說，就認識而言，我們只能以「存在之物」來突顯真理自體，或者說反過來說，真理自體必須先變貌為「存在之物」才有辦法成為探問的對象，才能進入哲學的領域。但是，真理自體的「變貌」是不是意味著「扭曲」？

　　首先曾天從認為被探問之物必須要在某種意義下是「被我們所感知的存在」，「提問的可能」也意謂著我們必然已然在某種形式下「已然感知到真理自體」，它必須已然是某種形態下的「所感知之物」。在這裡我們可以看到一個典型的新康德學派的想法，即我們的認識活動起於一種「觸動（或譯為「觸發」）」（Affektion），究竟什麼叫做「觸動」，這是康德哲學所遺留的問題。就曾天從來說，觸動源自於真理自體（某物、存在之物），這表現在我們的「已然感知」上，它是一個事實的表達。[38] 也就是說，對於「真理為何」，我們在探究的開端就必須有所把握，而其完結的解答則是在探究的終局，然而中間的階段又不是全然無知。問題的最終回答是在哲學論究的終局才完成，然而這個已然把握必須從頭到尾、自始至終都存在，並且引導著問題的探究。哲學論究的「終局」（曾天從使用日文漢字的「終局」）意思是「最終結局」或「最終而言」等等，它並不一定要如此僵硬地來翻譯，筆者之所以保持「終局」的譯名，是因為要用這個措詞來指稱在「論項 53」以下所討論的，哲學論究所必然地遭遇到的兩個困境（例如「開端的困境」與「終局的困境」）。

　　我們回到原文，在曾天從看來，真理自體一定已然在「某種形態」下作用著，如何作用雖然不得而知，但是它的「存在的事實性」必須被承認。「存在的（ある「有的」）存在事實性」，也就是說「有這個東西」或「這

---

38 請參閱黃文宏，〈論曾天從「理念的真理認識」的難題〉，《國立臺灣大學哲學論評》第 60 期（2020 年 9 月），頁 133-166。

個東西存在」的這種「存在事實性」，而西方傳統哲學是在「存在的存在性」的這個「斯有存在的事實性」上來探求「真理為何」的。在這裡我們注意曾天從的措詞，「真理本身」（真理其もの）或「真理自體」並不全然等同於「真理存在」（曾天從使用日文漢字的「真理存在」）。「真理存在」是一種存在之物，而「真理自體」本身則是超存在的。由於只有「存在」能夠被探問、被認識，所以對「真理自體」的探問，必須從「真理存在」的這個「存在形態」下來進行。於是在這裡我們必須區別開「真理」與「存在」，應從「真理的真理性」而非「存在之物的存在性」來探問真理自體，這形成曾天從的一個基本想法。

[解說 §2.3]　笛卡兒對存在的事實性的態度

這裡以下開始進入對笛卡兒的批判。曾天從先提出一個問題，如果哲學的開端必須來自於某種「存在事實性」的感觸的話，那麼笛卡兒是什麼樣的態度來面對這個事實性的。在這裡，我們看到曾天從接受康德式的說法，認為哲學思索的開端來自於一種受動的狀態，他使用了日文的漢字「感觸」來表示，如上所說，這應是對康德的「Affektion」的譯名。也就是說，曾天從在這裡接受了康德的基本觀點，認為認識的機能是「受動性的」。那究竟是受到什麼東西的感觸，而進行哲學思考呢？這在康德是物自身，而在曾天從則是真理自體，並將其解釋為一種「存在的事實性」。這裡讀者可以明白地看到，對曾天從來說，康德式的「物自身」必須是一種「真理自體」，[39] 而也如我們在前面提過的，這在曾天從看來是「現實自體」，或者就筆者個人的初步理解來看，這其實是「現實原樣」。

39　「物自體以及與之同格的超驗的理念，對我們的真理論來說，是作為真理自體、作為真理存在本身，而自身自體地存在的現實之物。」曾天從，《真理原理論》，「論項74.3」，頁 197。

　　肯定這個「存在的事實性」是曾天從的第一步，如我們所知，這是真理自體的存在的事實性。接下來的工作，自然是展開這個「事實性」。但是在這之前，曾天從先反省歷史上的哲學家，如何來面對這個事實性，在這裡他以笛卡兒為例。如所周知，笛卡兒是採取「懷疑」的方式來面對這個「事實性」。如我們所知，笛卡兒在《第一哲學的沉思》中所提到的「普遍的懷疑」是對一切的懷疑。然而想要懷疑一切，是不是就可以將一切都置入懷疑之中。讀者在「第 2.4 論項」就會看到，笛卡兒其實也認為「懷疑」本身的「存在事實」是不可懷疑的。因而在曾天從看來，笛卡兒談到「普遍的懷疑」的時候，看似是從一種「存在的事實性」出發的思考方式，但是笛卡兒反而並沒有直接面對「懷疑」的這個存在的事實性，而是想要透過否定這個事實性來「反證」其「存在的事實性」。[40] 由於「否定」（懷疑）是被「肯定」（積極之物或事實）所推動，所以在否定之前必須有一種肯定。也就是說，在曾天從看來，「懷疑」在其自身當中，必須預想著一種「存在的事實性」的認定，基於這個存在的事實性，我們才得以進行懷疑。笛卡兒的懷疑作為一種方法，不會無緣無故地懷疑一切，而是類似於一種尋找，尋找必須以「存在的事實性」為前提。因而在曾天從看來，笛卡兒的「方法的懷疑」，是以「不探討」這個「存在的事實性」開始，然而在其根柢中卻必須「預想著」對這個事實性的認定。誠如其在「論項 63.1」中所說，「懷疑絕然不應陷入單純的懷疑之中，它必須是對自身真實之物的要求，必須是真摯的意欲本身不可。」

　　接下來曾天從舉出一個比喻，例如在古希臘，哲學作為一種「愛智」，是以真理作為探求的目標，意欲真理但是也知道真理無法獲得，這種「意欲獲得真理認識的探究本身」（愛智本身），難道不就「是」真理本身嗎！這

---

40 對此，請參閱黃文宏，〈論曾天從「真理自體的純粹形相」〉，《中國文哲研究集刊》第 56 期（2020 年 3 月）。頁 71-100。

裡的「是」並不是表示真理認識就「是」真理自體，而是指「遭遇」的意思。哲學作為「愛—智」，表明了真理的不可得，但是仍然欲求著真理，這必須是已然遭遇到真理的緣故。在曾天從看來，這是哲學家的自覺。因而一開始就遭遇到（逢着する）真理自體、被真理自體所推動，以真理自體的追求為職志的真理論，難道不也是真理本身的表現嗎！[41]

[解說 §2.4]　原理的懷疑與方法的懷疑

　　從以上所說，我們知道「懷疑」雖然是一種否定，但是它其實來自於對「存在的事實性」的肯定，或者我們也可以說，懷疑本身就是這個存在的事實的表示。就笛卡兒哲學而言，這種真理的自覺就表達在「我思故我在」（以下簡稱為「我思命題」）當中。換句話說，在笛卡兒的這個「我思命題」中，隱含地表達出了一種獨特的存在意義。這種解讀是以「思惟」（思惟すること）為不可懷疑的存在，並且認為它就是「我的存在」。在這裡的「思惟」，笛卡兒拉丁文的表示為「*cogito*」。在這個拉丁文的表示中，包括著「我的存在」與「思惟活動」。這種思惟活動，如果沒有特別指涉，就笛卡兒哲學來說，可以理解為一種「表象活動」，但是筆者在翻譯的時候，仍然保持學界一般的用法，固定譯成「思惟」。

　　在筆者看來，曾天從的這個解讀主要在笛卡兒《第一哲學的沉思錄》的〈第二沉思〉，在這裡笛卡兒具體地說明了「我思」的內容。「這樣的話，我在是什麼？思惟的東西，那是什麼？是那個懷疑的、領悟的、肯定的、否定的、意欲的、不意欲的、想像與感覺的。」[42] 在笛卡兒的「第二沉

---

41 關於這個想法，請參閱黃文宏，〈論曾天從「理念的真理認識」的難題〉，《國立臺灣大學哲學論評》第 60 期（2020 年 9 月），頁 133-166。

42 "*Sed quid igitur sum? res cogitans; quid est hoc? nempe dubitans, intelligens, affirmans, negans, volens, nolens, imaginans quoque et sentiens.*" Descartes, René, *Meditationes de prima philosophia (Lateinisch-Deutsch)*, auf Grund der Ausgaben von Artur Buchenau (Hamburg: Felix Meiner Verlag, 1992), S. 50-51.

思」中，還不牽涉到「思惟實體」（*substantia cogitans*），在這裡他所發現的「我思」（*cogito*），其實是一個類概念，它包含所有的意識活動，相當於現象學的「意識」。在這個意義下，「我思命題」也可以表達成「我疑故我在」（*dubito, ergo sum*），甚至「我走故我在」（*ambulo, ergo sum*）也可以。如果我們以「第二沉思」為主並予以展開，就形成了曾天從所謂的觀念論式的解讀，在哲學史上最有名的例子，就是胡塞爾的《笛卡兒沉思》及其所形成的「超越論現象學的觀念論」（Transzendentalphänomenologischer Idealismus）。[43] 因而就筆者個人的看法，對於「我思命題」的理解，讀者在接下來的部分，要分別開兩種不同的解讀方式，即「觀念論式的解讀」與「實在論式的解譯」。

首先在「觀念論式的解讀」中，懷疑本身或「思惟（*cogito*）」與「存在」本身就是「相關性的」。[44] 在這個考慮之下，思惟與存在是一致的，思惟的主觀本身就是思惟的客觀，除此之外，其他的存在意義都要被「存而不論」。而「我思故我在」就意味著，要在「思惟的主客觀的合一」的根本事實中來找出或顯露出「自我的存在」，這導致一種「絕對自覺」的哲學。然而除此之外，如所周知，笛卡兒還有一個實在論式的傾向，想要在我思的能所相關中，找到一個脫離能所相關的「自我的存在」（*sum cogitans*）或所謂的「思惟實體」（*substantia cogitans*）。他的目的在於證明，我是一個「思惟的存在」。也就是說，笛卡兒真正的目標並不在「思惟」，而在「思惟的實體」，然而後者在觀念論式的解讀中是被存而不論的。也就是說，在我思命題中包含著一種「自覺」或「自我真理的自覺」，而這表現在笛卡兒的哲學中，則是在「我思」中，自覺到「思惟的自我存在」也是「作為精神實體

---

43 黃文宏，〈現象學的觀念──從海德格的場所思維來看〉，《國立政治大學哲學學報》第 9 期（2002 年 12 月），頁 63-98。

44 筆者的「相關性」一詞，是採用自胡塞爾的現象學（請參閱胡塞爾著，黃文宏譯注／解說，《大英百科全書草稿》。

的存在」的這種存在意義（例如「論項 4.1」與「論項 5」），而這明白地越出了意識的表象範圍。這意謂著我們在「我思的自覺」中，也自覺到某種越出意識的東西。

我們回到本論項。如所周知，笛卡兒懷疑的目的並不是為了懷疑，他的懷疑是為了獲得「絕對確實的知識」，這也被稱為「方法的懷疑」，而絕對確實的知識在觀念論式的笛卡兒解說當中，就意味著是被「我思」所賦予根據的知識。換句話說，這是為了追求「有意義」而採擇的方法。對曾天從來說，追求有意義並沒有錯，但是如此所獲得的知識必須排除謬誤，讓真實與謬誤處於對立之中，這樣來看的話，笛卡兒所建立的哲學，仍然是處於「對立的場所」中。讀者在以下的「論項」中，就會看到「真理自體」是「無內容（無意義）」的，它並沒有任何有意義的內容，或者它比任何的有意義還多，這是對真理自體的「存在事實」的進一步展開。也就是說，在曾天從看來，這種觀念論式的解讀，雖然不夠徹底，但是對「確然的真理」的發現是有幫助的。相對於此，曾天從稱自己的懷疑是「原理的懷疑」，原理的懷疑的課題，並不是要建立任何確然的知識，而是要原理上獲得能夠「懷疑」任何宣稱能夠獲得真理認識的「體系」的「原理」。而在筆者看來，這個「懷疑體系的原理」就是「真理論的差異」。

[解說 §3]　我思命題中的「思惟」與「存在」

「論項 3」是順著笛卡兒「我思命題」的討論，探討其中所包含的「自我存在（我在）」的意義。首先曾天從從一般的理解開始，如我們所知，笛卡兒我思命題中的「自我存在（sum）」這個觀念，在哲學史上並不是單義性的，它可能指「思惟存在」或「存在本身（實體存在）」，要看不同哲學家的解讀。然而就認識論的角度來看，「思惟（我思）」（cogito）是第一義的，這也是笛卡兒思想的重點。於是順著這個邏輯，就會認為應該從「我思」來解明「思惟的自我的存在意義（我在）」，笛卡兒之後的認識論的觀

念論傳統（例如德國觀念論），就是以「我思」為主要的思考方式。在這個意義下，「我在」可以從「作為意識自身的統一的關聯的實存」中來找出，而透過如此的「我思」所找到的「我在」，就存在論上來看，很明白地是與「我思」不同的東西，而就笛卡兒哲學來說，也確實包含了如此解釋的可能性。

　　但是在曾天從看來，由於笛卡兒的「普遍懷疑」是針對「存在事實全般」而發，存在事實全般地被置入懷疑之中，所以他所獲得的「自我存在」，就不會是「關於懷疑的存在事實」，而是「關於懷疑的意識存在」。「懷疑（我思）」的意識存在，就是不可懷疑的「直接地、明晰判明地存在」，而這就是笛卡兒所說的「自我存在（我在）」。在筆者看來，在這裡所說的就是「我疑即我在」，對此我們在可以《第一哲學的沉思錄》中找到笛卡兒自己的說法。[45] 而在「論項 4.1」中，曾天從將其總結成「我思即我在」，並將其理解為是一種「自我存在的自覺」，是哲學思索的主觀的自覺，這形成了「自我意識」的理論。然而在曾天從看來，笛卡兒的「存在」不止於「意識存在」，它是更為廣泛的概念。雖然如此的「自我存在的自覺」開啟了「自我意識」的哲學，但是這樣的解讀並不能對笛卡兒「我在」的意義給與「完結的解決」。

[解說 §4.1]　我思命題的觀念論式的解讀及其限度

　　「論項 4.1」與「論項 4.2」都是關於「我思命題」的觀念論式的解讀與曾天從的批評。這是將「思惟的自我存在」理解成一種「能統一自我觀念的意識內在的實存」，也就是說，這樣解讀是將「自我的存在」解釋為一種「觀念上的、意識現象上的存在」，它是一種「在自我意識的層面上，以明

---

45 請參閱黃文宏，〈論曾天從真理自體的純粹形相〉中關於笛卡兒的討論，《中國文哲研究集刊》第 56 期（2020 年 3 月），頁 71-100。

證的方式而顯現的存在」。然而這種「自我觀念的存在樣式」，很明白地不同於「事物全般的存在樣式」，兩者必須明確地區別開來。另外在「自我觀念的底部」也必須有「自我實體」或「精神實體」的存在，它是「自我觀念得以生起的基體」，「自我觀念」是這個「自我實體」的精神現象。

如所周知，就意識的確定性而言，「自我觀念」是意識直接直觀的對象，它的獲得是自我明證的、無媒介的、並不是透過邏輯推論而來。如所周知，笛卡兒的「我思故我在」的表達方式容易造成誤解。這樣來看的話，曾天從認為「我思命題」（cogito, ergo sum）或許要改寫成「cogito, sum」會比較好，曾天從將這個拉丁文譯成「我思即我在」。這對漢字的使用者來說，馬上會將思想的重心置於「即」這個曾天從所添加的漢字上，如何來理解「即」，這在哲學上本來就是一個大問題。[46] 不過我們沿著曾天從的想法來看，他先陳述笛卡兒的看法，認為這樣所獲得的「自我觀念」（即上述所說的「懷疑」本身或「思惟」本身）是「第一義的存在」、是「絕對存在」。如此的自我觀念以外的任何存在，都是建立在這個自我觀念之上的「第二義的存在」。而在這個影響之下，形成了各種形態的「認識論的觀念論」（例如德國觀念論）。在本論項，曾天從有「觀念論的認識論」與「認識論的觀念論」這兩種措詞，在「論項 10.2」與「論項 11」則主要使用「認識論的觀念論」。強調點或有不同，然而在筆者看來，兩者並無差別。因而只在翻譯上保留原文的使用，在解說的時候，不強調兩者的分別。而如上所說，曾天從並不認同「認識論的觀念論」的解釋，並將其批評留待以後，我們也就在各個相應地方來談這個問題，在這裡他先從「理論的可謬誤性」來談，並以笛卡兒為例來說明之。

---

46 黃文宏，〈海德格的「共屬」（Zusammengehören）與天台宗的「即」——試論詭譎之說法〉，《中國文哲研究集刊》第 16 期（2000 年 3 月），頁 467-486。

[解說 §4.2]　笛卡兒的混淆：真理自體與真理認識的規準

　　如上所說，在曾天從看來，「認識論的觀念論」的錯誤的根源在笛卡兒。笛卡兒以「我思命題」作為真理，但是又認為需要一個「能保證這個命題為真」的真理，然而基於理論的必然性，又必須持續地問向一個「更為根源真理的規準」。在曾天從看來，這樣的思考方式所尋找的其實是「真理認識的規準」，而不是「真理自體」，這誤導了笛卡兒的思惟方向。

　　對此，如所周知，笛卡兒是從「自我觀念」開始。因為「自我觀念」是直接且明證地在意識現前的觀念，我們可以直觀地直覺到它，它是「明晰（或譯為「清晰」）」（clarus）且「判明（或譯為「明辨」）」（distinctus）的知覺。而「真理的判準」就在「明晰且判明」的知覺，然而這笛卡兒哲學中是一種「表象的明證性」，它是顯現在知性（意識）中，被知性（意識）所表象的明證性。如所周知，在笛卡兒看來，這是「生俱觀念（或譯為「本有觀念」）」（idea innate），是源自於我們與生俱來的「理性的自然之光（lumen naturale）」，並以之為明晰且判明的知覺的最終規準。但是這嚴格說來是個隱喻，笛卡兒究竟要暗示什麼？在筆者看來，就誠如洪耀勳所指出，笛卡兒的自然之光指示出一種「判斷之前」的真理根源，它其實是「前邏輯之物」的暗示，或者我們也可以沿著洪耀勳的想法，認為「沒有存在，就沒有懷疑」（存在なき時は懷疑もない）。在筆者看來，這也是曾天從的想法（參閱「論項3」）。這樣來看的時候，笛卡兒的「自然之光」所暗示的，就是這種「前邏輯之物的存在」。**47**

　　我們回到曾天從的文字。如我們所知，在笛卡兒看來，自然之光是所有一切的真理的根源，它是真正不可懷疑的「真理規準」，沿著這個規準的想法，笛卡兒將一切真理認識的根源歸結於「神」，祂是自然之光的明證智能（真理判準）的究極保證，其理由在於「神的誠實無欺」（veracitas Dei），

---

47 洪耀勳著，黃文宏譯注 / 導讀，《洪耀勳日文哲學著作集》，頁 241-245。

是決然不會欺騙人類知性的。如所周知，笛卡兒的這個想法陷入一種「循環論證」，這個循環論證簡單地說，就是一方面以神的存在作為明晰與判明的知覺的保證，但是神的存在的保證，又只能訴諸於清晰與判明的知覺，這在哲學史上討論的人很多。

在這裡，我們要注意的是曾天從的批評。在筆者看來，他沿著消極面與積極面這兩個方向來進行，首先就積極面來看，如在「第 5 論項」中，笛卡兒指出了某種「存在的事實」，這是被笛卡兒所沒有意識到，然而卻是被曾天從所揭示出來的「先於對立的事實」，笛卡兒只是給出了進一步思索的「前提」而已。就消極面來說，他批評笛卡兒混淆了「真理自體」與「真理認識的規準」。因為真理認識是「在（意識）表象上的明晰與判明」，而真理自體則是屬於「存在的事實」。這一點如我們所知，笛卡兒的這個混淆，源自於不能夠認清「真理論的差異」所導致。

[解說 §5]　笛卡兒所指出的存在事實

如所周知，笛卡兒並沒有停留在「自我觀念」的絕對存在上，而是進展到「神的存在」這種更為原理性的認識，於是當笛卡兒指出「神的存在」的時候，論證的方向就逆轉了，「神的存在」成為出發點，「自我觀念」成為被奠基之物。神的「存在意義」是無限實體，而笛卡兒將思惟的自我觀念，理解為神的實體的屬性，是將自我觀念的基礎置於神的存在，如所周知，這是斯賓諾莎哲學的前身，也就是說，神的實體將「思惟」包含在內，思惟的自我觀念是神實體的一個屬性，在這裡我們可以看到實體與屬性的關係，曾天從也用「包攝」一詞來形容。

這裡在閱讀上要區別開來的是「自我觀念」與「自我實體」。就笛卡兒哲學來看，前者是「精神現象」，後者是「自我的基體」，也是「自我觀念」的基礎。「自我觀念」對笛卡兒來說，終究只是「對於」自我實體的「存在」，屬於自我實體的精神現象。然而也誠如曾天從所指出，「這樣的

思想是可以在種種意義下而被解釋的」。也就是說，如何理解「我思」與「我在（存在）」的關係是一個問題，這個問題推而廣之，就是「思惟」與「存在」的問題，這一點誠如曾天從所理解，在哲學史上「恐怕也是最為根本的問題」。

在曾天從看來，在笛卡兒的哲學中，「自我存在」是雙義性的，它指的是「自我觀念」的實存（現實存在），也是「自我實體」的實在，於是兩者的關係在哲學史上就成為一個問題。感興趣的讀者可以往回追溯曾天從的反省，看看他如何從「我思故我在」到「我思即我在」（*cogito, sum*），再到「我在、我思」（*sum, cogito*）的思惟過程。於是曾天從批評那種僅停留於「自我觀念」，而不前進到「自我存在」的想法是過於偏狹的，而這種僅停留在「自我觀念」的哲學，就是「認識論的觀念論」或「狹隘的觀念論」。而誠如曾天從所指出，笛卡兒自己也沒有停留在如此狹隘的觀念論的領域，而是越出了「自我觀念」的範圍，承認有「外在世界」與「身體性的自我」的存在，這些都是「非觀念式的存在」（「神的實體」不用說也是如此），這些對笛卡兒來說，都是可以明晰且判明地知覺到的東西。誠如他自己所指出的，「對於所有的那些我能夠非常明晰且判明地知覺到的東西，〔它們〕都是確然的〔存在〕」。

[解說 §6.1] 　兩種客觀性的區別

如上所說，在笛卡兒的我思命題中不只是「我思」，還有「我在」，前者是「意識存在」，而後者則是「外於意識的存在」，這是兩種不同的存在，而且「我思」必須以「我在」作為前提。對此曾天從認為，我們可以從中抽取出一些「能讓哲學得以成立的若干的原理性的前提」。首先一個根本事實在於，「思惟的主觀活動」與「被思惟的客觀對象」必須確實地存在，兩者是讓「自我觀念」得以成立的前提。如上所述，「在思惟主觀中存立的觀念」並不就是「自我實體」，它是「意識內容的統一性連關」或「精神

現象的統一性連關」，它的成立需要主觀活動與客觀對象的確實存在。這個時候我們的思惟所指向的，其實是這些透過這些「觀念內容」所指向的「思惟對象（客觀對象）」。換句話說，在這裡我們要區別開「觀念內容」與「思惟對象」，就認識上來看，兩者都是客觀的，但是就存在上來看，則是兩種不同的「客觀地存在」，前者是「意識內的客觀（觀念內容）」，後者則是「意識外的客觀（思惟對象）」，後者是前者的前提。同樣地，在主觀端作為認識的對象的時候，也要有相應的區分，也就是說，除了「內主觀的存在」之外，我們還必須區別開一個「外主觀的存在」或「自體存在」。這裡的「外主觀的」的意思是「外在於主觀的」，同樣地「內主觀的」則指是「內在於主觀的」，在筆者看來只是表達上的縮寫。基本上來看，曾天從肯定一種「外主觀的客觀」，而這一點是觀念論的哲學所無法認識的。因而根本上來看，就其作為「外主觀的存在」而言，主體之物（主觀端）與客觀之物（客觀端）的「存在樣態」必須是一樣的，兩者的「自體存在」是在「同一的存在形態」中的存在，或者說有著「同樣的自體存在」，它們都是獨立於意識的存在，都是外主觀的存在。對認識而言，「因而從根柢上來看，主體之物與客觀之物必須是在同樣的存在形態中而存在」。

在筆者看來，這意味著在閱讀上我們要區別開兩種客觀性，一種是在「認識」中的客觀性，例如認識主觀的「意識內容」或「觀念內容」的客觀性，這種客觀性是「意識內的客觀性」（內主觀的客觀性）。除此之外，還有另外一種客觀性，即「意識外的客觀存在」的這種客觀性（外主觀的客觀性）。[48] 前者例如「判斷的客觀性」，後者則是我們透過「觀念內容」所指示著（指示する）的「意識外的客觀性」，或在這個觀念內容中「所自覺到

---

48 這種「外主觀的客觀性」是被胡塞爾的現象學所「存而不論」的客體存在，筆者在《現象學的觀念》中稱之為「主體」與「客體」。請參閱胡塞爾著，黃文宏譯注，《現象學的觀念》，〈譯注者導讀〉中的說明。

對象存在」。在曾天從看來，這兩種客觀性之間，內主觀的客觀性是「附帶的」（附帶的に）客觀性。就這一點來看，曾天從不屬於意識哲學，而傾向於新康德學派。在筆者看來，這可能也是曾天從感興趣於尼可萊・哈特曼（Nicolai Hartmann, 1882-1950）（以下簡寫成「N.哈特曼」）的原因。[49] 基本上來看，曾天從感興趣的哲學家，例如拉斯克、N.哈特曼等，是原屬於新康德學派（西南學派與馬堡學派），後來受到胡塞爾的影響，試圖透過現象學的方法來解決「物自身」的認識問題的哲學家，其思想可以說是介於新康德學派與現象學之間。這一點讀者也可以從曾天從對胡塞爾的現象學、與海德格基本存在論的批評看出一些端倪，其中的關鍵點就在於「真理自體（物自身）」的問題，這在現象學內部是被存而不論的東西。

　　我們回到原文，在這裡我們可以看到，曾天從跟隨著新康德學派的看法，主張一種「客觀性」，它不是「判斷性質」的客觀性（這是「在意識內的客觀性」），而是意識內的客觀性所據以表象的客觀性（曾天從也稱之為「思惟的對象」），或者說是透過「觀念內容」所指示著的「對象」，在措詞上曾天從也用「客觀地存在」來形容它，這樣來看的話，就有兩種客觀性。在筆者看來，兩者用現象學的措詞就是「意義」與「對象」的區別。[50] 換言之，在文本的解讀上，我們要區別開「觀念內容的判斷性質」與「觀念內容所自覺的對象的存在性格」這兩種「客觀地存在」，前者仍然是「意識內的客觀存在」，後者則是「意識外的客觀性」。這裡的「自覺的對象」就其思想來看，是指「所自覺的對象」，在翻譯上筆者讓它明白地表示出來。這樣的「對象」雖然是被認識主觀所指向的或暗示的，但是卻是為意識的

---

49 曾天從，《哲學體系重建論》上卷，頁 264-271。在頁 269，甚至還說「拙著《現實存在論》著作似聊可以充當 Hartmann 本身所未完遂的存在論的各論」。

50 黃文宏，〈論曾天從對胡塞爾的「意向相關物」的批判〉，《臺大文史哲學報》第 97 期（2022 年 5 月），頁 101-126。

「觀念內容」所無法捕捉的、無法落入意識內的存在，而這是我們在認識的同時也自覺到的事。

[解說 §6.2]　真理認識的三個原則：根本事實性、根本同一性、根本可能性

接下來，曾天從說明「真理認識」得以成立的三個原則（根本事實、根本同一、根本可能）。在他看來，真理認識或哲學認識都是一種認識，然而「認識」之為認識並不是無前提的。首先「認識」是發生於「觀念內的實存」與「觀念外的客觀實在」之間的關係，這是認識得以成立的第一個條件，曾天從稱之為「根本事實原則」。如我們所知，這是對認識的事實的描述，它必須有「觀念內」與「觀念外」的事實。其次認識要求著「絕對確實性」，而要滿足這種要求，其所認識的對象就必須是「自體絕對同一之物」。換句話說，所認識之物必須是「存在之物」，是「一個東西」，是「有」，因而「存在」就代表這個東西是「完結之物」，不能同時「存在」又「不存在」、同時「是這個存在」又「不是這個存在」。這樣來看的話，倘若我們在「存在性」這個視域下來討論「存在」的話，那麼對於「存在又不存在」的東西（例如生滅無常之物）是無力的，因為它根本沒有「存在（斯有）」可說。這個時候的「存在」或「存在性」指的其「斯有」（Sosein）。因而所認識之物必須是「完結的」（abgeschlossen），才能成為認識之所對（對象）。而作為完結之物，它必須擁有「唯一的存在性」或者說「唯有一個存在性」，這並不是說它不會變動，而是它不會同時是「此」、又是「彼」。它必須擁有「同一性」，或者是「此」或者是「彼」，才有「存在性」可言說，在西方傳統哲學中，變動其實是預設同一的，因為變動總是某個東西的變動。換句話說，西方傳統哲學是從「有」的視角開始並探問其「存在性」，而這個用以說明其「唯一的存在性」或「同一性」的東西，就是這個存在物的「斯有」。因而要成為哲學的認識對象，

需要「絕對同一性」的構造，它必須成為一個「存在之物」，才能談論它的「存在性」，而這形成認識的第二原則。同樣地，真理論的認識作為哲學的認識，也必須承認這種「同一性」，但是在這裡我們看到，曾天從使用了「絕對同一性」一詞，這意味著我們必須從「真理論」來了解這種同一性。

在這裡我們可以看到，作為第二原則的「根本同一性」，其實是直接地源自第一原則的「根本事實性」，或者說是更一步地對這個根本事實性的確立。在「有」的視域之下，它表示認識的「事實」必須具有「同一性」，不能既存在又不存在，這一點也保證了其認識的「絕對確實性」。然而，這並不是說哲學否定了川流不息之物（例如生命的存在），只是說川流不息之物，就其自身而言，不能完全地成為認識的對象，倘若它要成為認識的對象，它就必須被暫停，轉變為不流動的「完結之物」，成為一個「存在之物」才能被認識，才有所謂的「斯有存在」可說。在這個意義下，我們其實也可以說，曾天從批判了西方傳統形上學的根本想法，即倘若我們在「存在性」這個視域之下來面對「現實原樣」，那麼現實原樣就必須轉變成具有「斯有」可說的「存在」，而這是西方傳統哲學所沒有意識到的前提，因為在這個時候，「意識」必須對「現實原樣」添加東西（例如，時空、範疇），令其暫停而成為認識對象。然而當我們暫停如此的川流不息，將其置於理論的目光之前而予以對象化的時候，我們也同時意識到如此的認識是不足夠的，「現實原樣」必須比所認識到的「斯有」還多，它必須還包含著「多餘存在」，多於我們對它的「斯有」的認識。曾天從與洪耀勳對西方哲學的反省，皆集中於西方哲學這個以「存在（有）」為基準的視域或提問方式。然而相對於曾天從對「現實存在」的關心，洪耀勳的興趣則是在這流動性的生命（實存）上。[51] 這裡的「現實存在」與「實存」兩者都是德文的

51 這是因為「實存」是「脫自的」，它是「脫離了此在自身的本質（存在）的」存在，任何本質的認識都無法限定住實存的緣故。請參閱洪耀勳著，黃文宏譯注／導讀，〈今日的哲學問題〉，收入《洪耀勳日文哲學著作集》。

「Existenz」的不同譯名,而這也標示出曾天從與洪耀勳對哲學的不同進路,對此感興趣的讀者不妨比對洪耀勳的想法。

　　於是我們從「根本事實原則」知道,認識需要「主觀與客觀」的對立,再者,不論是主觀與客觀,所認識之物必須在自體上是「絕對同一性」的「根本同一性原則」。而根據根本同一性原則,我們對所認識之物(這在曾天從是「真理為何」),就「必須已然在某種形態下,已經能夠絕對確實地把握了」。也就是說,真理作為認識所追究之物,必須已然被我們以某種方式把握了,否則對其探求是不可能的。因而曾天從認為還有第三原則,即要追求「真理為何」,追求真理認識,真理必須是「確實可以被把握的」,如果沒有如此的「預想」,會讓哲學的追求變成無意義,哲學也不會是「真正的哲學」。也就是說,這三個原則(根本事實性、根本同一性、根本可能性)是讓「哲學的認識」得以成立的原則,自然也是真理論的原則。這三個原則表明了,哲學的認識發生在「主」與「客」之間(根本事實性)、認識的對象必須具有「絕對同一性」(根本同一性)、而且對其認識必須是「可能的」(根本可能性)。

[解說 §7.1]　真理認識的原則的總說

　　曾天從先表明,哲學的目標在原理地且究極地追究真理為何。然而真理的「實質的究明」,卻是要在真理探求的「終局」才能夠獲得,在一開始或過程中是無法獲得其具體實質內容的,但是哲學論究在其「開端」,卻必須已然以某種形態「絕對確實地」把握到真理為何了,並且還必須「預想著如此追究的可能」。換言之,在「自體絕對同一性(同一性)之中的真理存在(事實性),是可以絕對確實地被認識到的(可能性)」,「真理存在」在論究的一開始就必須就其自身是「事實地存在」、擁有「同一性的存在」、而且是可以確實地把握到的「根本可能性存在」,這三個原則是哲學論究得以成立的基礎與前提,也是我們對真理存在的「絕對確實」的已然把握。在

這裡讀者可以明白地看到，真理論的「絕對確實性」，並不是笛卡兒式的在意識層面上的「絕對確實性」。而曾天從接下來的工作，就是進一步地考察這個哲學認識的基礎。

而就哲學論究而言，哲學論究必須持續地對其基礎給予反省，這形成了「哲學的要求」，也就是要求讓哲學成為真正的哲學，而基於如此的本然的要求，哲學必須問向一個更為根本的真理問題。換句話說，曾天從接受了努出比徹的想法，認為「哲學為何」的問題，追根究底地必須問向更為根本的「真理為何」。[52] 這個時候作為被探問的對象的「真理自體」，就必須成為「真理存在」而被探問。因而在筆者看來，在曾天從的措詞上，「真理自體」並不等同於「真理存在」，真理自體主要是個「領域概念」，而「真理存在」是一個「存在之物」，是在真理（領域）中的存在之物。「真理存在要能夠作為哲學論究的對象，它就必須絕對確實地存在，而絕對確實地存在之物必須是在真理中的存在之物。」就筆者個人的看法，曾天從的這句話應是受到德語思考的影響，從德語來看，其基本想法應該是「Wahrseiendes（真理存在）」必須是「in Wahrheit seiendes（在真理中的存在、真理地存在之物）」，意思是說「真理存在」不只是「存在」，而是「內存真理中的存在」，或者說是「真理地存在之物」。在這個意義下的「真理」是個「領域概念」，也就是說，真理存在是「有」，真理自體是「無」，兩者的分別我們會在以後各分冊的解說中逐步地解明。

我們回到原文，由於「任何探問在某種意義下，都是對存在之物的探問，所以不預想存在的概念的話，全般地來說，任何有意義的探問都無法成立」。而這意味著，在「真理為何」這個問題中，接受探問的並不是真理自體，而是真理存在。或者說，在筆者看來，更接近於曾天從的想法的是，所

---

52 關於努出比徹的想法，請參閱洪耀勳著，黃文宏譯注／導讀，《洪耀勳日文哲學著作集》的第五論文〈存在與真理〉。

探問的「真理自體」必須轉變成「真理存在」才能接受哲學的探問。[53] 再者如我們在「論項 2.2」的「解明」中所說，我們必須區別開「真理存在」與「存在之物的存在」，前者才是真理論的要求，也就是說，我們必須從「真理的真理性」來探問「存在的存在性」。真理必須存在或者說真理自體必須成為真理存在，我們才能探問之，然而這並不意味著「存在之物的存在」就是「真理存在」。這樣來看的話，真理問題的根本事實性原則就是「真理存在」的事實性。探求真理，真理必須在事實上存在，而且是「絕對確實地存在」。如我們所知，這種確實性不是意識的確實性，而是真理論的確實性，在這裡並沒有預設真理存在，而是真理認識的「根本事實性原則」的表示。

　　解說至此，我們可以確定出曾天從的一個基本立場。首先「認識的對象」不是由意識所產生（所構成）的「內容」，而是脫離意識而獨立存在的「事實」。這個看法讓他對「意識哲學」（包括觀念論）普遍地抱持批判的態度。再者這個「所認識的事實存在」或「現實自體」必須在「超越對象意識」的地方來探尋，就存在樣態來說，它不是意識內存在，而是「意識外存在」，這構成了認識論的基礎，這一點讓他的哲學不停留於認識論，而進入了存在論的範圍。以此為基準，讀者在接下來的部分，就會看到他對新康德學派的「哥白尼轉向」的實在論解釋感到興趣，以及隨之而來的，後續的對「範疇自體（存在形式）」與「範疇概念（思惟形式）」的討論。

[解說 §7.2]　真理自體的形式原理與實質原理

　　首先我們知道，「真理之物作為事實存在，而且絕對確實地存在」是第一根本事實性原則的表示。否定真理之物的確實存在，不僅否定了「真理自體」，也否定了作為哲學論究的「真理論」。於是對真理論來說，真理之

---

53 請參閱黃文宏著，〈論曾天從「理念的真理認識」的難題〉，《國立臺灣大學哲學論評》第 60 期（2020 年 9 月），頁 133-166。

物的「絕對確實的存在」是其哲學論究的前提。而對其哲學的解明，則是真理論的目的。而「哲學為何」的問題必須是在「真理為何」的問題獲得最終解明之後，才能獲得完全的解明。這是因為對曾天從來說，「哲學」是關於真理本身的認識論的體系，而哲學的認識內容的展開，則必須依據「真理本身」（真理其もの）內部的「形式原理」與「實質原理」。我們在以後的分冊中，就會漸次地了解這裡的「真理本身」，指的其實就是「現實本身」，或者在筆者看來，它就是「現實原樣」（現実そのまま）。

接下來，讀者要分別開的是「哲學的體系（哲學體系的理論）」與「哲學論究的基礎賦予的理論」，後者必須先行於前者。「基礎賦予」（基礎付ける）一詞，是對應到的德文的「Grundlegung」。就德文來看，可以動詞或名詞地理解，譯成「奠基」或「基礎」，日文在這裡反而比較明白，但是讀者還是要根據上下自行判斷相應的漢語。而就真理論而言，由於其哲學論究的課題在解明「真理為何」，其哲學體系是真理的認識體系，因而哲學體系要成為真正的哲學體系，就必須要仰賴對真理原理的「全般形式」與實質的「全般內容」的原理探究。前者是「無」的原理，後者則是「有」的原理，兩者共同形成哲學論究的基礎。但是「全般形式的原理（無的原理）」的論明，仍然是探究「實質的全般內容（有的原理）」的基礎。如我們先前所示，這是基於「真理自體的雙重本質」而來的「原理」，其解明則是曾天從所自我設定的目標。而其第一步就在究明「真理原理的全般形式」，接下來，以此為基礎而要進一步地解明的是「真理原理的實質的全般內容」。

[解說 §8]　問題的轉換

本論項的一開始，我們可以看到，曾天從對「論項 1.1」所提問題的總結。也就是說，哲學的奠基工作不能建立在「立場的反省」、「研究方法的檢查」或「哲學體系的綱要的提示」上，而應建立於「問題的轉換」上。在筆者看來，這是因為問題的轉換伴隨著一個視域的開啟，如果根本的問題在

真理問題，哲學自然必須是以真理問題為引導，並且由真理問題來規定哲學問題。因而我們雖然只能透過哲學來顯明真理為何，「但是這斷然並不因此而意謂著是由哲學自己來決定真理為何。哲學並不規定真理本身，毋寧反之真理本身規定了哲學為何」。哲學在這個意義之下，是真理認識的理念體系，唯有讓真理本身來規定哲學，它才能夠以概念或理念的方式來顯現自身。但是在這麼做的時候，我們作為哲學的研究者，必須要提防「真理認識與真理自體並不直接就是同一之物」。真理論的差異可以說是曾天從整本書一再強調的地方，因為兩者的混淆，是一切判斷謬誤的起因。

所謂的「判斷謬誤」意味著「主觀的判斷內容」與「客觀的實在本身」的「不合致」。在這裡，日文的「合致」也可以譯成「一致」，但是由於其意義，依脈絡的不同而有些許的不同，而且曾天從自己也使用了日文漢字的「一致」這個語詞（例如「論項 18.1」等），所以筆者在譯名上選擇保持原有的「合致」的日文漢字，其各個各別的可能的意義，則保留在各個相應的地方解說。

關於「主客觀的合致」問題，哲學史上的解決方式，不是「將客觀視為主觀」（觀念論）、就是「將主觀視為客觀本身」（實在論）。在曾天從看來，這兩者正好的表現出哲學的認識體系的「謬誤的兩大範型」，而其根源在於沒有認識到「真理論的差異」。在曾天從看來，「真理自體與真理認識並不是直接地、無批判地同一之物」。也就是說，曾天從並不排斥兩者的一，而是認為兩者的一，「並不是直接地、無批判地同一」。這種「一」，我們可以稱之為「絕對的一」或「絕對地同一」。這往往是哲學家用來稱呼自己的哲學的方式，隨後出現的「絕對確實性的哲學」也是如此。

接下來，曾天從就是要通過對「判斷的謬誤」的批判來突顯「真理論的差異」。在這裡我們可以看到一個與笛卡兒相同的出發點，對笛卡兒與曾天從來說，謬誤的存在是尋找真理的促動因，然而不同於笛卡兒，將「真理」

理解為謬誤的全然排除，曾天從則是要在對「謬誤的批判」中，尋找真理論的出發點。

[解說 §9.1]　謬誤作為真理認識的促動因與媒介

　　「9.1 論項」與「9.2 論項」皆是對「判斷謬誤的分析」。判斷謬誤的第一個意義在於，「謬誤之為謬誤」本身就隱含著「應該予以徹底地排除」的意思。這是源自笛卡兒的真理觀，也就是說，對於要求意識的絕對確實性的哲學來說，「謬誤」是沒有容身的餘地的。例如笛卡兒所追求的確然性真理，是完全排除謬誤的，這是基於理論的絕對確實性的要求。曾天從其實不排除這一點，而是認為如果「謬誤之為謬誤」就是要被排除的話，那麼「謬誤的存在事實」就隱含著一種追求「真正的認識」的動機。這是因為謬誤是消極之物，我們並不以追求謬誤為目的，而是因追求「真正的認識（積極之物）」而遭遇到謬誤，因而在謬誤的「存在事實」中，包含著一種「促發」我們追求「真正的認識」的動機。謬誤在這裡是作為一種「促動因」。

　　如果我們相對於笛卡兒在《第一哲學的沉思》中〈第一沉思〉的思路來看，「謬誤」在笛卡兒確實可以視為「促發普遍懷疑的動機」，然而相對於笛卡兒要將其全然地排除，曾天從其實更為正面地來看待「謬認的存在」，乃至於認為如果沒有「謬誤」的介在，哲學的追求「絕對確實性」終究會是無意義的。因為笛卡兒的方法的懷疑，「必須預想著謬誤介在的可能性才能夠成立」，也就是說，謬誤其實是「朝向達到絕對確實的真理認識的一個方法上的媒介」，而這一點是笛卡兒所沒有認識到的。

[解說 §9.2]　主觀的謬誤與客觀的謬誤

　　但是，謬誤的意義不止於上述所說，除了作為真理問題的促動因之外，在這裡曾天從提出兩種不同意義下的謬誤，分別是「主觀意義下的謬誤內容」與「客觀意義下的謬誤內容」（我們簡稱為「主觀的謬誤」與「客觀的

謬誤」）。前者牽涉對於一個判斷內容所給予「判斷性質」，後者則是關涉到「客觀的事實存在本身」。

首先「主觀的謬誤」關係到「判斷性質」，這是「主觀」介入的領域，所以是與「賦予判斷性質的主觀」有關。也就是說，在曾天從看來，一個判斷包含著「判斷內容」與「判斷性質」。其中判斷性質是由主觀所賦予，而「判斷內容」則關涉到一種客觀存在，我們稱前者的謬誤為「主觀的謬誤」，後者為「客觀的謬誤」。也就是說，如果所謂的「謬誤」意指「主觀」對判斷內容所賦予的「判斷性質」的時候，那麼這個時候的「謬誤」是主觀的，它是與「真正」處於對立中的謬誤。這裡的「真正的」（曾天從使用同樣的日文漢字）一詞，雖然可以理解為「正確的」，但是其意義不止於此，我們在接下來的部分，就可以明白地看到，曾天從的這個措詞受到新康德學派的「價值哲學」的影響，其意義不完全等同於我們現在所謂的「正確」與「不正確」，在翻譯上我們保持其原有的漢字。而如此所理解的「謬誤」與「真正」屬於「判斷的性質」，兩者是對立的。在這裡我們可以說，主觀的謬誤是「判斷性質的謬誤」，是在對立的領域中所成立的「謬誤」，其根源來自於「主觀」的介入。

「客觀的謬誤」則是關連著「客觀的事實存在」，這是指「判斷內容」所關涉的「客觀的事實存在」，是在判斷中完全排除了主觀的部分。這個時候不論是「真正判斷」或是「謬誤判斷」，兩者都關涉到「客觀事實」，因而在不考慮各自的判斷性質的時候，兩者是同一的，因為兩者所針對的是同一的「客觀的事實存在」。也就是說，真正判斷與謬誤判斷在「絕對同一的存在性」中，兩者的對立性是消失的，都內存於超對立的領域中。但是曾天從的意思並不是說「判斷內容」就是「真理自體」，而是我們可以藉此而發現一個「超對立的領域」，這個領域不牽涉「主觀的判斷性質」，而是關涉到所判斷的「客觀事實存在」。這樣來看的話，曾天從是將「判斷性質（真正與謬誤）」與「判斷內容」分離開，並將「判斷內容」所關涉的或暗示的

「事實存在」置於一個超對立的領域。他並不是主張「判斷內容」是超對立的，而是判斷內容所關涉的「事實存在」是超對立的。「謬誤之物對哲學論究而言所擁有的第二個意義，在於它是存在於超對立的或者無對立的領域中的事實存在，因而也就成為能明示出真理自體本身的意義的東西。」這樣來看的話，謬誤之所以能夠標示出真理自體的意義，是因為「客觀的謬誤」作為「事實存在」，超越了源自於判斷主觀的判斷性質上的對立。我們在以下各分冊中，就會明白地看到，曾天從其實承接了波扎諾（Bernhard Bolzano, 1781-1848）以來的傳統，認為「真理的問題」不能從「認識的主觀面」來回答，只能從客觀面的「自體」問題著手。

　　最後曾天從提到，至此我們有兩種論述的方式，一種是在關於「哲學成立的論述」中，我們是從「真理自體的概念出發而遭遇到判斷的可謬誤性概念」。另一種是在關於「謬誤判斷的哲學意義」的時候，我們是從「可謬誤的概念出發，而發現真理自體的概念」。這是兩個相互逆行的方向（從真理自體而發現謬誤概念，從謬誤概念出發而發現真理自體），但是這兩個相互逆行的方向最終卻是「相互合致的」。這裡日文漢字的「合致」一詞，就不太適合用「一致」來翻譯，因為方向是相反的，然而最終來看，這兩個相反的方向卻又是吻合。譬喻地來看，兩者之間形成一個圓環，但不是理論上的循環論證。

[解說 §9.3]　判斷謬誤的現實根柢

　　接下來曾天從繼續指出「判斷謬誤的一個附屬意義」，也就是現實上做出謬誤判斷的基礎。這一點曾天從跟隨著努出比徹的想法，認為這是「人類中心主義」的結果。曾天從在這裡對比兩個東西，「人類的實存」以及「與人類的實存全然無關的客觀事實存在」。如果謬誤的現實根柢在「人類中心主義」，但是哲學思索者總歸是人類，於是在筆者看來，如何在人類的思

想中去除人類中心主義的部分，就會是其思想所要面對的一個問題。[54] 在這裡，曾天從先從「理論全般」與「主義全般」的反省批判開始。

[解說 §10.1]　理觀與純粹觀想

在這個論項中，曾天從談到「理觀」與「觀想」這兩個概念。「理觀」一詞的另一個說法是「智的直觀」。在現行臺灣熟悉的用法中，可以是實踐的，也可以是理論的。倘若單單從其希臘文「θεωρία」來看，它表示一種觀看，而曾天從明白地是從「理論」的角度來談這種「知（理）性的觀看」，所以採用「理觀」一詞。讀者在閱讀上，要區別開「觀想」與「理觀」。曾天從這裡所談的「觀想」，指的是「知性的純粹觀想」，他將「理觀」理解為「人類知性（觀想）的最高實現」，也就是說，「理觀」是「觀想」的最高實現，於是我們看到他將「純粹觀想」對比於「哲學思索」，將「理觀」對應到「哲學體系」。

首先，曾天從認為「哲學」作為「純粹學問」是一門「理觀之學」。這一點就真理論來說也是如此，而真理論的哲學思索，所要觀想的對象就是「真理本身」，而且在真理論的體系中，哲學思索必須自始至終都面對著「真理自體」，必須徹頭徹尾地是「觀想真理自體的知性行為」，而且如此的觀想必須統攝哲學思索的全體行為。然而作為一個哲學家，他雖然「想要觀想」真理本身，但是「在現實上」卻沒有辦法獲得「絕對的保證」，因為人的純粹知性的行為，既然是「人類的」，那麼在其中就包含著「當面錯過的可能性」，而這構成了「判斷的可謬誤性的基礎」，也是現實的謬誤發生的根柢。這樣來看的話，我們可以說，真理論的「純粹觀想（哲學思索）」，目的在獲得「真理自體的純粹理觀（哲學體系）」，而如此的「純

---

54 請參閱黃文宏著，〈論曾天從「理念的真理認識」的難題〉，《國立臺灣大學哲學論評》第 60 期（2020 年 9 月），頁 133-166。

粹理觀」之所以無法完全實現，是由於人類中心主義的緣故。但是神不需要哲學，哲學思索總是人的哲學思索，愛智也總是人的愛智，沿著這一點來想的話，在筆者看來，曾天從真正想要脫離的，其實並不是「人類」，而是「人類中心主義」。[55] 而我們也可以在後續的分冊中看到他的真正意思。

[解說 §10.2]　謬誤的現實根柢與原理根柢

接續「論項 10.1」，曾天從在這裡談到謬誤發生兩種原因，即「現實的根柢」與「原理的根柢」。簡單地來說，前者是基於「人類中心主義」，後者則是基於「真理論的差異」。首先從現實上來看，人類的觀想是「片面性的」，這形成了「主義思想」。但是在筆者看來，曾天從並不是反對「主義思想」，因為只要是人類，「觀想」就免不了是片面的。然而人類由於自覺到這個事情，而且由於「觀想」的方向，在本質上具有「無限可能性」，所以自然而然地就會想到，要將無限可能的方向「探索殆盡」，然而這明白地是與「現實」相違背的，作為人就不可能窮盡所有可能的方向。這樣來看的時候，曾天從所真正反對的，其實是一個「主義思想」被當作「主義」而「被固執」的時候，因為在這裡包含著「可謬誤性的現實的根柢的存在」。這樣來看的話，主義思想就其自身來看，不一定是謬誤的，但是它是「可謬誤的」。相對來看，哲學不是主義、也不是主義思想，反而應該以「原理地超克主義思想」為其「根本課題」。對此，曾天從認為以往的哲學，都是在「立場全般的無限可能性」中來追求「超克的可能性」。然而如何來進行這個工作，曾天從並沒有說明，因為在他看來，這個問題不屬於「哲學論究的開端」，於是就先停留於如此的「形式概念的提示」。

其次就原理上來看，「謬誤的原理的根柢」在於不能認識「真理論的差

---

55 請參閱黃文宏著，〈論曾天從「理念的真理認識」的難題〉，《國立臺灣大學哲學論評》第 60 期（2020 年 9 月），頁 133-166。

異」。這是因為在哲學論究的開端，雖然始終必須面對著真理自體，但是卻由於不能認識「真理論的差異」而「當面錯過」，甚至於在理論上形成判斷謬誤的可能。這樣來看的話，判斷謬誤的發生的「原理上的基礎」，就在於真理自體與真理認識的「混同」或「糾纏不清」。在筆者看來，這意味著這個原理的克服，就在於認清「真理論的差異」，這其實也是整部《真理原理論》所一再強調的地方。

第二節　波扎諾的真理自體與拉斯克的超對立的對象

[解說 §11]　我思命題的真正意義

　　第二節的一開始，曾天從先說明接下來的工作，他要將討論的重點集中於波扎諾、拉斯克、努出比徹這三位哲學家。用「論項 25.1」的措詞來說，這屬於真理自體的本質解明的「對自研究」，但是在這之前，曾天從已經對此進行了「即自的研究」，這是第一節（論項 1-10）的工作，也就是解明真理自體的「事實存在」，在這裡對笛卡兒的反省是重點。接下來的「對自研究」包含「第一章第二節」（論項 11-18）與「第一章第三節」（論項 19-24）。在本章最後的第四節（論項 25-40）則又回到「即自研究」。從這裡我們可以知道，真理自體是中心，其「即自的研究」在說明真理自體「在其自身的事實存在（純粹事實存在）」，而這並沒有被笛卡兒所明白地揭示出來，而其「對自的研究」則是批判其「對種種真理自體的學說」所顯揚出來的樣子，藉此來顯明其意義。

　　首先曾天從認為哲學應從「真理自體（的事實存在）」開始，這一點應該在哲學論究的一開始被提及，但是迄今以來的哲學很少注意到這個問題，或者說很少在純正的型態下觸及這個問題。但是仍然有一些研究的先驅者，曾天從接下來的工作，就是要透過對這些「研究先驅的批判」來突顯自身哲學的殊勝之處。誠如曾天從所說，這個工作是「推進我們自身的研究」

的一個重要的「媒介」。就本分冊而言，其討論的對象主要集中在波扎諾（Bernhard Bolzano, 1781-1848）與拉斯克（Emil Lask, 1875-1915）這兩位哲學家。

在這裡我們先注意幾個曾天從的語詞的使用。真理自體是「純粹事實存在」，它存在於「與判斷內容的真正或謬誤都全然無關的領域」，或者說是超越了「真正與謬誤」的對立的「超對立的領域」。如我們先前所說，這裡的「真正與謬誤」的措詞，雖然在理解上也可以理解成「正確與謬誤」，但是一則曾天從也使用了日文漢字的「正確」一詞，一則是因為其「真正」一詞的使用，是受到新康德西南學派的價值理論的影響，因而筆者在翻譯上，保持「真正」與「正確」這兩個曾天從自己使用的日文漢字。簡單地說，新康德學派所面對的是一種「客觀性」或「價值的客觀性」問題，對此他們訴諸於「價值自體」並以之作為「判斷」的本源，而其「自體」的意義，雖然是源自於康德的「物自體（Ding an sich）」（或譯為「物自身」）」，但是兩者不全然等同，這也是曾天從感到興趣的部分，乃至於有「真理自體」或「現實自體」、「擬而真理自體」等等的措詞。讀者在本分冊對波扎諾、拉斯克等的討論部分，可以比較清楚地看到曾天從與新康德學派的關係。

在這個前置的說明中，我們知道真理自體是一種「純粹事實的存在」，而其「純粹事實性」與理論的「判斷內容」與「判斷性質」無關，判斷的內容有「真正」與「謬誤」可說，這是針對「判斷內容」所給出的「判斷性質」。在這裡讀者要注意的是，對曾天從來說，「判斷內容」是一種「客觀性」，但是仍然不是「真理自體」，而且「真正的」一詞，原則上則是在拉斯克的意義下來使用的，這兩點讀者都可以在本分冊「第17論項」以下獲得比較明確的說明。再者我們知道，真理自體的事實存在內存於與「判斷性質」（「真正」與「謬誤」）全然無關的領域，它是「超對立性」或「無對立性」的。讀者在第二分冊中，就可以明白地看到，這裡所說全然無關的「無關性」，所對應的德文是「Gleichgültigkit」，它表達出「無關於（漠

然於）」或「不相干」的意思，也就是說，不論判斷的性質是真正的或謬誤的，真理自體都與之「不相干」。其意義雖然是消極性的（無、不），但是積極地來看，也可以說它「超然於」真正性與謬誤性之外。用「超」來取代「無、不」這種消極性的表達，在曾天從的措詞中，雖然不能說是常態，但是確實是有這個傾向。也就是說，在筆者看來，將其理解成「超然於」是可以的。再者在第二分冊中，我們還會看到真理自體不只是「超然於判斷的性質（無關性）」，它也是「無相關性」（Irrelationalität）。這裡的「無相關性」是說真理自體（現實自體或現實原樣），無法對象化為意識的「對象」（Gegenstand）或「現前物」（Vorhandenes）的相關物，不能成為「意識之所對（對立物）」（Gegensätzliches），或者說它「超出了對象之物（比對立之物還多）」，是「超對象之物」（Übergegenständliches）或「超對立之物」（Übergegensätzliches）。[56] 但是就翻譯上來看，「無關（Gleichgültigkit）」與「無相關（Irrelationalität）」很容易混淆。不僅如此，不同的文脈間，在翻譯上也常與日常用語的「（相）關於、（相）對於…」混用，因而在翻譯上筆者就保留「無關」與「無相關」的漢字譯名，讀者可以從日語來分辨，也期待有更好的解決方式。但是如果脫離文脈，獨立地來思考它的話，讀者可以考慮將「無關」（Gleichgültigkit）理解為「不相干」或者「超然」，這對應到兩種不同的解讀，取決於我們如何看待其哲學。

我們回到原文。真理自體的超對立性與無關性，提示出了真理自體對主觀的「獨自性」，它擁有一種獨立於判斷主觀的性格，正是這個獨特性開啟了一個全新的領域。如我們所知，這是「事實的領域」，真理自

---

56 就措詞來看，曾天從的「超對立」對應到努出比徹的「Übergegensätzlichkeit」，而「無對立」則對應到「Gegensatzlosigkeit」。請參閱曾天從，《真理原理論》，「第 21 論項」，頁 60。

體是「純粹事實的存在」，因而接下來曾天從提到，其「自體存在」不需要主張任何「權利」，也就是說，它的存在不需要基於任何「理由」，不需要為其存在提出任何的「根據」或「權利」，它不需要合理化、正當化（Rechfertigung）才得以存在，因為它本身就是「事實存在」，屬於「事實問題」（quid facti），「事實問題」是「權利問題」（quid juris）的前提。[57] 換句話說，真理自體的事實存在是所有的根據（合法性、正當性問題）的前提，它不需要被奠基，因為它是一切的基礎。對此，曾天從再次透過笛卡兒的「我思命題」來說明這一點。

在他看來，笛卡兒的「我思命題」的真正意義並不在邏輯判斷在實質上的正確與否，也就是說，並不在「我思」能不能賦予「我在」以權利的問題，而是要在這個「思惟的自我判斷（我思）」中直接顯露「自我存在（我在）」的事實。也就是說，在曾天從看來，笛卡兒的「我思命題」所要表達的，並不是一個「邏輯判斷」，而是對一個先於所有的邏輯推論（理論）的「純粹事實性」領域的承認。因而「我思故我在」並不是要從「我思」來賦予「我在」以權利，不是要用「我思」來證成「我在」，而是直接地在「自我判斷（我思）」中顯露出「自我存在（我在）」的事實。也就是說，在曾天從看來，我思命題不是邏輯推論，也不能作為認識論的觀念論（例如德意志觀念論）的基礎，其真正意義在於「純粹事實性」的領域的發現，而且這個事實性的領域是先在於權利問題（例如「證成」、「基礎賦與」等等）的。它不需要被證成，無所謂「我思『故』我在」，是先在於對象化的思惟（我思）的事實領域（我在）。因而在曾天從看來，我們應將笛卡兒的「我思故我在」，改寫成「我在、我思」（sum, cogito），這麼改寫的時候，重點不在「我思」與「我在」的關係，不是「權利問題」的表示，而是單純地

---

57 感興趣的讀者可以參閱：黃文宏，〈論曾天從真理自體的純粹形相〉，《中國文哲研究集刊》第 56 期（2020 年 3 月）。頁 71-100。

由「我思」來發現「思惟的自我觀念的事實存在（我在）」，而且我在是更為根本的。讀者在以下的論項中，就會發現「我在、我思」不同於前面「論項5」中的「我思即我在」，在曾天從看來，我們可以由這個「事實存在」揭露出一個真理自體的領域，而這才是笛卡兒的我思命題的「真義」。換句話說，曾天從透過其「我在、我思」的改寫，是要表達出一個獨立於意識的能所相關的（無關性）、無對立的、超對立的，也是對立的來源的領域，並順著這個想法，將笛卡兒的我思命題，解釋成「對真理自體的發現」。但是曾天從也自覺到，如此這麼一個解釋很明白地超越了笛卡兒的想法，「倘若想要真正地理解笛卡兒哲學，確實必須要透過對其哲學本身的超越才行」。在這裡，曾天從也跟隨著努出比徹的哲學，獲得了「自體獨立性」、「（對理論的對立之物的）純粹無關性」與「超對立性（無對立性）」這三個真理自體的屬性概念。

[解說 §12.1]　波扎諾知識學的課題

　　「第 12、13、14 論項」的重點都在波扎諾（Bernhard Bolzano, 1781-1848）的「真理自體」的概念，曾天從這一部分的討論，主要集中在波扎諾於 1837 年所出版的著作《學問論》（"Wissenschaftslehre"）（曾天從的表達為「知識學」）。[58] 在這裡波扎諾提出「真理自體」來作為所有科學理論的基礎。如我們所知，西方十九世紀中葉仍然是德意志浪漫主義與觀念論的時代，波扎諾背反於這個觀念論的潮流，站在反康德式的、反心理主義的立場，以數學與邏輯學為基準，來追求共通於一切科學的基礎，這是其《學問

---

58 關於波扎諾哲學的引用，筆者使用的版本是 Bernard Bolzano, *Wissenschaftslehre*, hrsg. von Jan Berg（Stuttgart: Friedrich Frommann Verlag, 1985 以下）。由於原始版本（簡寫為 WL.）的頁碼是學界共用的頁碼，筆者引用的時候亦會將原始版本的「論項」（以 § 表示）與「頁碼」標示出來。曾天從的原文的簡寫為「WB.」應是印刷錯誤，已全部（包括日文版）更正為「WL.」。

論》的主要工作。曾天從首先沿著波扎諾的理解，以「學問」為一種「真理認識」，這意謂著「學問」要成立的話，「真理自體」（Wahrheit an sich）就必須存在，因為在波扎諾看來，所謂的「學問」就是「所有真理的全體概念（或譯為「對所有真理的全體把握」）」（Inbegriff aller Wahrheiten）。[59]也就是說，倘若沒有「真理自體」，我們就沒有必要追求「真理認識」，這意味著科學的「認識」必須以真理自體的存在為前提，或者反過來說，真理自體必須是一切科學的前提。這樣的話，真理自體必須是一種「客觀的存在」，問題在於這是什麼樣的客觀存在？它的「自體存在樣式」為何？這是曾天從的關心所在。

在這裡曾天從提到了波查諾的三個概念，命題自體、表象自體、真理自體，我們注意「真理自體」的存在樣式，並且透過波扎諾的文字來補充之。首先的問題在於「真理自體」是如何獲得的？曾天從順著波扎諾的說法，認為「真理自體」是一種透過命題的純粹化所獲得的「命題自體」。這樣的命題自體的存在，在波扎諾看來是無關於命題的真偽、無關於是不是有人言表它、也無關它是不是有被思想到。[60]換句話說，波扎諾從被人「所言表的」、「所思想的命題」中，再區別開「命題自體」，並且將命題自體的「自體存在」與「人的認識（思想）活動、語言表達」區別開。也就是說，

---

59 Bernard Bolzano, *Wissenschaftslehre, §§ 1-45* (1985), §1, S. 34; WL. S. 4. 在筆者看來，波扎諾的真理自體並沒有辯證法的意思，可以直接單純地理解為「真理自身」或「真理本身」。就如同洪耀勳的理解，它就是「自體（身）為真者」（das an-sich-Wahre）。洪耀勳著，黃文宏譯注／導讀，《洪耀勳日文哲學著作集》，頁 227。

60 「[...] 所謂的**命題自體（Satz an sich）**，我將其理解為一個言表出某物存在或不存在的語句，無關於這個語句是真或是偽，也無關於它是不是能被某人用語言來把握它，甚至也無關於它是不是被某人在心靈中思想到。」（"Mit anderem Worten also: unter einem Satz an sich verstehe ich nur irgend eine Aussage, daß etwas ist oder nicht ist; gleichviel, ob diese Aussage wahr oder falsch ist; ob sie von irgend Jemand in Worte gefaßt oder nicht gefaßt, ja auch im Geiste nur gedacht oder nicht gedacht worden ist." Bernard Bolzano, *Wissenschaftslehre, §§ 1-45* (1985), §19, S. 104; WL., S. 77.

在波扎諾看來，人所思想的命題，受到人（歷史、社會、民族等等）的限制，而這種從人的主觀命題、從思考的主觀活動獨立出來的命題，波扎諾稱之為「命題自體」，命題自體的「自體存在」必須完全地從「言表它的主觀的活動」中完全地解離出來。真理自體作為一種命題自體，自然也必須是如此。

　　但不止於此，波扎諾還區別開「表象自體」，並且認為「命題自體（包含真理自體）」是建立在「表象自體」之上，也就是說，對「表象自體」的言說也適用於「真理自體」。曾天從將焦點置於「表象自體」的「自體存在」樣式。「表象自體」意謂著某種脫離所有的「主觀的表象活動」的存在，它與心理的表象（主觀表象）不同，不論有多少不同的主觀表象（被主觀所表象的對象），它們都共同表象一個表象自體。或者更恰當地說，「表象自體」是一種「客觀的表象」，具有「純粹客觀的意義」，它「不需要任何表象它的**主觀**而存立（bestehen），雖然不是作為某種存在之物（*Seyendes*），然而卻是作為某種確定的**某物**而存立，就算沒有任何個別的思想存在者把握到它也是如此 […]。」[61] 這樣來看的話，表象自體之所以被稱為「客觀的」，是因為它的自體性與「主觀的表象活動」無關。然而這同時也意味著，我們在「我們的表象活動」中可以發現一種與表象活動無關的東西（表象自體），這種東西就存在上來看，不是「現實存在」，也不是「在主觀中所表象的對象」，用曾天從的措詞來說，它是「非實有的表象內容」。在筆者看來，這裡的「實有的」一詞，就意義上來看，可以對應到胡塞爾的「reell」（亦請參閱「論項 143」），在胡塞爾 1907 年的《現象學的觀念》一書中，筆者將其譯為「實質的」。「意識的實質內容」指的是「心

---

61 "Die objektive Vorstellung bedarf keines **Subjectes**, von dem sie vorgestellt werde, sondern bestehet - zwar nicht als etwas **Seyendes**, aber doch als ein gewisse **Etwas**, auch wenn kein einziges denenkendes Wesen sie auffassen sollte [...]." Bernard Bolzano, *Wissenschaftslehre, §§46-90* (1987), §49, S. 29; WL., S. 217.

理體驗的內容」，例如在意識的主觀面中流變的心理體驗，它的客觀面的表示是感覺與料。[62] 也就是說，表象自體的非實有性，表示它並不是體驗的實質內容，而是一種「非實有的表象內容」，這種內容是在變動的實質內容中保持同一的「理想之物」。從我們的引文中，讀者也可以看到，波扎諾使用了「不是作為某種存在之物」（nicht als etwas *Seyendes*）來說明它，因為它不是現實存在，我們在往後的討論中就會看到，它屬於「有效之物」。

曾天從接著問，如此的非實有的「表象自體」與實有的「表象主觀活動」是什麼樣的關係？這在胡塞爾的回答很典型的就是意向性的「構成」，但是波扎諾並沒有這個概念，他只有「表象」的想法，所以就波扎諾來說，應是指「心理的形成」。但是無論如何，表象自體是不需表象活動就能存在的「非實在之物」。它是獨立於「表象活動」的存在，「是不需要表象它的各個個別的主觀就能夠成立的非實在之物」。就算現實上沒有任何一個人把握到表象自體，我們仍然必須承認它的存在。也就是說，表象自體是一種「純粹客觀的內容」，其成立不需要「主觀活動」。這樣來看的話，這裡的「純粹客觀」是指「獨立於任何現實的主觀」。在筆者看來，這一點反過來意味著，我們作為「表象的主觀」，在我們的「主觀的表象活動」中，其實是關係到一種與表象活動無關的、獨立於主觀的、非實有的「象象自體」或「純粹客觀內容（表象內容）」，這個想法我們也可以從曾天從的文字中讀出來。

就波扎諾來說，「表象自體」作為脫離主觀的客觀之物，它並不是在主觀中「所表象之物」，我們對它不能有「真正或謬誤」的判決，如我們所知，這是因為真正或謬誤是屬於主觀的活動面中的東西。在這裡曾天從借用了新康德學派的語詞，認為關於「表象」，只適用於「正當與不正當」，並沒有「真偽」的問題。然而學問則必須關係到真與偽的，因而「表象自體」

62 請參閱黃文宏，〈譯注者導讀〉，收入胡塞爾著，黃文宏譯注，《現象學的觀念》。

要擁有學問上的意義，就必須將自己提高到「命題自體」的位階，因為在學問領域才會牽涉到真偽，而真偽是屬於命題的，由真偽相應地才有「真理自體」與「虛偽自體」的對立。這裡曾天從將「richtig」與「unrichtig」譯成「正當」與「不正當」，並且視之為一種「價值判斷」，這種將「真理」作為一種價值規範的意義來理解的想法，明顯是受到新康德學派哲學的影響。這一點我們可以在以下的拉斯克部分再看到。

　　如上所說，在「命題自體」內部有「真理自體」與「虛偽自體」的區分，然而命題自體由於其客觀性的緣故，它也要從判斷的主觀活動中區別出來，而表示「純粹客觀的思想內容側面」或「判斷內容」。然而就存在上來看，「判斷內容」並不是「實有的」（意識體驗的實質內容），也不是「實在的」（das Reale）（通常所謂的「具體的現實事物」），而是「非實在地、非實有地」存立之物。但是在曾天從看來，這種在存在上不具任何實質的經驗內容的「非實在、非實有」的命題自體，它決然不是只能用「消極（反面、否定）的語詞」來形容的東西（例如「非、不是」等等），而是包含著某種「積極（正面、肯定）的意義」。因為所有的學問的命題，都擁有命題自體的性格，這樣來看的話，命題自體的積極意義就在於它是「一切科學理論的構成基礎」（「論項 12.2」），那這是什麼樣的自體存在？

[解說 §12.2] 　波扎諾的「自體存在」

　　如我們所知，在波扎諾看來，真理自體是一種命題自體，而命題自體是一種表象自體，因而要顯示命題自體的積極的意義，第一步「就要將命題自體從被言表的命題（"ausgesprochener Satz"）中區別出來」，也就是要區別開「命題自體」與「被語言所表達出來（言表）的命題」，後者是一種人類語言的表達，依語言的不同而不同。其次，「命題自體」也要從「被思惟的命題」中區別出來，它並不是我們所思想的命題，換句話說，命題自體獨立於

我們的思想活動與言表活動。[63] 這兩者都是建立主觀的機能之上的東西，或者用曾天從的語詞來說，這兩者都屬於「現實意識中的主觀的知性機能」。「命題自體」與主觀言表的心理過程、思惟的判斷活動無關，而是純粹客觀的「判斷內容」。對於這種純粹客觀的判斷內容，曾天從藉用新康德學派的語詞，稱之為「純粹定言的定立」，它是所有的現實的判斷的原理的前提，並稱之為「純粹定言的意義內容」。如我們上述所說，「判斷內容」是一種「純粹意義內容」，而這種「意義內容」無關於「心理的意識過程、判斷活動」，而如此的「純粹定言的意義內容」，從新康德學派的觀點來看，應該要被視為是「獨立存在的邏輯價值本身」。換句話說，新康德學派將「邏輯學」與「價值學」都視為是一種「規範學」，而我們以後就會看到，曾天從接受了這樣的看法，但並不停留於此，還進一步地提出了「擬而真理自體」的問題。

曾天從沿著新康德學派的觀點來看，如果以上一段的心理主義與主觀主義的排除為其消極意義的話，那麼「命題自體」的積極的意義，就在於它能作為「所有學問的基礎」，學問必須以「真理自體」為基礎。[64] 或者更恰當地說，學問全般必須建立在命題自體的「純粹客觀性」與「自體獨立性」之上。如我們上述所說，在波扎諾的想法中，「真理自體」與「虛偽自體」都是一種「命題自體」，前者是「積極的命題自體」，後者是「消極的命題自體」，兩者是對立的，分別表示「真正的判斷內容」與「虛偽的判斷內容」。在這裡曾天從注意的是其「自體存在」，不論是真正的判斷內容或虛偽的判斷內容，其「自體存在」都是從主觀完全地獨立開來的，兩者都是客觀的，無關於我們對它的把握，也無關於我們對它的表象，問題在於這樣的

---

63 Bernard Bolzano, *Wissenschaftslehre*, *§§ 1-45* (1985), § 23, S. 118; WL., S. 92.

64 洪耀勳對「命題真理的積極意義」的說明，請參閱洪耀勳著，黃文宏譯注／導讀，《洪耀勳日文哲學著作集》，頁 249-251。

「自體存在」是什麼樣的存在呢？如我們先前所顯示，「判斷內容」是客觀的，但是客觀的東西不是只有「判斷內容」。曾天從所關心的「真理自體」或「擬而真理自體」都不能用「客觀的判斷內容」來窮盡它。

[解說 §13.1]　波扎諾真理自體的同一性、無時間性

接下來的重點在真理自體的存在樣態，波扎諾分為兩個契機來思考。第一個契機是「真理自身的本性」（Natur der Wahrheit selbst），第二個契機則是「真理本身的到達方法」（Methode ihrer Erreichung）。用曾天從的話來說，前者是對真理自體的「自體性的本質究明」，後者則是一種「方法論上的檢核」。這兩個工作分別構成「論項 13」與「論項 14」的主題。

關於真理自體的本質究明，首先從上述我們可以知道，波扎諾認為真理自體是獨立於言表活動、思惟活動而自體存在的客觀的真理，就存在上來看，它是一種「純粹客觀的意義的統一性」，不依賴於主觀的判斷活動或思惟活動。也就是說，它不是被判斷活動所構成或所定立，頂多只能說它是被判斷活動所發現、所把握之物。「自體」所具有的「統一性」，其成立並不需要任何思惟的主觀的定立活動。在這裡波扎諾表現出一種「純粹客觀主義」的立場，他發現到一種不在內在的觀念與判斷中所構成、所定立的東西，而這種東西只能勉強算是「被判斷活動所發現的、所把握的」。不過在這裡有一個很有意思的問題，在波扎諾的思想中，並沒有現象學所謂的「意向性的構成」，因而在波扎諾看來，「自體」的成立，根本不需要意識活動的參與，「自體」是獨立於主觀性的。這一點可以說表現出了「自體」概念的「純粹性」與「消極性意義」。但是這個獨立於意識的東西，主觀仍然可以「發現、把握」它。讀者可以在本書「第 49 論項」，看到曾天從在討論「真理自體」與「真理認識」的關係的時候，使用了的日文漢字的「無關的關係」這樣的措詞。在筆者看來，這是伴隨康德哲學的思路而來的一個問題，物自身與主觀之間，確實沒有任何對象的關係（無關），但是沒有對象

的關係，是不是就表示與我們全然無關？或者說要如何去思考這種「無關的關係」？

　　就波扎諾哲學來說，其「真理自體」的概念，除了上述的「消極意義」之外，還有一個積極的意義，即「判斷定立的前提」而先行於「判斷的定立」。「真理自體自身不僅是從思惟的主觀的定立活動中獨立出來的東西，它的成立還是所有判斷定立的可能性的前提。」也就是說，哲學作為定立判斷的學問，雖然是一種真理認識的學問，但是仍然有「真正的哲學」，它必須是為真理自體所引導的哲學體系。[65] 在筆者看來，這不僅牽涉到先於對象相關的「無相關性」（Irrelationalität），還牽涉到對「真理認識的判斷意向」的了解。這是因為雖然「真理認識」無法真正地把握「真理自體」，但是倘若我們的思惟是為真理自體所引導，那麼我們仍可以把握「真理認識的判斷意向」。這一點就理解「真理論的辯證法」而言，是相當重要的部分，也牽涉到曾天從「純粹哲學」的建立，我們會在以下「第 15 到第 18 論項」拉斯克的部分再討論到。

　　就波扎諾所理解的「命題自體」而言，它無關於判斷主觀，是「被思惟的命題的前提」，並且始終保持著「同一」。曾天從認為這「相當於」他所主張「根本同一性」原則，也就是說，波扎諾所理解的「真理自體」，其存在樣式其實是一種「存立」（Bestehen），就時間上來看，它與數學、邏輯一樣是「無時間性」的。因為在波扎諾看來，時間是以「現實存在」為前提，然而真理自體不需要這樣的前提。真理認識是「時間性的」，但是它所要把握的真理自體，卻是「無時間性地存立之物」，但是即使是「無時間的」，它也不是「永遠之物」。這意味著真理自體並不是與時間同在的「常存之物（永遠之物）」，因為「永遠」仍然屬於「時間範疇」，「時間性是

---

65 請參閱黃文宏著，〈論曾天從「理念的真理認識」的難題〉，《國立臺灣大學哲學論評》第 60 期（2020 年 9 月），頁 133-166。

以某種現實存在的定在為前提」。這裡還有一個詞「現存在」，從其引文的德文來看，是指「Existierendes」。在筆者看來，這其實是「現實存在」的另一個表達。

回到原文，我們知道在波扎諾看來，「時間性」範疇不適用於真理自體，這樣的話，波扎諾所把握的「真理自體」到底是什麼呢？它不是「永遠的或無限時間的」，不以時間為前提，其「存立」不需要任何現實存在，可以說是某種與「時間」根本無關的東西，這在德文的措詞應是「Zeitlos（無時間性）」。[66] 這樣的「存在」在哲學上的措詞是「存立」（Bestand）。我們在以下的分冊中就會看到，在曾天從看來，波扎諾所把握到的真理自體是一種「純粹邏輯之物」，屬於曾天從所說的「擬而真理自體（類真理自體）」。

[解說 §13.2]　波扎諾的真理自體的概念

這一段是總結波扎諾對真理自體的解明。就主觀面而言，真理自體具有對判斷主觀的「無關性、超越性與獨立性」，它獨立於我們的思想與認識，就客觀面而言，真理自體具有「純粹客觀性」、「同一性」與「無時間性」，它並不是時空下的存在，而是從我們的認識的主觀中獨立出來的、擁有某種自體存在的東西。曾天從再次強調了我們不能混淆「真理自體」與「真理認識」（可思想性、可認識性）。因為真理自體的獨立性，不僅獨立於「人」的認識與思想，甚至也獨立於「神」的認識與思想。

在這裡有一個翻譯上難題，就是曾天從的「在る所のもの」的意思，比較難以單單從日文確定其意思。但是比對上下文，可以看得出來，「在る所のもの」是曾天從對德文「was ist」的日譯（「論項 14.1」亦同）。筆者在

---

66 關於「永恆」與「永遠」的差別，請參閱筆者在《大英百科全書草稿》中的〈譯注者解說〉。

這裡，將其譯成「存在之物的是什麼」。一個東西的「是什麼」這個表達，用德文來想，就是它的「was ist」，名詞化為「Washeit」，用拉丁文來想，就是這個存在之物的「*quidditas*」（本質），或許也可以將其理解成「存在之物之所是」。這樣來看的話，「存在之物的是什麼（所是）」就是這個存在物所被把握到的一個「本質的規定性」，它表示出這個存在物的「如是」或「如斯」，是這個存在物的「斯有存在」（Sosein）的表示。波扎諾將真理自體思想為「純粹客觀的判斷內容」、是「自體地存立的斯有存在」（an sich bestehendes Sosein），然而這樣的想法，在曾天從看來，只把握到真理自體的「斯有存在」，而且把握得還不夠徹底。[67] 這樣來看的話，波扎諾的「真理自體」並不等同於康德的「物自體」（Ding an sich），它是透過「命題的純粹化」所獲得的「意義內容」，是對「存在之物的是什麼的純粹言表」，並不契合於曾天從的「真理自體」。我們在以下的分冊中就會看到，曾天從將其歸屬於「擬而真理自體」的領域。

[解說 §14.1] 　波扎諾方法論的檢核

「第 14 論項」接續第二個問題的考察，也就是說，思考波扎諾的考究能不能到達真理自體？這是一種通達方式（Zugangsmethode）或方法論的考慮。我們從上述的解明中可以知道，在波扎諾看來，真理的探究，首先（一）要將所有「屬於主觀性的種種夾雜物」排除，主觀性在真理探究上是個障礙。其次（二）真理的論究不屬於在相互論爭的法庭中的「權利問題」，它並不是對立的雙方間「二者擇一」的問題，而是屬於一個超對立的領域。（三）對於真理自體，我們應該在能顯露出「存在之物的斯有存在」的「命題真理」中來追求，而波扎諾的命題真理其實是一種「判斷內容」。

---

67 請參閱黃文宏，〈論曾天從「真理自體的純粹形相」〉，《中國文哲研究集刊》第 56 期（2020 年 3 月），頁 71-100。

換句話說，在曾天從看來，波扎諾雖然能認識到「真理自體」的超對立性是一個「事實問題」，但是他所理解的真理自體，仍然不是曾天從的真理自體。因為波扎諾的「真理自體」是一種「命題自體」、是能言表出「存在之物的是什麼（斯有存在）」的「純粹判斷內容」，換句話說，在波扎諾的想法裡面，「真理自體」、「斯有存在」、「判斷內容」這三者是在同一的意義下來了解的。

但是在曾天從看來，這並不是他所要顯揚的「真理自體」。真理自體並不是波扎諾意義下的作為「純粹意義內容」或「純粹邏輯的價值」的「斯有存在」，而是「事實存在」。「真理自體」雖然也可以在「判斷內容」中被找出，但是它不是判斷內容，而是「超越了判斷內容的對立契機」的超對立之物。也就是說，波扎諾的「斯有存在」指著是在「某種特定的」或者「某種被規定的」方式下，被純粹地把握到「存在之物的是什麼」的「判斷內容」，它雖然也是獨立於主觀的判斷，但是它並不是「超對立」，而是一種與「虛偽自體」對立的命題自體，它仍然是在「對立」之下所把握到的真理自體。

這樣來看的話，曾天從在「排除主觀」或「獨立於認識與思惟」（包括人與神的主觀）這一點上，肯定波扎諾的貢獻，然而他批判波扎諾的真理自體仍然只是一種「命題自體」或「判斷內容」。在這裡「真正的判斷內容（真理自體）」與「謬誤的判斷內容（虛偽自體）」仍然是對立的，波扎諾並沒有真正地把握到超對立的領域，因而也不是曾天從所要解明的真理自體。曾天從的真理自體是一種「事實存在」，而這種「事實存在」是單單只有「斯有存在」所無法把握的，它是連「判斷內容的對立」也超越的東西，真正與謬誤（判斷內容）在真理自體的領域中應被等同視之。換句話說，波扎諾的「真理自體」與「虛偽自體」就其作為「事實存在」而言，都屬於曾天從的「真理自體」的領域。

[解說 §14.2]　兩種真理自體的對比：事實概念與邏輯概念

在本論項中，曾天從將自己的「真理自體」與波扎諾的「真理自體」做了一個初步的比較。由於是曾天從的思想的表達，所以在文字的解讀上，讀者必須從曾天從的角度來解讀。首先，波扎諾的真理自體是在「純粹邏輯」概念下來使用，它其實是一種「邏輯存在」的表達，而曾天從所要探討的「真理自體」，則是超越了「純粹邏輯的領域」，並且是作為邏輯概念在原理上的「前提」的「純粹事實存在」，兩者分屬「正相反對的領域」。

再者如前述所說，波扎諾的真理自體是一種命題自體，它表達出存在之物的「斯有存在」的「判斷內容」，這樣的真理自體仍然與虛偽自體是對立的。在曾天從看來，如此的真理自體，在原理上並沒有理解「真正的超越性」，因為波扎諾真理自體的「超越性」與「獨立性」，只是從判斷活動中解離出來的「超越性」與「獨立性」，可以說是一種「超相關」，但是仍然不同於曾天從所謂的「純然超越」的「超相關」。這是因為波扎諾仍然站立在對立的領域中來思考，想要將對立「排除」在外，然而真正的「超對立」如果將「對立」排除在外的話，它就仍然與「對立」對立，這樣的「超對立」並不是「真正的超對立」，也沒有真正地超克對立。因而曾天從批評波扎諾的真理自體，「沒有辦法在真正的意義下純然地超越判斷活動」。這其實是批評波扎諾並沒有了解「真正意義下的超越」，他所理解的只是「判斷內容的超越性」。曾天從的「真理自體的超越性」作為「超對立的純粹事實」是真實地超越了判斷內容的對立契機之物。這樣來看的話，真理自體對「對立領域」的「超相關」、「超克」中的「超」作為前置詞，與「超對立」一樣有其特殊的意義，我們只能從其哲學內部來了解。

這樣來看的話，在這裡我們要區別開兩種不同的「超越性」。波扎諾的超越性是相對於「判斷活動」的超越性，而曾天從的超越性指的是「真理自體的超越性」，這是連判斷內容的真偽也超越的超越性，然而就真理論來

看，波扎諾的超越性並不因此而失去其意義，它仍然保有其「正當性」，其正當性的保證在「擬而真理自體」的領域。在這裡讀者也可以看到曾天從的真理論的企圖，他並不是要排斥波扎諾的理論，而是要將其包攝於「擬而真理自體」的領域。這是因為超對立並不排斥對立，而是將對立包攝的緣故。然而這一部分的討論，我們只能留待「擬而真理自體」的部分。最後曾天從總結其對波扎諾哲學的批判的要點，波扎諾混同了「真理自體」、「斯有存在」與「判斷內容」。

[解說 §15.1]　拉斯克的邏各斯的邏輯學

第 15 到 18 論項主要討論拉斯克（Emil Lask, 1875-1915）的「哲學的邏輯學」或所謂的「邏各斯的邏輯學」。拉斯克的哲學對臺灣哲學界比較陌生，在日本主要透過拉斯克的學生海寧格（Eugen Herriburg, 1884-1955）與京都學派的介紹而有比較多的認識，例如西田幾多郎的〈叡智的世界〉一文。[68] 再者，讀著也可以跟隨著洪耀勳在〈存在與真理〉中的說明，對拉斯克的《哲學的邏輯學》或《邏各斯的邏輯學》有一個重點式的理解。[69]

就思想的淵源來看，拉斯克是新康德學派的西南學派的代表之一的李克特（Heinrich Rickert, 1863-1936）在弗萊堡大學（Uni. Freiburg）的學生，在學問的分類上，與馬堡學派的 N. 哈特曼一樣被歸屬於新康德學派。一般來說，西南學派思想的重點在價值哲學或文化哲學，將康德的「物自身（物自體）」（Ding an sich）理解為一種「價值自體」，而拉斯克則主要是從「有效性」（Geltung）的角度來解明這個問題，這一點應是受到李克特與洛徹

---

68 西田幾多郎著，黃文宏譯，〈叡智的世界〉，收入《西田幾多郎哲學選輯第二冊》（新竹市：國立清華大學出版社，2016），頁 83-178。

69 收於洪耀勳著，黃文宏譯注 / 導讀，《洪耀勳日文哲學著作集》。

（Hermann Lotze, 1817-1881）的影響。但是在另一方面，拉斯克同時也是胡塞爾的學生、海德格的學長，對海德格有一定的影響。[70] 其思想可以說是介於新康德學派與現象學之間，然而又反過來影響了這兩個學派的發展，可以說是 20 世紀最具原創性的哲學家之一。然而拉斯克本人於第一次世界大戰期間，於波蘭戰場為國捐軀，思想暫時留下句點。讀者可以從他的思想中，看到兩個學派之間的思想交錯與轉移。而其所遺留下來的哲學主要著作，有 1911 年的《哲學的邏輯學與範疇論》（*Die Logik der Philosophie und die Kategorienlehre*）與 1912 年的《判斷論》（*Die Lehre vom Urteil*），這兩本書皆收錄於《拉斯克全集》的第二卷中。[71] 曾天從對拉斯克的理解也原則上都包含在這兩本書當中。然而在筆者看來，曾天從突顯了一個很可能為拉斯克自己也沒有明白地意識到的「辯證法」的問題。曾天從的這個想法，我們會在各個分冊的相應的部分，再逐步地予以解明。

我們回到文本，如曾天從所理解，拉斯克哲學的目的在建立一門關於「有效性的領域」的邏輯學，或所謂的「邏各斯的邏輯學」（Logologie）。在這裡的「有效性」（Geltung）一詞原則上是屬於「評價性」的措詞，日譯名為「妥當」，日文漢字的「妥當」與價值領域的連接，從臺灣話很容易了解（可靠、有效、好用、適當（zutreffen）等等）這種關係。但是由於在這個領域中，「邏輯」佔據了一個主要的地位，因而在譯名的選擇上，筆者仍然使用學者熟悉的「有效」或「有效性」一詞來翻譯這個詞。而如我們所知，西南學派的重點就在追求這種客觀地獨立自存的「價值自體」或「有效自體」。這一點就拉斯克哲學來看，邏各斯（例如邏輯、價值、有效性等等）並不是現實存在，但是它支配了現實存在的世界。我們生活在「現實存在的

---

70 通常學者討論這個問題，都會提到海德格的「Bewandtnis」的形成，以及收錄於《海德格全集》第 56/57 卷中的〈現象學與超越論的價值哲學〉這篇海德格的講稿。

71 Emil Lask, *Sämtliche Werke*, Zweiter Band. Dietrich Scheglmann Reprintverlag, 2003. 這是筆者以下引用的版本。頁碼則依學界慣例，僅標示原始頁碼。

世界」（存在界、感性界等等），但是受到「非現實存在的有效性」的支配
（有效界、叡智界等等），這是兩個全然不同的世界，於是解明我們究竟如
何可能認識到這種「非存在（不是現實存在）的有效性」，就成為拉斯克哲
學的一個問題，而其目的就是要建立起能通貫這兩個世界的「哲學的邏輯
學」或「邏各斯的邏輯學」。拉斯克的這個想法，對日治時期臺灣哲學的影
響，主要是透過努出比徹，而將解明的重心置於「同一世界的兩要素說」。

　　我們回到曾天從的文字。首先我們知道，「邏各斯的邏輯學」
（Logologie）是關於一門「理論形式全般的邏輯學」，而這個想法在康德
式的意義下，指的是一種「認識的批判論」，也就是說，「哲學的邏輯學」
或者我們也可以稱之為「有效性的邏輯學」是一種「認識論的邏輯學」，它
所面對的問題是將康德局限於「存在界的認識」的批判論（這裡的「存在
界」一詞是指「自然界」或「現實存在界」），予以擴充到「有效性（叡智
界）」的領域。也就是說，拉斯克的「有效性哲學」是建立在對康德的「先
驗邏輯學」的改造上。這個改造的重點就是將康德式的「兩世界觀」，改造
為「同一世界的兩要素」，這麼一來「存在界（感性的現實世界）」與「有
效界（非感性的叡智界）」就形成同一世界的兩構成要素，其中叡智界（有
效界）統攝現實界（存在界），而拉斯克的「邏各斯的邏輯學」就是「叡智
界」的邏輯學，拉斯克的這個改造的結果，導致對康德所謂的「哥白尼轉
向」有一個新的解釋。

[解說 §15.2] 　拉斯克對康德兩世界觀的解釋

　　我們先了解拉斯克的看法。拉斯克在其《哲學的邏輯學與範疇論》[72] 一

---

72   Emil Lask, *Die Logik der Philosophie und die Kategorienlehre: Eine Studie über den Herrschaftsbereich der logischen Form,* in Emil Lask, *Sämtliche Werke*, Band 2 (Jena: Dietrich Scheglmann Reprintverlag, 2003).

開始就談到「兩世界論」。在他看來整個西方哲學史的基本問題，可以用「兩世界論」來貫穿，這兩世界即是「存在界」與「有效界」。其中「存在界」指的是感性世界，這是事物於其中生滅的現實世界，而「有效界」指的則是非感性的世界，它是非現實的世界，兩者形成了拉斯克所謂的「原二元性」（Urdualität）。例如感性與超感性、可感覺者（aistheton, αισθητών）與可思想物（noeton, νόετον）、現象與實在、現象與理型、質料與形式、物質與精神、有限與無限、有條件與無條件、經驗與超經驗、相對與絕對、自然與理性、自然與自由、時間與永恆等等。[73] 這樣來看的話，「兩世界」其實也可以說是「感覺世界」（*mundus sensibilis*）與「叡智世界」（*mundus intelligibilis*）的區分。前者在拉斯克的措詞中是「存在界（領域）」，而後者則是「有效界（領域）」，這形成「對象界」的兩個領域。其中「存在界」是在時空中有著感性直觀的充實的現實存在世界（例如物理的、心理的世界），而「有效界」則是無時空的、非感性的、非現實存在或「非存在之物」（Nichtseiendes）的世界（例如邏輯、數學的世界）。[74] 在這裡，我們可以看到，拉斯克的「存在」一詞的使用，是在康德哲學的傳統下意指在時空中流轉的「現實存在」的意思。[75] 對此，我們在本書以下的各分冊中還會繼

---

73 參閱 Emil Lask, *Die Logik der Philosophie und die Kategorienlehre: Eine Studie über den Herrschaftsbereich der logischen Form,* in Emil Lask, *Sämtliche Werke*, Band 2, S. 5。這些都是拉斯克所舉的例子。筆者在〈從西田哲學來看現象學的「超越」問題〉（《臺大文史哲學報》第 84 期（2016 年 5 月），頁 143-172）一文中有討論過現象學對這個問題的看法。

74 拉斯克稱「有效之物」是一種「非存在者」（das Nichtseiende）。在筆者看來，它指的就是「不是現實存在的東西」。請參閱 Emil Lask, *Die Logik der Philosophie und die Kategorienlehre* in: Emil Lask, *Sämtliche Werke*, Band 2, S. 6.

75 在筆者看來，拉斯克的一句話相當能表示這個看法，在這裡「存在領域」（Seinsgebiet）、「現實存在物」（das Existierende）、「實在之物」（das Reale）與「現實性」（die "Wirklichekeit"）被等同（Das Seinsgebiet, das Existierende und Reale,

續討論。換言之，有效界是「非存在」的世界，但是它並不是憑空想像的，而是有著某種「自體存在」的世界。於是沿著康德學派的想法，就有「存在界（感性界、現實界等等）」與「非存在界（叡智界、價值界等等）」這兩個對立的世界。對這兩個世界的關係的理解，就筆者個人來看，標示出了新康德學派與現象學的基本差異，新康德學派原則上採取「兩世界說」的說法，而現象學則是「同一世界兩要素說」。而這中間的關鍵，在於「形式」與「質料」的關係，也就是說，倘若我們就現象學來看，形式與質料是相互依存，沒有無形式的質料，也沒有無質料的形式，也就是說，並沒有獨立的、具自體性的形式或質料，這或許是因為現象學特別強調「直觀」的緣故。在筆者看來，拉斯克的這個看法，很明白地是受到現象學的影響。[76]

我們回到曾天從的文字，他先順著拉斯克的想法，認為「存在界」是由「存在之物的質料」與「存在的形式」所構成的，「存在」作為一個領域範疇，是「所有的存在之物的形式」。換句話說，「存在」是存在界的根本形式，是存在領域的「領域範疇」，存在界則是由「存在（存在之物的形式）」這個領域範疇與「存在之物的質料」所構成，存在（形式）不同於存在之物，或者說「存在界是由存在之物的質料與存在的形式所構成」。在這裡，「存在界」的「存在形式」是一個範疇概念，又稱為「存在範疇」，其質料則稱為「範疇質料」。

接下來是拉斯克思想的一個基本原則。[77]「認識」就其本性而言，都擁有「形式—質料」的構造，所以認識到「存在」這個「形式」，需要一個

---

ebenso die "Wirklichekeit" soll mit der räumlich-zeitlichen Sinnenwelt zusammenfallen.）Emil Lask, *Sämtliche Werke*, Band 2, S. 6f.

76 這一點明白地表現在胡塞爾《邏輯研究》，讀者也可以從《現象學的觀念》（新竹市：國立清華大學出版社，2017）中獲得一些說明。

77 關於拉斯克哲學的基本想法。感興趣的讀者可以參閱洪耀勳著，黃文宏譯注／導讀，《洪耀勳日文哲學著作集》，頁 257 以下。

「更上位的形式」（形式的形式），這個時候原先作為形式的「存在」，相對於更高的「形式的形式」，就成為這個「上位形式」的「質料」。「存在」在這裡構成兩個不同領域的「邊界」，它是「質料」也是「形式」。存在的上位形式就是「有效性」（Geltung），「有效性」用新康德學派的措詞來說就是「價值自體」。[78] 現在這個「作為上位形式的有效性」，它是「有效之物的形式」，同時也需要「有效界的質料」，而這就是「存在的形式」，換句話說，「存在（形式）」是「有效之物的形式的質料」，或者說是「有效界的質料」。也就是說，任何「形式（包括「形式的形式」）」都必須是「對於（向）什麼的形式」，有效性作為有效界的根本形式，它的「向有效之物」就是「存在」，「向有效性（hingelten）」是「形式」的一個特色。[79] 曾天從用「向って對妥當する」來譯拉斯克的這個詞，直譯應為「向什麼的對有效性（對向有效性）」，筆者在翻譯上將「對」取消。也就是說，曾天從透過拉斯克承續了一個源自現象學的看法，形式不能是空虛的，形式之為形式都是對於質料的形式，這構成形式的「向有效性」。反過來看，也沒有空虛的質料，質料之為質料，都是已然帶有形式的質料。「形式」並不具有獨立性格，它都是「對什麼的向有效」。在這裡讀者也可以看到，曾天從使用「對向有效」來譯「hingelten」，而洪耀勳使用「向有效」來譯這個詞。[80] 兩者的翻譯不同，這是強調點的不同。就有效性作為「形

---

78 關於「價值自體」的說明，可以參閱洪耀勳對〈藝術與哲學〉一文中的說明。收於洪耀勳著，黃文宏譯注 / 導讀，《洪耀勳日文哲學著作集》。

79 拉斯克的「向有效性」的意思，請參閱 Emil Lask, *Die Logik der Philosophie und die Kategorienlehre*, in *Sämtliche Werke*, Band 2, S. 29. "Es gibt kein Gelten, das nicht ein Gelten **betreffs**, ein Gelten **hinsichtlich**, ein **Hin**gelten wäre; [...]." 「只要是有效〔或譯成「有效之為有效」〕，都是**關於什麼**的有效，都是**向什麼**的有效，它都是**向**有效；〔…〕。」

80 請參閱洪耀勳著，黃文宏譯注 / 導讀，《洪耀勳日文哲學著作集》，〈譯注者解說〉，頁 56。

式」而言，並不具有獨立的性格，於是這裡就會形成一種「朝向…」的問題，曾天從用日文的格助詞「へ」來表示。雖然格助詞只能從上下文決定意義，但是筆者的中譯上，根據文脈的不同，有時譯成「對」，有時譯成「朝向」，無法機械性地一一對應，譯成「朝向」的考慮，主要是要突顯曾天從的這個由「向」所引導的哲學思考。這是因為真理自體依據其二重本質性，就其自身而言，就必須朝向其實質內容來展開自身的緣故。

這樣來看的話，我們也可以說，形式之為形式皆是朝向其質料的，而質料之為質料必須是已然烙印著形式的資料，因而它屬於某種時間性的、感性之物。這是為什麼在現象學的措詞中，「質料」（Hyle, Material）一詞一般都被譯成「材料」、「素材」這種「具體的東西」的緣故，相對於「形式」（Morphe），它指的是意向經驗中的感性部分，這裡或許可以看到胡塞爾對拉斯克的影響。然而不止於此，在拉斯克看來，形式與質料兩者不僅是互換的、相互依存、相互蘊含，還有一種指向關係，形式由於其自身的空虛性，必須指向（對向）其質料以尋求充實。於是真理的真理性（這在拉斯克是指「有效性」）就不是靜止的，它需要在存在之物中自我實現自身。在這裡我們可以看到「有效界」的形式是「有效（性）」，其質料則是「存在」，「有效性」是有效之物的「形式」，是存在之物的「形式的形式」，於是「有效性」就構成了有效界的「領域範疇」。在筆者看來，拉斯克的這個想法，意味著存在界的任何一個階層，根據視角的不同，從下層來看是「形式」，從上層來看是「質料」，換句話說，種種不同的存在階層本身，既是形式也是質料。而這個思惟方式之所以不適用於「有效界」，是因為有效之物並「不存在」，因而就新康德學派來說，我們可以說「價值」或「有效之物」並「不存在」，而是「存立」（bestehen），存立是其存在樣式。「存在」屬於感性的、時間的範疇，「存立」則是屬於有效性的、無時間性的範疇，於是就西南學派的想法看來，所有的「存在之物」都是以「價值自體（有效性自體）」為其形式，以感性為其質料，「有效性」形成了「範疇

的範疇」，它是有效之物的形式，也是存在之物的「形式的形式」。這樣來看的時候，感性界一方面是感性之物（感性的存在），一方面也為有效之物（叡智的存在）所穿透，這讓一門「哲學的邏輯學」成為可能。

我們回到曾天從的文字。首先我們要分別開「存在」與「有效」。「存在（性）」指「存在界的形式」，「有效（性）」指「有效界的形式」，兩者都是「領域範疇」。就存在之物而言，「有效」是形式的形式，拉斯克在措詞上，沿襲了李克特的想法，也用「認識的對象」來稱呼「有效性（價值自體）」。於是對拉斯克來說，哲學的「對象界全體」包括了存在界與有效界，這形成了「兩世界說」。在這兩個領域的世界中，「存在」是存在界的領域範疇，「有效」是有效界的領域範疇，在各自的世界中皆受其各自的形式（「領域範疇」或「範疇」）與質料（範疇質料）所支配。在這裡「存在範疇」扮演著這兩個世界的中間地位，曾天從的措詞是日文漢字的「境界」（筆者譯成「邊界」），表示它既是「有效界的質料」，也是「存在界的形式」的這種中間過渡層，其實擴大地來看，存在界的各個階層之間也必須是如此。由於所有的理論之物（邏各斯）都是關於「存在」的理論，而其最終都是建立在「有效界」或「叡智界」的理論（邏各斯），或者換句話說，「存在界」被「有效界（叡智界）」的邏各斯所貫穿，如此一來，我們這樣就可以建立起「對象界全般的邏輯學」。

接下來曾天從問了一個問題：拉斯克的「邏輯學」或「邏各斯的邏輯學」所要解明的到底是什麼東西呢？這個問題的答案對拉斯克來說，自然是「有效（性）」，也就是曾天從所說的「不外是論明如此的叡智的有效界的領域構造」。這一點就上下文脈來看，曾天從在上述的文字中已經解明了，所以他其實是順著這個提問，來表示自己的哲學的立場。就曾天從看來，「叡智界」是某種「超對立的世界」，而我們在以下的各分冊中，就能夠明白地看到，曾天從想要說的是，拉斯克的哲學終究所想要言明的東西，其實是「擬而真理自體」。

在這裡我們可以看到，拉斯克在哲學上的貢獻，就在將「兩世界說」改造為「同一世界的兩要素」，這一點讀者可以參閱洪耀勳的〈存在與真理〉，並且對照著來看，在這裡有相當簡潔而精要的說明。[81] 但是，曾天從的興趣並不止於此，由於「存在界」被「有效界」所貫通，兩者擁有共通的邏輯，而有「存在的邏輯學」的說法。[82] 對曾天從來說，這個對「存在的言說（邏各斯）」不僅是基於實事的要求，是「辯證法式的」，而且還牽涉到一種東方哲學所特有的「絕對否定」。這些想法雖然是源自於京都學派哲學，但是曾天從有自己的解釋。如何將兩者區別開，是他所遺留下來的一個課題。

[解說 §16]　判斷的最終指向：超對立的對象範疇

接下來曾天從指出，就拉斯克的哲學來看，康德的「先驗邏輯學」所追求的其實是「先驗邏輯地有效的世界」，這也是拉斯克所追求的目標，也就是說，拉斯克的「對象界」其實是「純粹有效的世界」，而且這樣的「有效界」並不容許「非有效之物」，在其中只能是「有效之物」。也就是說，拉斯克將「先驗對象」理解為邏輯上有效的對象，而且是超對立的自體對象。這樣來看的話，拉斯克的「先驗邏輯學」或「對象邏輯學」是要闡明「超對立的對象領域」，而這個領域對他而言，就是「有效界」。如此一來，康德的「先驗對象」在拉斯克那裡就成為「超對立的有效自體」。但是單單從「有效界」排除了「非有效之物」這一點來看，讀者就可以知道，這仍然不是曾天從意義下的「超對立的領域」。

我們回到原文，一區別開「超對立的有效自體」與「（對立的）判斷」，就可以知道，對拉斯克來說，相應地就會有「對象的邏輯學」與「判

---

81 收於洪耀勳著，黃文宏譯注 / 導讀，《洪耀勳日文哲學著作集》。

82 請參閱：曾天從，《論理論》（或譯為《邏輯論》）。

斷的邏輯學」的區分。前者考究「超對立的、超主觀的對象」，後者是關於
「對立的、主觀的對象」的學問。對於其所考究的「超對立之物」，拉斯
克又稱之為「對象現象」（Gegenstandsphänomene）。[83] 在這裡曾天從的措
詞是日文漢字的「対象的現象」，為免混淆，筆者將其譯成「對象現象」。
而這種「對象現象」或「超對立的純粹有效性」本身，就是拉斯克的「先驗
的邏輯學」或「對象的邏輯學」所處理的領域，它是一個「純粹客觀的對象
領域」。與之相對應的「判斷的邏輯學」，所處理的是「對立的、主觀的、
第二次的（或譯為「衍生的」）」的「獲取的現象」，這屬於對「主觀關係
的領域」的探討，相對於此，「對象的邏輯學」則處理超對立的「原像」領
域。這一點對曾天從來說，這意味著拉斯克所理解的「先驗對象」「超越了
判斷的對立性契機，從而存在於一個與主觀性全然無關的領域」。也就是
說，拉斯克如此區分的意義，是要顯示先驗對象「超越」了的對立，而拉斯
克的「先驗的」其實是「超越的」，並且是與「主觀性全然無關的」，也就
是說，拉斯克其實發現了一種「原本的自體性對象」的領域，而這個領域不
僅是一個完全超越主觀活動、擁有獨自的存在樣態的超對立的領域（有效
界），它也是讓「判斷的邏輯學（對立的邏輯學）」得以可能的「先驗（超
越）領域」。

在拉斯克看來，這個內存於這個「超對立的領域」的東西，就是「價
值現象的根源現象」，它是對立的價值判斷的根柢與基準，也是判斷邏輯學
的「原像」。這表示先驗邏輯學所探討的「對象」或「先驗對象」，是超越
了「判斷」並且又為其根柢的東西，它存在於與主觀性無關的領域，擁有自
身的自體存在。就拉斯克哲學來說，這個超對立的根源的現象就是「價值自
體」，它屬於曾天從所謂的「擬而真理自體」的領域。於是「先驗邏輯學」
所探討的就是這種「原本現象」或「原像」，而「模像的領域」（或判斷

83 Emil Lask, *Die Lehre vom Urteil*, in *Sämtliche Werke*, Band 2, S. 249-250.

的領域）則是有著主觀活動的介入的領域。筆者認為在這裡，我們特別值得要注意的是，「模像」作為衍生的現象，包含著一種「朝向原本的超對立的對象的意向活動」，也就是說，「判斷」雖然是「模像」，但是在其內部包含著一種指向「原本的超對立的對象」的意向，它其實是一種「對象獲取的手段」，或者反過來說，「超對立的對象自體」應納入對立的「判斷構造」中。判斷「並不封閉在自身的領域，它必須指向超判斷的對象領域」，如此一來，判斷就成為一種動態的活動，其本身無法封閉於自身之中，而必須意向著無法在判斷中獲得的「對象自體」。在筆者看來，「判斷最終意向」是指向「擬而真理自體」或「邏輯自體」，在判斷的構造中就包含著朝向「邏輯自體」或「超判斷的對象領域」的發展。[84] 對於這一點，曾天從在這裡並沒有進一步發揮，而是將其留待其「純粹哲學」再討論，我們也就留待相關的部分再來討論。

這樣來看的話，「判斷」其實是將「原本的對象」予以破碎、改造、加工、再構成的結果，在這個人為的「破碎、改造、加工」中存在著「謬誤的可能性」。然而即使如此，判斷仍然包含著一種指向原本對象的「意向」。也就是說，對拉斯克來說，雖然由於主觀活動的介入原本的對象構造，而有著「判斷謬誤」介在的可能性，但是即使如此，不論判斷的謬誤與否，它都必須指向「原本對象」，因而判斷的對立性不僅是「應被超克的」，就曾天從的想法來看，它也「必須（能）被超克」。也就是說，判斷之為判斷沒有辦法停留於自身，它必須在持續的進展中，指向「超判斷的對象領域」，如此一來，我們就有必要重新了解「判斷主觀對如此的對象領域所扮演的角色」。筆者看來，這其實是曾天從將其想法隱含地表達在拉斯克的解釋上，在接下來的「論項 17.1」與「論項 17.2」，讀者可以比較明白地看到這種關係。

---

84 對此，請參閱黃文宏，〈論曾天從對胡塞爾的「意向相關物」的批判〉，《臺大文史哲學報》第 97 期，2022 年 5 月，頁 101-126。

在這裡我們可以看到，曾天從注意到了一件事，不論判斷的謬誤與否，處於對立性中的判斷，都必須以超對立的對象自體為基準，因而「判斷論的原理」必須以「對象的範疇論（哲學的邏輯學）的原理」為準據，而且不止於此，由於「判斷」並不停留於判斷對象的領域，而是指向「超判斷的對象」，所以「判斷論」必須將「超判斷的對象」納入其中，而自我提升到「哲學的邏輯學」的領域，就曾天從來說，這個超判斷的對象領域就是「擬而真理自體」。這一部分雖然只能留待後續的各分冊中才能解明，但是不論如何，讀者在這裡可以看到，曾天從在其對拉斯克哲學的解明當中，特別突顯了「判斷的自我提升」或「昇騰」，接下來則是進一步地將其想法，透過對拉斯克「判斷的構造形式」的解明來落實。

[解說 §17.1] 　判斷的第一次客觀

首先在拉斯克看來，判斷的成立需要「判斷的決定」，也就是進行「肯定或否定」這種「二者擇一」的態度決定，而在這個態度決定中，會有「適合」或「犯錯」的情況的出現。對應於「判斷活動」的「適合」（Zutreffenheit）或「錯誤」（Irrigkeit），「判斷的意義」就會有「正當」（Richtigkeit）與「不正當」（Falschheit）的情況，在這裡的「正當與不正當」是一種「價值對立」。讀者可以從語詞「適」、「當」的使用得知，對新康德的西南學派來說，「判斷意義的決定」是一種「價值決定」。換言之，判斷的成立需要判斷的決定，在這裡主觀的「適合」與「錯誤（不適合）」就會介入其中，而形成「正當（適合、切中、適當）」與「不正當（不適合、不切中、不適當）」的對立。

但是如我們上述所顯示，拉斯克是不信任個人主觀的哲學家，因而「判斷的決定」，還需要在「判斷意義」之外還要尋找一個客觀的標準。如上所說，決定判斷的意義的東西是「正當或不正當」，這是一種價值對立，然而拉斯克繼續問，決定這個「價值對立」的標準在哪裡？這很明白地不能

是「判斷的意義」，而只能在「判斷的意義之外」的「真正性」（Wahrheit, Wahrheitsgemäßigkeit）與「反真正性」（Wahrheitswidrigkeit）。「將真正之物與反真正之物，各自判斷為『真正的』與『反真正的』的這種判斷意義是正當的，將真正之物判斷為反真正、將反真正之物判斷為真正，這種判斷意義是不正當的。」而如此的「真正性」與「反真正性」被拉斯克稱為是「判斷決定的第一次客觀（或譯為「最初的客觀」）」（das primäre Objekt der Urteilsentscheidung），而「正當」與「不正當」的「判斷意義」則被稱為是「判斷決定」的「直接的客觀」（das unmittelbare Objekt）。在這裡「直接的客觀」是對立的，而判斷作為一種「模像」如我們上述所說，是指向「第一次的客觀」。然而曾天從注意到，即使是「第一次的客觀」仍然有著「真正性與反真正性的對立」，於是在這裡提出一個質疑，「對立之物（真正與反真正）」到底能不能作為「對立之物（正當與不正當）」的規準？

這一點在曾天從看來是不可能的，對立之物不可能是對立之物的規準，「真正性」與「反真正性」仍然是對立之物，第一次的客觀還不是超對立之物，「因而如此的第一次客觀，必須在自身的外部仰賴一個能決定其自身的真正性與反真正性的更高次元的規準」。換句話說，在曾天從看來，價值的規準不能是對立之物，對立之物不可能是對立之物的基礎，在這裡我們必須在對立之物的「外部」，再尋求一個「超對立」的基礎，這意味著在拉斯克哲學中，對立的「內部」必須指示出一個「沒有對立契機的超對立的對象自體」的「外部」領域，或者在「論項 17.2」中所說的「純客觀的超對立的對象領域」。在這裡曾天從在措詞上，雖然將「超對立之物」置於「對立之物」的「外部」，但是就其真理論來看，它其實是一種「內在超越」或「超越內在」的問題。在中譯的時候，筆者順著曾天從的措詞，依各自文脈的不同，時而譯成「外（內）」、時而譯成「外部（內部）」或「外在（內在）」，讀者可以從日文原文中找到曾天從確切的措詞。

[解說 §17.2] 超對立的領域與判斷的主觀

如果「超對立的對象領域」是一切判斷的「最原初規準」的話，那麼接下來的問題就在於，我們究竟要如何來了解「判斷主觀的領域」與「純客觀的超對立的對象領域」的關係。首先我們知道，在拉斯克看來，「（超對立的）對象的領域」是直接的領域，它是「範疇形式」與「範疇質料」的直接融合，相對來看，判斷的領域則是人為破壞的領域，它將「原像」破壞，再透過「反省範疇」而人為地創造出「意義形象（Sinngebild）」。這樣來看的話，「反省範疇」是主觀的、具破壞性的，在反省範疇中所把握到的對象，不一定是原像的「真正的模像」。但是如我們所知，正由於「模像」之為模像，總是指向「原像」。因而判斷領域中的、歸屬於主觀的「反省範疇」是以原本的對象的「構成範疇」為目標，反省範疇是「主觀的範疇」，構成範疇是「客觀的範疇」，或者說反省範疇是「模型」，構成範疇是「原型」，前者是以後者為目標。

如我們所知，對象是超主觀、超對立的，然而在「判斷的主觀」中所獲得的對象則是對立的，在這裡形成作為「第一次的客觀」的真正性與反真正性，這是最初的對立，是判斷主觀將原本的對象領域中的「範疇形式」與「範疇質料」予以破壞、重新組合，並置於「適合」與「不適合」的「構造形式」中的結果，或者說，是將其使用在「反省」中的「構造材料」與「構造形式」來重組後的結果。讀者在措詞上要分別開的是，「第一次的客觀」是「範疇形式與範疇資料」的結合，這與在判斷中的「構造形式與構造質料的結合」不同，這是兩種不同的「結合方式」。在判斷領域中所形成的東西，其結合是「技巧」的結果，施加的技巧愈多，與超對立之物的距離就越遠，而技巧的來源則是「主觀性」。在這裡，我們可以明白地看到，拉斯克哲學中的主觀性，並不擁有對象構成的機能，它只具有破壞的能力，是「破壞者」。也就是說，對拉斯克而言，認識的主觀性並沒有「對象構成的積極意義」，它只有「對象解體的消極作用」。對「認識主觀的不信任」，這一

點是曾天從理解拉斯克的重點。主觀性是「對立性」與「技巧性」的來源，是將原本的範疇形式與範疇質料，予以「弱化」與「扭曲」的源頭，而且離超對立的對象愈遠，表示施加的技巧性愈大。這樣來看的話，在拉斯克的哲學中，「主觀」所扮演的角色是「媒介」，而且是具破壞性的媒介，而「反真正性、不正當性、不適合性」都是主觀介入的結果。在這裡，我們可以看到曾天從的一個總結：「拉斯克哲學中的判斷主觀，並不像康德哲學中的判斷主觀那樣，它是不能夠被賦予對象構成的機能的。」也就是說，認識的主觀無法構成對象，因而要獲得對象自體，唯一的可能就是要「脫離主觀」，這一點對「認識論的哲學的自我反省」是很重要的。

在這裡我們可以看到拉斯克所謂的對象領域中「對象自體」，是「範疇（形式）」與「範疇質料」直接地、無需要任何「媒介活動」的結合，這樣來看的話，其成立不需要依賴任何「認識活動」，對象自體本身就超越了主觀活動，它是「超對立的、絕對的」。這意味著拉斯克發現了一個「自體獨立性」的領域，這是一個不需要意識的媒介作用就結合在一起的自體存在領域。「對象自體」就是這麼一個完全不需依賴主觀作用的「超對立的絕對之物」。由於對象的「自體獨立性」、而認識主觀只具有「破壞者」的角色，所以康德的「哥白尼轉向」就需要重新來理解，它不應理解成「認識主觀為認識對象立法」，而應該理解為一種「邏輯的汎主宰」。接下來的「第18論項」，就是要說明拉斯克的這個企圖。

[解說 §18.1]　超對立的對象與第一次的客觀

這樣來看的話，「第一次的客觀」雖然是離超對立的領域最為接近的「對象領域」，但是在曾天從看來，它仍然屬於「最初的對立的領域」，還不屬於超對立的領域。也就是說，它雖然最接近於超對立的對象，而且扮演著判斷意義的「正當性與不正當性的規準」，但是仍然屬於「判斷主觀的領域」。在第一次的客觀中的「真正性」是「絕對肯定性」（正當性）的基

準、「反真正性」則絕對否定性（不正當性）的基準。首先我們知道，主觀將第一次的客觀破壞，置於反省判斷中，就形成了「判斷的意義」。然後透過「判斷意義」與「第一次的客觀」的「一致或不一致」，而形成了「價值對立」，在這個意義下，判斷對立本身就是一種價值對立的表現。到這裡回答了價值對立的出現。這樣來看的話，「判斷意義」並不是第一次的客觀，而是將第一次的客觀予以破碎，施加反省範疇，並做出肯定與否定的判斷的結果，在這裡主觀必須介入，而且介入的愈多，離第一次的客觀就愈遠，但是即使如此，判斷的意義仍然指向第一次的客觀。換句話說，雖然第一次的客觀並不是「判斷意義」，但是卻是讓判斷意義得以成立的東西，「它必須是在判斷意義的對立性的根柢中必然地要被預想之物」。因而曾天從批評拉斯克，認為他的第一次的客觀仍然只是一種「中間領域」，它無法作為「判斷決定的最終規準」。這是因為「第一次的客觀」中，仍然有著「真正性」與「反真正性」的對立的緣故，「對立」無法成為「對立」的規準，「對立的規準」只能在「超對立」中來尋找。在這裡，曾天從沿著拉斯克哲學，指出他的哲學可以說是「遭遇到」或「碰觸到」（逢着している）究極原理之物。但是拉斯克也僅停留於此。

在這裡我們可以看到曾天從對拉斯克的批判。曾天從認為一切價值對立的規準，並不在第一次的客觀，而是還要再越出第一次客觀尋找「超對立的對象」，因而拉斯克所認識到的超對立的對象，還不是「真正的超對立」，因為在其中仍然有著「真正性與反真正性」的對立，隨之也無法成為價值對立的規準。那什麼是作為真正的一切價值對立的規準的「超對立的對象」？這是曾天從對拉斯克最感興趣的地方，這個問題的展開可以說是曾天從哲學的貢獻，讀者可以在往後的討論中，特別是「擬而真理自體」的部分，看到曾天從哲學的貢獻。

我們回到原文，曾天從接下來的問題在於，拉斯克將新康德哲學的價值問題轉向超對立的對象，然而這樣的理解，究竟是不是還停留在康德先驗哲

學的領域？對此，曾天從討論了拉斯克對「哥白尼轉向」的解釋。

[解說 §18.2]　拉斯克對「哥白尼轉向」的解釋

　　「論項 18.2」可以說是曾天從對拉斯克哲學的總結。首先曾天從注意到，在康德哲學與拉斯克哲學中的「對象」的意義是不同的。在康德哲學那裡「對象是基於判斷主觀的活動而被定立的認識對象」，判斷主觀是「對象立法者」，因而「對象領域」的基礎在「判斷領域」的原理，對象是以判斷為準。反之，在拉斯克哲學中，這個關係是顛倒的。在拉斯克看來，對象領域是不受主觀所干擾、侵犯的「原本的根源現象」，它是自體地、獨立地存立之物。因而拉斯克認為，判斷主觀不是對象成立的條件，「對象」才是「判斷的構成原理的基礎」。再者，拉斯克的「對象界」包含了「存在界」與「有效界」，或者說「存在」與「有效」是拉斯克「對象界」的領域的兩個構成要素或「構成的領域範疇」。在拉斯克看來，兩者的關係不是「相互並立的」，而是一種「階層關係」。其中「存在界」是由「存在範疇」與「存在之物（範疇質料）」結合而成，而如我們先前所示，下層的「存在範疇」是上層「有效界的質料」，同樣的，有效界則是由「有效性」與「有效界的質料（存在範疇）」所構成。

　　接下來讀者在這裡要區別開兩個概念，「反省範疇」屬於主觀性範疇（形式），而「構成範疇」則屬於對象自體的範疇（形式），沿著這一點就能解開文本。而如我們上述曾解明過的，「向有效性」是「形式」的一個特色，它的「所向」、「所對」或「所關涉之物」就是其「質料」。在筆者看來，如此的「形式─質料」的理解，已不在康德哲學的內部，而是現象學介入的結果。然而誠如曾天從所說，拉斯克的「對象」概念，雖然是來自於康德的「哥白尼轉向」，但是它並沒有像康德那樣是「基於判斷主觀的構成」的，而是有著「純粹且積極的自體存立」的意義。如我們所知，拉斯克的這個哥白尼轉向的解釋，促成了「邏各斯的邏輯學」。曾天從其實是贊成這個

轉向的,但是仍然批評拉斯克的轉向不夠徹底。

[解說 §18.3] 先驗邏輯學與邏各斯的邏輯學

　　如曾天從所說,康德的「先驗邏輯」到了拉斯克,就失去了其主觀主義的傾向,而被賦予純粹客觀邏輯的意義。在這裡,判斷主觀只具有「對象解體」的角色,並沒有「對象構成」的積極意義。於是「哥白尼的轉向」需要有一個新的解釋,這在拉斯克就形成「邏輯之物的泛主宰」,在這裡「規定對象構造的邏輯」並不是「判斷邏輯」,而是一種「客觀邏輯」,如此一來一門新的學問的要求就會產生,這門學問要求「康德的批判論」接受進一步的批判,而如此所建立的學問並不是一門關於主觀的邏輯學,而是「客觀的邏輯學」或「邏各斯的邏輯學」。因而就拉斯克哲學來看,「先驗邏輯學」並不是關於「悟性的邏輯」的學問,而應該是關於「存在的邏輯學」。這一點其實對曾天從有一定的影響,感興趣的讀者可以在其《邏輯論》中,看到更為詳細且明確的表達。[85]

　　換句話說,在曾天從看來,拉斯克其實發現了一個比「判斷的邏輯學」更為根本的「邏各斯的邏輯學」,這是改造的「康德的先驗邏輯學」的結果。不止於此,在曾天從看來,判斷的邏輯學還必須自我往上提升到「超對立的領域」,具體地說,這意謂著「判斷論」必須移行到「對象範疇論」,這是一種超對立的領域,但是曾天從認為拉斯克所理解的超對立的對象領域,仍然與他所要研究的「真理自體」並不完全契合。其理由在於,拉斯克的超對立的對象屬於「純粹邏輯概念」,與曾天從的真理自體的「純粹事實存在概念」是不同的。也就是說,拉斯克的對象邏輯學,仍然是一種「邏輯學」,它是包括全對象領域的最高形式的「有效概念」,並不是「純粹事實性」,而就其超越判斷的主觀性這一點來看,是與波查諾的「命題自體」或

---

85 曾天從,《論理論》(或譯為《邏輯論》)。

「純粹意義自體」一致的。然而不論是「波扎諾的真理自體」或是「拉斯克超對立的對象」，在曾天從看來，都是屬於「擬而真理自體」的領域，而且還不夠純正。也就是說，拉斯克對哥白尼轉向的解釋，雖然將哲學的重心從「主觀性」再轉回「對象」，但是不論是波扎諾或拉斯克頂多只能是「擬而真理自體」或「純粹邏輯學」的一個「預備階段」，「在其中有著能夠開拓出一門純粹邏輯學的嶄新領域的提示」或者說「暗示」，而這個曾天從所謂的「純粹邏輯學的嶄新領域」就是「擬而真理自體的領域」，關於這一部分的討論，我們只能留待往後的各分冊的譯注解說了。

※※※※※※※

解說至此，本譯注解說只是第一分冊。對於一個體系性的哲學家來說，曾天從以將他的學問擴散到現實存在的各種可能的側面為目標，而且不止是有此雄心，也確實在學問上予以落實，他的《哲學體系重建論》就是一個實例。這門學問能走到多遠、勢力所及的範圍（Tragweite）能有多大，大概只有共同開發者才有辦法預料。然而可以肯定的是，理論上的解明是第一步，而譯者也跟讀者一樣，在努力地修正、摸索中。

由於「哲學」與「語言」間的緊密關係，翻譯上任何細微的更動、選詞、位置的調換等等，都會影響文字的解讀與理解，在編排上，筆者儘量減少隨文附注，讓日中對應，便於查找比對，胡塞爾的雙語版提供了一些可資參考的經驗。至於中譯名的選擇，如所周知，迫不得已的情況很多，例如將這個源自西田幾多郎的表達「なければならない」全部譯成「必須」，閱讀上在某些情況不是很順暢，但是筆者保留曾天從措詞的習慣，也是保留其哲學與語言間的關係。

至於其他各個譯名的選擇，各有各自不得已的地方，就置於相應的「解說」。近年來討論臺灣哲學的人不少，各有其思考的重點與洞見。就筆者個

人來看，臺灣哲學的存在不會是問題，它在事實上是什麼才是問題所在。哲學作為人類「自由」的表現，我們不能規定它「應如何」，只能尋找它「是如何」，而就算稱曾天從為臺灣哲學的代表，也不是說我們一定要這樣來思考。但是倘若我們想知道臺灣對哲學的貢獻，或者只是單純地自我了解，「Leibhaftig（親身地）」研究一個實例，或許是一個辦法。就這一點來說，曾天從這一本書是經典之作，筆者在翻譯的同時，也試著將其意義解說出來，然而初步的理解，失當錯誤一定很多。一個可靠的「翻譯」與「解說」（Kommentar）在西方哲學界是研究有成、長年累積的結果，在臺灣只能反其道而行，先在暗夜中摸索，有其不得已的地方，在此衷心期盼學者的批評指教。

恩師山岸光宣教授に捧ぐ

獻給恩師山岸光宣[84] 教授

---

84 譯注：山岸光宣（Yamagishi Mitsunobu, 1879-1943），東京早稻田大學德文系教授。曾
　　天從於 1931 年 4 月進早稻田大學德文系。

// 桑木嚴翼序

§00.1

　　哲学上の新説を提供し体系を組織することは、本来極めて困難な事で
なければならぬが、然し又或る意味に於ては甚だ容易であると言へるかも
知れない。一応の論理的能力を有するものであれば、或る原理を樹立し或
る結論を予想することによつて、相当に厳密な又複雑な論弁を展開し得る
であらう。而して他日之に対して何等かの矛盾を発見し、若しくは公認の
事実と齟齬するやうな部分を生ずるに至れば、之を訂正し或は補足して又
新な体系とすることが出来る。之を反復すること数回に及び、万一遂に当
初の原理と離るることがありとしても、之を名づけて発展といひ、或は更
に便利な用語によれば弁証法的発展といふことも可能である。是は恰かも
彼のプトレマイオスの天文体系が、事実の観測と数学の計算とにより欠
陥を発見せられる毎に、常に何等かの別種条件を加へて其の破綻を防ぐと
同様である。然もプトレマイオスの体系は逐に彌縫を行ふを得ざるに至つ
て此にコペルニクスの体系に代られるに至つたのであるが、哲学の体系に
は未だ天文体系に於ける如き明白公認の事実と精密的確な計算とを欠いて
居るから、割合に何時までも其の意義を保持することが出来るやうでもあ
る。

// 桑木嚴翼序

§00.1

> 提要：哲學的一般性觀察

提供哲學上的新學說並組織成體系，本來就一定是件極為困難的事，但是在某種意義下，或許也可以說是一件非常容易的事。只要大致上有著邏輯的能力，藉由樹立某種原理或預想著某種結論，或許就可以展開相當嚴密而複雜的論辯。而對於這個事情，改天只要發現有什麼樣的矛盾，乃至於有與公認的事實產生抵觸的部分，只要對其進行訂正或補足，就又可以建立起新的體系。反覆進行幾次這種事，就算萬一最終遠離了當初的原理，還可以為其取名，稱之為「發展」，或者用更方便的語詞稱之為「辯證法的發展」也是可能的。這就好比說托勒密（Claudius Ptolemaeus, ca.100-ca.170）[85] 的天文體系，每當基於「事實的觀測」與「數學的計算」而發現到缺陷的時候，他總是會加上某些其他種類的條件來防止其破綻一樣。而托勒密的體系最終走到無法獲得修補的地步，在這裡就會由哥白尼（Nicolaus Copernicus, 1473-1543）的體系來取而代之，但是對於哲學的體系來說，由於還欠缺像天文體系中那樣的明白公認的事實與精密準確的計算，所以比較上來看，哲學體系似乎能夠始終保持其意義〔的不變〕。

---

85 譯注：托勒密（Claudius Ptolemaeus, ca.100-ca.170），羅馬帝國統治下的希臘人，以物理學上的「天動說」而著名。

§00.2

ii // 然しながら此の如き見方は必ずしも哲学体系家に対する全般の観察ではないであらう。此に哲学体系に対する他の意味が生ずる。即ち哲学体系は固より上に述べたやうな勝手気儘の独断のみでないことは疑を容れない。随て此場合には、其の原理を立てるにも細心の考慮を要し、結論を定めるにも公平の立場を離れざらんとする。然も細心の考慮も公平の立場も到底完全を期し難いものであるから、体系を組織せんとする者は常に其の事業に就て疑惑し煩悶することを免れない筈である。疑惑と煩悶とは反省を伴ひ批評を促すものである。而して反省と批評とは一面に於て深く自己の業を検せしめると共に、他面に於て広く諸他の業を学ぶの要を悟らしめる。此の如くして真の体系家は又真の批評家であり真の多識者でなければならないこととなる。然も事実は必ずしも此の如き理想的状態のみに止まらない。ヴォルテールは嘗て世の劣悪なる独創家の多きに苦しむと嘲つたが、是は反面に真の独創家を翹望する声と見られないでもない。我々は現在の学会に対して直ちに何等の論断を下すことを得ないが、哲学の研究に於て歴史的攻究を重ずるものと体系的解釈に奔るものとの間に多少の分離を見ることを以て寧ろ避くべき弊害の源をなすもの、と感せざるを得ない事情に接することが少くないと思ふ。

§00.2

提要：哲學體系建立者的條件

// 但是我認為這樣的看法，並不一定是對哲學體系家的全般性觀察。就 *ii*
哲學體系來說，在這裡是會有另外一種意義產生的。也就是說，真正的哲學
體系本來就不是像上述所說那樣，就只是任意的獨斷而已，這一點是不容質
疑的。因而在這種情況下，不僅在其原理的建立上需要細心的考慮，在下結
論的時候也不能夠脫離公平的立場。然而由於不論是細心的考慮或公平的立
場，說到底都是難以期待完美的東西，所以想要組織體系的人，總是免不了
會對他的事業感到疑惑、煩悶。疑惑與煩悶是伴隨著反省、促進批評的東
西。而所謂的反省和批評，一方面是深刻地檢討自己的所作所為，另一方面
則是讓我們領悟到廣泛地學習種種其他成果的必要。如此一來，真正的體系
家除了是真正的批評家之外，同時也必須是真正的多識者。然而在事實上，
這未必只是停留在如此理想的狀態而已。伏爾泰（Voltaire, 1694-1778）就曾
經嘲笑地表示過，對世界上充滿著大量的惡劣的獨創家感到苦惱，但是這反
過來看，也可以視為是期待著「真正的獨創家」的聲音。雖然我們無法對現
今學界直接地作出任何的論斷，但是我想我們經常會接觸到這樣的事情，也
就是說，在哲學的研究裡面，我們觀察到重視「歷史的研究」與進行「體系
的解釋」之間有著多多少少的分離，這個時候，我們反而不得不感受到這種
「分離」就是應該要避免的弊端的源頭。

§00.3

　　曽天従君は今茲に其の哲学体系を叙述する大冊を提げて、その価値に対する批判を広く世に問はれんとして居る。然も此の大冊は其の企図する体系の序論であつて、其の分類上約六分の一に当 // るものである。我々は先づ君がなほ少壮にして既に此の大業を成就せられんとすることに驚嘆せざるを得ない。其の書は浩瀚にしてなほ完結せず、随つて未だ遽かに全体の批判を許さざるものがあるが、之に就て瞥見し得たる所を以て徴すれば、其の所説は既往の学系に対して一新機軸を出さんと努めたものであつて、然も同時に常に是等学系に対する解釈に正鵠を期せんとすることを怠らず、広く最新の研究を参照して自説の是非を正さんとせられて居るものである。即ち其の体系が専恣の独断でないことは弁を俟たず、我々が所謂真正の体系となるべき用意を怠らざるものなることは明白であつて、此点は正に著者が学術研究に対する態度の真摯なることを証するものである。思ふに著者の勤勉努力を以てすれば、続々残余の研究を発表して終に大成の域に達することは期して待つべきものがあるであらう。我々は此の如き著書が我学会に現れて哲学的文献を豊富にすることを喜ぶものである。今其の書が将に剖劂に附せられて将に世に公けにせられんとするに当り、平生感ずる所を記して序文に代へ、聊か以て著者の業に餞せんとするのである。

昭和十二年三月

桑木厳翼

§00.3

提要：新的機軸的建立

曾天從現在在這裡出版了敘述他的哲學體系的大作，對其價值的批判即將要廣泛地訴之於世人。而且這本大作還是其所企圖的體系的「序論」，在其分類上大約只相當於六分之一的內容//。我們首先不得不對曾天從在仍是 *iii* 少壯時期，就已經成就此大業而感到驚嘆。其書浩瀚卻仍未完結，因此仍然無法驟然允許全體的批判，但是就以目前所能瞥見的部分來看，相對於以往的學問體系，其學說可以說是致力於建立一個「新的機軸」，然而同時他對於這些學問體系的解釋，始終不懈怠地期許能正中其核心，他廣泛地參照了最新的研究、以修正自己的學說中的錯誤。也就是說，他的體系不是專斷恣意的獨斷，這是不需任何辯解的，我們應該不懈怠地朝向所謂的「真正的體系」來做準備，這也是明白的，這一點正是作者對於學術研究的態度的真摯的證明。想來，只要憑藉作者的勤勉努力，持續地發表剩下的研究，最終應該是可以期待其達到集大成的領域的。我們對於這樣的著作在我們的學界中出現，豐富了哲學的文獻而感到高興。現在在他的書即將付印且公諸於世之際，我記下平生所感、代為序文，聊以表彰作者的業績。

昭和十二（1937）年三月

桑木嚴翼

v

// 緒言

§0.1

　　従来の歴史的所与の諸哲学説の殆ど総べてが人間中心主義的乃至人性論的立場に立脚したるが故に、根本的には所謂世界観的哲学として立ち現はれ、之が世界観哲学からも明別せらるべきものとなり、従つて真正の哲学の本質領域からは当然排除せらるべきものでなければならぬ。蓋し世界観的哲学は正当には人生観的世界観とも称せらるべく、之が諸種の主義的立場に基づいて対立的に構成せられる所の日常的態度に於ける素朴なる世界直感に関するものとして、日常的直接的なる意識態に於いて現はれる観念形態（イデオロギー）として存立し、然るに之に反して世界観哲学は世界観特に哲学的世界観の本質的構造形式一般に関する哲学的理説を提供すべき世界観学として、厳密学的批判的なる世界理観の学として、純然たる学究的処理によりて形成せられる所の一種の純粋学的理論に関するものであるからである。即ち前者が主観性の論争的興味に基づく世界観的なる似而非哲学説たるに対して、後者は斯かる論争問題に対して全然無関的なる純粋学的問題の根本解決を企つべき哲学的理説に関するものであるからである。斯くて従来世界観的に論議せられたる諸種の論争問題が厳密なる意味に於いては非学的問題として、学的哲学の考究する問題領域からは全く除外せらるべきものと見做されるに至るのである。世界観的哲学と世界観哲学とが斯く相互明截に区別せらるべきものであるが、然し他面に於いて此両者の間に

vi

猶ほ一種の連繫関 // 係の存立し得べきことが看却せられてはならぬ。而し

// 自序

v

§0.1

> 提要：作為世界觀的哲學、世界觀哲學、真
> 正的哲學

　　以往歷史上所與[86]的種種哲學學說，幾乎全都是立足於人類中心主義的立場或人性論的立場的，所以從根本上來說，它們是作為所謂的「作為世界觀的哲學」而出現，而這應該要與「世界觀哲學」明白地區別開來，從而當然也必須要從「真正的哲學」的本質領域中予以排除。大致上來說，其理由在於：「作為世界觀的哲學」正當地來說，應該也可以被稱為是「人生觀的世界觀」，它是作為關連著基於種種主義的立場而對立地被構成的日常態度中的「素樸的世界觀」，也就是作為在日常的直接的意識狀態（意識態）中顯現的「觀念形態」（Ideologie）而存立的；[87]然而與此相反的，「世界觀哲學」則是作為應該提供關於「世界觀」、特別是提供關於「哲學的世界觀」的本質的構造形式全般的「哲學的理說」的「世界觀學」，它作為嚴密學的、批判性的世界理觀的學問，是關於透過純然學究式的處理所形成的一種「純粹學問的理論」。也就是說，其理由在於：相對於「作為世界觀的學問」是作為「基於主觀性的爭論的興趣」的世界觀的「似是而非的哲學學說」，「世界觀的哲學」則是關連著一種「哲學的理說」，它所試圖要根本

---

86 譯注：曾天從的「所與」一詞，應是對應到德文的「gegeben」，可以初步地將它理解為一種「出現或呈現」（present）在眼前（意識之前）的東西。請參閱胡塞爾著，黃文宏譯，《現象學的觀念》的〈譯注者導讀〉。

87 譯注：到這裡原則上是一個分段。筆者用「分號」表示，分號以上談「作為世界觀的哲學」，分號以下談「世界觀哲學（曾天從也稱為「世界觀學」）」。

て此際、世界観的哲学が世界観哲学へ自己を連結せしめ得るためには、其日常的直接態に於ける観念形態<small>イデオロギー</small>から事実解明的科学的なるものを通じて本質究明的哲学的なるものへ到達すべきといふ二重の昇騰の道程を一応通過する必要があり、斯くて世界観的哲学が世界観哲学の考究に対して一つの間接的媒体を提供し得べきものとなるのである。此のことは真正なる意味に要求せられ得べき世界観哲学が学的哲学の一分殊的学科として、哲学一般と同様に、被媒介的間接態に於いて成立せねばならぬことを表明するものである。

§0.2

所で哲学を学的哲学とすることは、哲学を理念哲学として厳密学的本質学的に顕揚することによりてのみ可能である。而して理念哲学とは哲学本来の理念によりて要求せらるべき所の、別言すれば学理念の本質的側面への純粋顕現に於いて存立すべき所の、本質学的理念学又は理念学的本質学を指して謂ふものであつて、之が即ち純粋本質学としての哲学となるに外ならぬ。斯くて学的哲学は哲学理念の要求に即応すべき最広義に於ける理念哲学として存立すべく、哲学は本来斯かる学的哲学として其自らを学理念の純粋本質に於いて自己顕現せしめなければならぬ。此の如き純粋本

地解決的問題，是與這種爭論的問題全然無關的「純粹學問性的問題」。如此一來，以往「以世界觀的方式」而被議論的種種爭論的問題，從嚴密的意義上來看，都是作為「非學問性的問題」，而應將它們全然地排除在「學問的哲學」的考究的問題領域之外。雖然「作為世界觀的哲學」與「世界觀哲學」應該要如此相互明白地被區別開來，但是在另一方面，我們也必須不能忽略這麼一件事，即在這兩者之間仍然應該有一種「聯繫關係」// 的存立。[88] 而在這個時候，「作為世界觀的哲學」要讓自己得以連結到「世界觀哲學」，有必要從其「日常的直接態中的觀念形態」，先通過「事實解明的科學」，而到達「本質究明的哲學」的這種「二重升騰」的過程，如此一來，「作為世界觀的哲學」就應該可以為「世界觀哲學」的考究提供一種間接的媒材。這表明了一件事，即在真正意義上被要求的「世界觀哲學」，作為「學問的哲學」的一個分殊學科，與「哲學全般」一樣，都必須是在「被媒介的間接態」中所成立的東西。

vi

§0.2

提要：絕對唯一的學問理念

不過，要讓哲學成為「學問的哲學」，唯有透過將哲學作為「理念哲學」並且將其以嚴密學的[89]、本質學的方式來顯揚才得以可能。而所謂的「理念哲學」指示著應是基於「哲學本然的理念」而被要求的，或者換句話來說，它應是在朝向「學問理念的本質側面的純粹顯現」中存立的「本質學的理念學」或「理念學的本質學」，而這不外必須是作為「純粹本質學」的

---

88 譯注：「存立」是德文的「Bestehen」的譯名，用以表示「理想之物」（例如，有效性、數學、邏輯等等）的「存在樣態」。

89 譯注：「嚴密學」是胡塞爾的「strenge Wissenschaft」的日文譯名。請參閱「解說」。

質学としての哲学に対して、諸科学は学理念の事実的側面への顕現に於い
て成り立つ所の事実学であると見られることが出来るであらう。即ち絶対
唯一の学理念の顕現に於ける本質的側面に哲学が存立し、其事実的側面に
諸科学が成り立つものと見られ得るであらう。哲学と諸科学とを斯く本質
学と事実学との関係に置かしむることによって、其両者の究極的統合可能
の原理を其絶対唯一の学理念のうちに見出すことが出来、之に基づいて諸
科学との対立的状態の儘に置かれる哲学は未だ真実なる哲学ではあり得な

vii

く、真実なる // 哲学とは諸科学を自己のうちに絶対否定的に媒介したる、
之との対立を絶対に止揚したる、即ち諸科学に相即して而も之を包越的に
超越したる哲学でなければならず、諸科学と哲学との対立の如きは結局絶
対的立場に於いて排棄せらるべく、両者の絶対的統一が其必然的帰結でな
ければならぬと見做す我々の根本見解の出づるべき所以の論拠が理会せら
るべきである。真実なる哲学体系とは夫故に、諸科学の認識体系を自己の
うちに絶対否定的に媒介したる所の間接的なる学体系、即ち諸科学の認識
成果をも其媒材に採択したる被媒介的間接性の学体系でなければならぬ。
斯くてのみ哲学が間接的に学全体であり、哲学体系が学体系其ものであり
得るのである。

§0.3

「純粋現実学の諸理念に関する原理研究」といふ研究主題の下に於い

哲學。如此一來,「學問的哲學」就應該要呼應(即應する)「哲學理念的要求」作為最廣義的「理念哲學」而存立,哲學在本然上就必須是作為如此的「學問的哲學」、並且在「學問的理念」的純粹本質當中自我顯現自身。相對於如此作為「純粹本質學」的哲學,我們可以將「諸科學」視為是學問的理念在「事實側面」的顯現中,所成立的「事實學」。換句話來說,哲學存立於「絕對唯一的學問理念」的顯現中的「本質側面」,諸科學則可以視為是在其「事實側面」中所成立之物。透過將「哲學」與「種種科學」放在如此的「本質學」與「事實學」的關係當中,就可以在其「絕對唯一的學問理念」中,找出兩者的究極統合的可能性原理,基於此,與種種科學處於原樣的對立狀態下的哲學,仍然還不能是真實的哲學,所謂「真實的 // 哲學」 *vii* 是將種種科學絕對否定地媒介於自身之中,並且又絕對地揚棄了其與諸科學的對立,也就是說,它必須是作為與種種科學「相即」,而且又將它們予以「包越地超越」的哲學,種種科學與哲學的對立最終應該在「絕對的立場」中被排棄,我們的根本見解在於,兩者的「絕對統一」必須視為是其必然的歸結,而能夠做出如此根本見解的理由的論據,是應該可以被理解的。所謂的「真實的哲學體系」,因而必須是要將種種科學的認識體系,絕對否定地媒介於自身之中的「間接的學問體系」,也就是說,它必須是連種種科學的認識成果,也要採擇為其媒材的「被媒介的間接的學問體系」。唯有如此,哲學才能間接地是學問全體,哲學體系才能間接地是學問體系本身。

§0.3

> 提要:真理原理論、純粹現實學、學問的哲學

在「純粹現實學的諸理念的原理研究」的研究主題之下,對於我們所

て我々が論及せんとするものは前論に基づいて、先ず第一に学的哲学への通路を方法論的に開明し、併せて哲学一般の基礎を究明すべきといふ我々の研究目標となつて現はるべきである。即ち学的哲学が学理念の本質的側面への純粋顕現に於いて存立すべき純粋本質学として存立し、而して学理念とは真理理念と認識理念との統合態を指して謂ふものであるから、此学理念の純粋顕現を方法論的に討究する一哲学的予備学が純粋現実学として現はるべく、斯かる純粋現実学が論究すべき諸理念とは従つて、其根本的なるものとして真理理念、認識理念及び学理念なる三つの理念として顕揚せらるべきである。而して此際、真理理念は絶対唯一の理念の即自態として、認識理念は其対自態として、学理念は其即自対自態として、夫々即自的、対自的、即自対自的に論究せらるべきである。之に基づいて我々は哲学をば原理的なる意味に理解せらるべき「真理認識の理念体系」と先予的に規定することが出来、哲学の此の如き概念規定が差当り同時に我々の純粋現実学が目指すべき学的哲学の定義ともなるのである。此のことは哲学なるものが真 // 理認識の理念体系として組織せらるべきものなることを端的に表明する。而して純粋現実学は此際、特に哲学理念の純粋現実の学とも見らるべきであるから、其原理研究の第一部に真理理念論、其第二部に認識理念論、其第三部に学理念論なる如き三つの研究部門が成り立ち得べきであり、是等の各研究部門が尚ほ夫々更に其個々の理念に就いての原理論と批判論との両論編に分たれ得るであらう。我々の本論分に於いて論述せんとする真理原理論なるものが斯くて真理理念の原理論として、純粋現実学の第一部たる真理理念論の第一論編に該当すべきものとなるのである。

viii

要論究的東西來說，基於前面的說法，應該作為我們的研究目標而出現的第一點，首先是要在「方法論」上開明出一條通向「學問的哲學」的道路，並能同時究明「哲學全般的基礎」。也就是說，「學問的哲學」是作為「純粹本質學」而存立，而純粹本質學則應是在「學問的理念的本質側面」的純粹顯現中存立，而所謂的「學問理念」由於是指謂著「真理理念」與「認識理念」的統合態的緣故，所以要將這個「學問理念的純粹顯現」，予以在方法論上來討究的一個「哲學的預備學」，就應該要作為「純粹現實學」而出現，如此的純粹現實學所應該論究的諸理念，作為其根本之物，從而應該要作為「真理理念」、「認識理念」與「學問理念」這三個理念而被顯揚。而在這個時候，「真理理念」是作為絕對唯一的理念的即自態，「認識理念」作為其對自態，「學問的理念」則作為其即自對自態，而每一個〔理念〕都應該要被即自地、對自地、即自對自地論究。在這個基礎上，我們就可以預先地將「哲學」，規定為應該要在「原理的意義下」來理解的「真理認識的理念體系」，哲學的如此的概念規定，也同時暫時地應該是作為我們的「純粹現實學」所指向的「學問的哲學」的定義。這一點直接地表明了「哲學」應作為 //「真理認識的理念體系」而被組織的這件事。而「純粹現實學」在 *viii* 這個時候，由於它也特別地應被視為是關於「哲學理念的純粹現實的學問」的緣故，所以對其原理的研究應能夠成立三個研究部門，其原理研究的第一部門是「真理理念論」，其第二部門是「認識理念論」，其第三部則是「學問理念論」，而且這各個研究部門，仍然各自可以再針對各個各自的理念，區分為「原理論」與「批判論」這兩個理論篇章。如此一來，我在本論文中所要論述的「真理原理論」，作為「真理理念的原理論」，它應相當於作為「純粹現實學」的第一部的「真理理念論」的第一論篇。

§0.4

　前述によりて純粋現実学の哲学に対する関係及び真理原理論が此純
粋現実学のうちに於いて占むるべき其位地が大体分明となつたであらうか
ら、次に我々の本論文が提示すべき真理原理論の論究領域及び其論究の立
場乃至方法に就いても其大体の論構を一応概観する必要があるであらう。
先づ真理原理論の論究領域として我々は真理自体、我々にとりての真理、
擬而真理自体及び我々の真理なる四つの真理論的領域をとり揚げて、是等
諸真理論的領域をば哲学一般の基礎究明に要すべき真理領域と見做すべ
く、之が確立は哲学論究の第一課題となるべきである。蓋し哲学とは畢竟
するに真理の何たるかを究極原理的に論究することによりて成り立つ究極
真理学に帰着するからである。而して真理自体とは此際、実在的存在と観
念的存在とを自己のうちに統括したる、此両者の相対立を絶対に止揚した
る、其自ら自体的存在性を有する存在原理として超対立的に存在する存在
原理的領域を指して謂ふものであり、我々にとりての真理とは斯かる真理
自体を諸種の認識様相に於いて把捉したる我々の真理認識の総括的領域を
指して謂ふものである。此両真理論的領域に於いて我々は、真理自体の二
重本質性の原理に // 基づいて真理形相原理と真理理念原理との両規制原
理を確立し、之によりて形相的真理認識、理念的真理認識、形質的真理認
識、理質的真理認識、実質的真理認識及び現象的真理認識なる六種類の認
識様相を顕揚し得べく、此処に於いては更に真理形相原理及び真理理念原
理以外に諸序則原理、真理存在全体の範疇体系及び原則的法則的体系の成
立根拠を原理的に闡明することによりて、即ち真理存在の存在論的根拠を
究明することによりて、存在論哲学並びに認識論哲学の基礎論拠を提示せ

§0.4

提要：真理原理論的論究領域

　　依照前述，關於「純粹現實學」對「哲學」[90]的關係，以及「真理原理論」在此「純粹現實學」中所應該佔據的位置，大致上已經分明了，所以接下來我們有必要先暫時地針對我們在本論文中所要提示的「真理原理論的論究領域」及其「論究立場」以及「方法」，對其大體上的理論架構有一個概觀。首先作為「真理原理論的論究領域」，我們舉出「真理自體」、「對我們來說的真理」、「擬而真理自體」以及「我們的真理」這四個真理論的領域，這些真理論的領域應被視為是在「哲學全般的基礎究明」上所需要的真理領域，這些領域的確立應是「哲學論究的第一課題」。想來這是因為所謂的「哲學」，終究要歸結於是在究極原理地論究「真理為何」（真理の何たるか）的問題上所成立的「究極真理學」。而所謂的「真理自體」在這個時候指的是「超對立地存在的存在原理的領域」，它是作為將「實在的存在」與「觀念的存在」統括在自身之中的、並將此兩者的相互對立予以絕對地揚棄的、擁有其自身的自體存在性的存在原理；所謂的「對我們來說的真理」，指的是將如此的真理自體，在「種種認識樣態」中來把握的我們的「真理認識」的全部領域。在這兩種真理論的領域當中，基於真理自體的二重本質性的原理 //，我們可以確立出「真理形相原理」與「真理理念原理」這兩種規制原理，[91]藉此而得以顯揚「形相的真理認識」、「理念的真理認識」、「形質的真理認識」、「理質的真理認識」、「實質的真理認識」以及「現象的真理認識」這六個種類的認識樣態，在這裡，除了〔原理地闡

ix

90　譯注：這裡的「哲學」一詞，應是接續上一段落指「學問的哲學」。

91　譯注：曾天從的「規制」一詞表示「規定與統制」，在翻譯上筆者保持其漢字名稱。

んとするのである。真理自体の二重本質性の原理とは此際、真理存在の無
内容性又は内容無規定性と其一般内容性との統合原理を指して謂ふもの
で、此原理に関する根本思想は真理自体及び我々にとりての真理の両真理
論的領域にとりてのみならず、擬而真理自体及び我々の真理なる両真理論
的領域にとりても亦指導的規制的なる意味にとり揚げらるべきである。擬
而真理自体とは真理自体に擬へて其自ら自体的存立性を有するものと考へ
られる所の、超実在的超観念的なる形相学的並びに理念学的純粋本質の論
理本質的領域を指して謂ふものであり、我々の真理とは我々の実存内在に
現実的に顕現する所の擬而超越実在的、擬而超越観念的なる実存的諸理念
に関する我々の実存論的領域を指して謂ふものである。此の如き両種の真
理論的領域に於いて我々は、真理形相原理及び真理理念原理に基づく諸種
の真理論的還元によりて諸種の形相学的並びに理念学的なる純粋本質を顕
揚すべく、是等の純粋本質性の成立根拠を純粋形相学的並びに理念学的に
開明することによりて、純粋哲学及び実存哲学の基礎確立に関する真理論
的論拠を提示し得るであらう。

明〕「真理形相原理」與「真理理念原理」以外，我們還要進一步地對「種種序列原理」、真理存在全體的「範疇體系」以及「原則的法則體系」的成立根據給予原理地闡明，也就是透過究明「真理存在的存在論根據」，而提示出「存在論哲學」以及「認識論哲學」的基礎論據。所謂「真理自體的二重本質性的原理」，在這裡指的是真理存在的「無內容性」或「內容無規定性」，及其與「全般內容性」的統合原理，關於這個原理 92 的根本思想，不僅是對「真理自體」與「對我們來說的真理」的這兩種真理領域來說，尚且對「擬而真理自體」與「我們的真理」這兩種真理論領域來說，也都是應該要在指導性的、規制性的意義下而被舉出的。所謂的「擬而真理自體」可以視為是以「真理自體」為準據（擬へる）並具有其自身的「自體存立性」之物，它指的是超實在的與超觀念的「形相學的純粹本質」與「理念學的純粹本質」的「邏輯本質的領域」；所謂的「我們的真理」指的是「我們的實存論的領域」，這是關於在我們的實存內在中，現實地顯現的「擬而超越實在的」、「擬而超越觀念的」實存的種種理念的領域。在這兩種真理論的領域 93 當中，我們想要透過基於「真理形相原理」與「真理理念原理」的種種「真理論的還原」，來顯揚出種種「形相學的」與「理念學的」純粹本質，並且將這些純粹本質性的成立根據，以「純粹形相學的」與「純粹理念學的」方式開明出來，透過這樣的方式，對於「純粹哲學」與「實存哲學」的基礎確立，我們就可以提示出其真理論的論據。

---

92 譯注：「這個原理」是指「真理自體的二重本質性原理」。
93 譯注：這應是指「擬而真理自體」與「我們的真理」這兩個真理領域。

§0.5

　　真理の根本原理は真理存在全体の絶対的普遍に関する究極的規制原理
であつて、其最高形式原理として真理形相原理が、其最高内容原理として
真理理念原理が存立し、而して此両真理が真理全体の絶対的統一性に於い
て相∥併行相依存するものなることは、真理自体の二重本質性の原理に基
づいて明確に理会せられ得る所であらう。真理形相原理とは一切の真理存
在の形式的内容的規定を包越的に超越したる其自体形式無規定性内容無規
定性に於いて絶対純一的絶対自己同一的に存立する無形式性無内容性に関
する絶対無規定性又は純粋無規定性の原理であつて、之が一切の形式的内
容的規定を究極原理的に規定する根源となるものであるから、其が純粋無
にして純粋有、絶対無にして絶対有なるといふ真理全体の絶対統一性又は
絶対純一性に於いて絶対否定的自己同一性を現出する絶対真実相、即ち真
理の純粋形相を顕明せしむる原理たるを得るのである。真理の最高形式原
理としての此の如き真理形相原理は其自体純粋無即純粋有、絶対無即絶対
有たる絶対真理性の超対立的原理として存立するが故に、之が絶対弁証法
を成立せしむる超弁証法的原理として顕揚せらるべく、斯かる超弁証法的
原理を其根底に前提せざる弁証法なるものは真実なる超対立的論理として
の絶対弁証法たり能はざることは自明の理であつて、真実の絶対弁証法と
は従つて、斯かる超弁証法的原理に基づく弁証法的なるものと超弁証法的
なるものとの綜合統一の絶対統合原理の規制の下に成り立つものでなけれ
ばならぬ。而して真理形相原理により究極的に統計付けらるべき真理存
在は実在的存在及び観念的存在を包越的に超越したる真理全体の絶対的普
遍に関するものであるから、斯くて観念弁証法と唯物弁証法との対立、及

x

§0.5

　　「真理的根本原理」是關於「真理存在全體的絕對普遍的究極規制原理」，「真理的形相原理」作為其「最高形式原理」而存立、「真理理念原理」則是作為其「最高內容原理」而存立，而這兩個真理是在真理全體的「絕對的統一性」中相互 // 併行、相互依存之物，這一點基於真理自體的二重本質性的原理就可以明確地理會。由於所謂的「真理形相原理」是關於將一切的真理存在的「形式的規定」與「內容的規定」都予以包越地超越了的、在其自體形式的無規定性、內容無規定性當中，以絕對純一的、絕對自我同一的方式而存立的「無形式性」、「無內容性」的「絕對無規定性」或「純粹無規定性」的原理，並且也是究極原理地規定一切〔存在〕的形式的、內容的規定的根源之物的緣故，所以它是可以在「純粹無而純粹有」、「絕對無而絕對有」的真理全體的「絕對統一性」或「絕對純一性」當中，讓表現出「絕對否定的自我同一性」的「絕對真實相」或「真理的純粹形相」得以顯明的原理。作為「真理的最高形式原理」的如此的「真理形相原理」，由於其自體是作為「純粹無即純粹有」、「絕對無即絕對有」的「絕對真理性」的「超對立的原理」而存立的緣故，所以它應該作為讓「絕對辯證法」得以成立的「超辯證法的原理」而被顯揚，在其根柢中，不以如此的超辯證法的原理作為前提的辯證法，就不能是作為真實的「超對立的邏輯」的「絕對辯證法」，這一點是自明的道理，因而「真實的絕對辯證法」必須是在基於如此的超辯證法的原理的「辯證法之物」與「超辯證法之物」，在綜合統一的絕對統合原理的規制之下而成立的東西。而由於究極地被真理的形相原理所統制的「真理存在」，由於它是關連著將「實在的存在」與「觀念的存在」皆包越地超越了的「真理全體」的絕對普遍之物的緣故，所以

x

び諸他の特殊的形態に於ける弁証法なるものの如きは、我我が原理的に理
解せんとする真実の絶対弁証法のうちに止揚せらるべきものなることが其
原理に基づいて決定的に論拠付けられ得るであらう。

§0.6

xi

　　真理の純粋形相は其自体形式無規定的内容無規定的なる純粋無規定性
又は絶対無規定性に於いて存立する最高 // 形式的全体統一性に外ならぬか
ら、之を一切の形式的及び内容的規定性へ積極的に関連せしむる媒介的相
関原理として、その形相原理と相併行相依存する真理の最高内容原理とし
ての理念原理を其最高内容的全体統一性に定立すべき必然的要求の現はれ
る所以である。而して真理形相原理と真理理念原理とは真理存在の絶対的
普遍の全体統一性に於いて絶対的に統合せるものであるから、我々が前者
を形式的原理に、後者を内容的原理に分別的に分析したるものが、其統一
性の究極的規制原理に基づいて絶対的に綜合せらるべきことは自明の理で
なければならぬ。真理理念原理とは此際、形式無規定的内容無規定的なる
絶対無規定性を一切の形式的及び内容的規定性へ絶対否定的に媒介すべき
其自体弁証法的原理たり得べきものであつて、斯くて真実の超対立的論理
としての絶対弁証法が斯かる理念原理のうちに根源的に見究めらるべきも
のたることが明確に理会せらるべきである。（本論文第四章第三節第一九
六論項参照）

「觀念辯證法」與「唯物辯證法」之間的對立，以及種種其他特殊形態中的「辯證法」，這些都應該是在我們想要原理地理解的「真實的絕對辯證法」當中被揚棄的東西，這一點是我們基於其〔真理的形相〕原理，就可以決定性地賦予論據的。

§0.6

提要：真理的理念原理作為媒介的原理

由於真理的純粹形相不外是在其自體形式無規定的、內容無規定的「純粹無規定性」或「絕對無規定性」中存立的「最高 // 形式的全體統一性」，所以是作為將其積極地關聯到「一切的形式的與內容的規定性」的「媒介的相關原理」，這也是作為與其形相原理相互併行且相互依存的「真理的最高內容原理」的理念原理，應該在其「最高的內容的全體統一性」中，被定立出來的必然的要求之所以出現的原因。而由於「真理形相原理」與「真理理念原理」是在「真理存在的絕對普遍的全體統一性」當中，絕對地統合在一起的東西，所以我們分別地將前者分析為「形式性原理」，將後者分析為「內容性原理」，然而基於其統一性的究極的規制原理，它們應該是絕對地被綜合的，這必須是自明的道理。所謂的「真理理念原理」在這個時候，其自體應是作為將形式無規定的、內容無規定的「絕對無規定性」，「絕對否定地」媒介到一切的「形式的」與「內容的」規定性的辯證法的原理，[94]如此一來作為「真實的超對立的邏輯」的「絕對辯證法」，應該要在如此的「理念原理」當中才得以根源地被看透，這一點我們應該可以明確地理會的。（請參照本論文第 4 章第 3 節第 196 論項）

xi

---

94 譯注：這裡的「其自體…辯證法的原理」是將日文漢字的「其自體辨證法的原理」拆開來翻譯的結果。請參閱「解說」。

§0.7

　右に示唆したる如き絶対弁証法なるものが真理形相原理と真理理念原理、即ち超弁証法的原理と弁証法的原理との究極的統合原理に基づいて成り立つものたることは、其が同時に超自覚的体系の絶対自覚に基づく全体体系的絶対弁証法たることを要求し得べく、之が我々の所謂真理論的絶対弁証法として顕揚せらるべきものなることを併せて表明するものである。而して此際、哲学体系なるものが究極全体真理知の絶対完結的体系、相対知と絶対知との絶対統一性を実現する究極的全体に関する絶対弁証法的自覚知の学的体系として存立すべきものと見られる所からして、絶対弁証法なるものが従つて哲学の全体的立場及び其全体的方法に就いての思惟原理として採択せらるべきものとならなければならぬ。（本論文第四章第三節第一九五論項参照）我々の真理論的絶対弁証法 // の立場に於いては、絶対弁証法が真理全体の絶対的普遍に関する完結的体系の弁証法として、即ち超自覚的体系の絶対自覚に基づく全体体系的絶対弁証法として、一切の生成発展の相対的立場を超越し、無限的生成の弁証法をば其抽象的契機として其自らの完結的体系のうちに絶対否定的に止揚し得なければならぬ。絶対弁証法とは一切の生成発展を普遍的体系のうちに完全に統括することによりて、原理的に之を超越する包越的なる全体完結的体系の立場に成立する所の完結的体系と無限的生成との弁証法的統一を実現する弁証法であり、無限なる生成発展を包越的に総括したる最高次の無限完結性を現はす絶対静不動の完結的体系の弁証法であるが故に、之が真実の全体体系的立場を顕明せしむる絶対弁証法たるを得るのである。此の如き弁証法的立場に於いては、一切の生成発展の弁証法的運動は単なる抽象的相対的契機と

§0.7

提要：真理論的絕對辯證法

　　如上所指示，「絕對辯證法」是基於「真理形相原理」與「真理理念原理」，也就是基於「超辯證法的原理」與「辯證法的原理」的究極統合原理而成立的，這不僅同時要求作為一門基於「超自覺的體系的絕對自覺」的「全體體系的絕對辯證法」，也一併地表明了它應可以作為我們所謂的「真理論的絕對辯證法」而被顯揚。而在這個時候，哲學體系應被視為是作為「究極全體真理知」的「絕對完結的體系」、也就是作為關於實現「相對知與絕對知的絕對統一性」的究極全體的「絕對辯證法的自覺知」的學問體系而存立，因而「絕對辯證法」應必須作為關於「哲學的全體立場與全體方法的思惟原理」而被採擇之物（請參照本論文第 4 章第 3 節第 195 論項）。在我們的「真理論的絕對辯證法」的 // 立場當中，「絕對辯證法」是作為關於「真理全體的絕對普遍的完結體系的辯證法」，也就是作為基於「超自覺的體系的絕對自覺」的這種「全體體系的絕對辯證法」，它必須超越「一切的生成發展的相對立場」、並且又能夠在其自身的完結體系當中，將「無限的生成的辯證法」作為「其抽象的契機」而予以「絕對否定地揚棄」。所謂的「絕對辯證法」是透過將一切的生成發展，完全地統括在「普遍的全體體系」當中，而在原理上實現了將「完結的體系」與「無限的生成」予以辯證法地統一的辯證法，它是在原理上超越一切生成發展的「包越的全體完結體系」的立場中所成立的辯證法，由於它是一種表現出包越地總括「無限的生成發展」的最高次元的無限完結的「絕對靜不動」的完結體系的辯證法的緣故，所以才能是讓「真實的全體體系的立場」得以顯明的「絕對辯證法」。在如此辯證法的立場當中，一切的「生成發展的辯證法運動」作為單純抽象的「相對契機」，其運動性正是應該要被揚棄的。朝向無限生成的完結的體

xii

して其運動性が正に止揚せらるべきである。無限的生成の完結的体系への此の如き原理的止揚は、前者を後者のうちに包越的に統括したる高次的止揚であり、之が超発展的超生成的止揚とも謂はれ得べきものである。斯かる超発展的超生成的なる完結体系的絶対弁証法は絶対静即絶対動なる絶対静不動、動的発展を包越的に超越したる絶対静的体系の弁証法として、其成立の根底に絶対無の原理を前提すべきである。絶対無とは此際、斯かる絶対弁証法を成立せしむる所の其自体超弁証法的なる根源無の原理と考へらるべきである。斯かる絶対無は一切の存在体系を成り立たしむる根源的場所として、存在全体の絶対統一性又は絶対純一性の究極的統制原理たるを示す所の、一切の存在的限定を包越的に超越したる其自体超存在的なる純粋無にして純粋有、一切の自覚的限定をも包越的に超越する超自覚的なる絶対無にして絶対有たるものである。純粋無と純粋有、絶対無と絶対有

xiii

との統合原理は真理存在全体の絶対統一性に於いて絶対否定的自 // 己同一たる絶対静不動の真実相を現出し、其自体超弁証法的なるものと弁証法的なるものとの弁証法的統一の絶対統合原理を提示し、之が絶対弁証法の成立可能の究極的根底とせられる所である。（本論文前掲論項参照）

§0.8

真理形相原理と真理理念原理、及び此両原理に基づいて成立する真理論的絶対弁証法と極めて緊密に関連するものとして、真理論的還元なるものが我々の研究にとつて特に顕揚せらるべき所であるから、今之に就いても一言触れて置く必要があるであらう。還元とは一般に研究対象の根源への帰属を指向する学的操作の方法論的名称であつて、其方法が究極的なる

系的如此的原理的揚棄，是將前者〔無限的生成〕包越地統括在後者〔完結的體系〕當中的「高次元的揚棄」，這也可以稱為是「超發展的超生成的揚棄」。如此的超發展的超生成的完結體系的絕對辯證法，是「絕對靜即絕對動」的「絕對靜不動」，作為包越地超越了動的發展的「絕對靜的體系」的辯證法，在其成立的根柢中，應要有「絕對無的原理」作為其前提才是。所謂的「絕對無」在這裡，應該要被思想為是讓如此的「絕對辯證法」得以成立的、其自體是「超辯證法」的「根源無的原理」。如此的「絕對無」作為讓一切的存在體系得以成立的「根源的場所」，是顯示出「存在全體的絕對統一性」或「絕對純一性」的究極統制原理的東西，它是作為包越地超越了一切的存在的限定的、其自體是超存在的「純粹無而純粹有」、是包越地超越一切的自覺的限定的「超自覺的絕對無而絕對有」。純粹無與純粹有、絕對無與絕對有的統合原理，在真理存在全體的絕對統一性當中，現示出絕對否定的自我同一∥的「絕對靜不動」的真實相，並且提示出與其自體是「超辯證法之物」與「辯證法之物」的辯證法的統一的「絕對統合原理」，而這就是讓「絕對辯證法」具有成立的可能性的究極的根底（請參照本論文前揭論項）。

xiii

§0.8

> 提要：真理論的還原

「真理論的還原」作為與「真理形相原理」、「真理理念原理」，以及基於此兩原理而成立的「真理論的絕對辯證法」，有著極為緊密關聯的東西，由於對我們的研究來說，有著特別需要予以顯揚的緣故，所以現在我們在此，有必要先稍微來談一下。全般地來說，所謂的「還原」是指向「研究對象的根源的歸屬」的一種學問的操作的方法論的名稱，這個「方法」指示

意味を有つ場合を指して哲学的方法と一般に称することが出来る。此意味に於いては真理論的還元の全体体系的確立が哲学の全体的方法を開明せしめ得るものと見らるべきである。而して我々の顕明せんとする真理論的還元の還元すべき方向は細別的には極めて広汎多岐に亙るものであるが、総括的には超越的なるものへの方向と先験的なるものへの方向との両方向に集約せられ得べきであつて、前者へは超越論的還元が、後者へは先験論的還元が目指すべき目標とせられる所である。真理自体及び擬而真理自体への真理論的還元は主として前者への超越論的還元を指向し、我々の実存的真理への真理論的還元は後者への先験論的還元を指示する。然るに斯かる先験論的還元が究竟的には超越的意味を目指すべきものなることは、実存的真理を以つて先験的超越者として定立し、真理自体をば之に対して存在的超越者として、擬而真理自体をば論理的超越者として定立する所の、此三種の超越者の形相学的並びに理念学的定立の真理論的論拠に基づいて理会せられ得るであらう。而して此際、存在的超越者から先験的超越者を通じて論理的超越者への上向的昇騰の方向に於いて上向的哲学としての純粋哲学が、之とは逆に論理的超越者から先験的超越者を通じて存在的超越者への下向的遡源の // 方向に於いて下向的哲学としての理念哲学が成り立ち得べきである。更に此の如き上向的哲学としての純粋哲学と下向的哲学としての理念哲学とを自己のうちに総括し得べき存在論哲学の哲学に於いて占むるべき其中枢的位置の論定、及び哲学一般の存在論的規定原理の論明によりて、純粋哲学、理念哲学及び存在論哲学なる三大学科の絶対同一哲学へ究極的に指向し得べきものなることが見究められ得るであらう。

xiv

著擁有究極的意義的情況，是可以全般地稱為「哲學的方法」。在這個意義
下，真理論的還原的全體體系的確立，應該可以視為是能讓哲學的全體的方
法得以開明的東西。而我們想要顯明的「真理論的還原」所應還原的方向，
雖然仔細地予以區別，是極為廣泛且複雜的，但是總括地來說，可以集約
到「朝向超越之物的方向」與「朝向先驗之物的方向」這兩個方向上，前者
的是「超越論的還原」所指向的目標，後者則是「先驗論的還原」所指向的
目標。朝向「真理自體」與「擬而真理自體」的真理論的還原，主要指向的
是朝向前者〔超越之物〕的「超越論的還原」，朝向「我們的實存的真理」
的真理論的還原，則指示出朝向後者〔先驗之物〕的「先驗論的還原」。然
而如此的「先驗論的還原」終究應該是以「超越的意義」為目標，而這一點
透過將「實存的真理」作為「先驗的超越者」而定立，並且與之相對地，將
「真理自體」作為「存在的超越者」、將「擬而真理自體」作為「邏輯的超
越者」而定立，基於這三種超越者的「形相學的」與「理念學的」定立的真
理論的論據，應該就能夠獲得理解。而在這個時候，在從「存在的超越者」
經由「先驗的超越者」而朝向「邏輯的超越者」的向上升騰的方向中，作為
「向上哲學」的「純粹哲學」應能夠成立；反之，在從「邏輯的超越者」經
由「先驗的超越者」而朝向「存在的超越者」的向下溯源的 // 方向中，作為 *xiv*
「向下哲學」的「理念哲學」也應能夠成立。此外更進一步地，在能夠將如
此的作為「向上哲學」的「純粹哲學」與作為「向下哲學」的「理念哲學」
皆總括於自身當中的「存在論哲學」的這種哲學當中，透過對其所應佔有的
中樞位置的論定，以及透過對「哲學全般的存在論的規定原理」的論明，我
們將得以看清「純粹哲學」、「理念哲學」與「存在論哲學」這三大學科皆
究極地指向「絕對同一的哲學」。

§0.9

　以上概略的に述べたる所によりて指示せられる如く、本論文の主要な
る論題は結局、第一には学的哲学の建立のためへの方法論的通路の開明、
第二には諸種の超越的存在の形相学的並びに理念学的定立の真理論的論拠
の提示なる両論点に集注するものであり、之が確立は哲学一般の基礎究明
にとりて必然的に要求せらるべき根本前提たることが一応明白であらう。
而して此のことの然るべき所以の理論的根拠に就いての詳細なる論明は本
論文に於いて逐次展開せられ行く所であらう。

一九三六年九月
曽天従

§0.9

提要：本論文的主題：方法論的開拓、形相
學與理念學的論據之提示

　　就如我們基於以上概略的敘述所指示出來的，最終來看，本論文的主要
論題集中於二個論點，第一是開明出通向「學問的哲學」的建立的「方法論
的通路」，第二則是提示出「諸種超越的存在」的形相學的與理念學的定立
的「真理論的論據」，其確立對哲學全般的基礎究明來說，應是必然地被要
求的根本前提，這一點或許暫且是明白了。而對於其之所以然的理論根據的
詳細論明，則是在本論文中所要逐步地予以展開的部分。

1936 年 9 月

曾天從

純粹現實學の諸理念に關する原理研究

─哲學の基礎究明に關する一試論─

純粹現實學的諸理念的原理研究

——關於哲學的基礎究明的一個試論——

1

// 前編　真理形相原理

第一章　真理自体

第一節　哲学と哲学論究の端初

§1.1

　　凡ゆる学の領域を通じての一切の問題は、其根本として究極的には「真理とは何か」といふ古く而も常に新たなる、哲学論究の始にして終なる問に帰着する。別言すれば、総べての個別科学や哲学の問題とする所のものは、究竟に於いては斯かる真理問題への追求に関するものに外ならぬ。所で此の如き真理とは何たるかの問題を純粋なる形態に於いて一般的に而して究極原理的に問はうとするのが即ち哲学なのである。蓋し哲学とは畢竟するに、究極原理の学であるからである。従つて哲学をして諸他の個別科学から区別せしむる本質的相違の一つの標徴として、哲学が究極原理の学であるといふ所からしても明らかなる如く、其は哲学なるものが真理問題への純粋なる、徹底的なる探求によりて成り立つ真理認識に就いての純粋知識の根本学として顕揚せられる所に現はれる。諸々の個別科学が殊別的現象や経験的事実を其研究対象とするのであるが、哲学は正に是等諸科学の研究前提とする所の事象一般を其内的本質に於いて深く根本的に

2

考究する根本学、即ち諸個別科学の根底を基礎付け // る学として、其は謂はば「学の学」の意味に於ける根本的に根本学なのである。夫故に哲学の

// 前篇　真理形相原理

1

第一章　真理自體

第一節　哲學與哲學論究的開端

§1.1

> **提要：哲學的兩個特徵：實事全般的根本學與絕對自覺的學問**

　　通貫於所有學問領域的一切問題，究極地來說，其根本都可以歸結到「真理為何？」（「真理とは何たるか」）這個既古老又始終新穎的、既是哲學論究的開始也是終結的問題上。換句話說，所有的個別科學或哲學所探問之物，究竟地來看，不外都是對如此的「真理問題」的追究。而對於如此「真理為何」的問題，在純粹的形態下，全般地且究極原理地予以探問的學問就是哲學。想來，這大概是因為哲學終究是「究極原理之學」的緣故。[95] 因而作為讓哲學與其他各個個別學科得以區別開來的一個本質差異的標誌，就像我們從哲學作為究極原理之學這一點也可以明白地知道的那樣，就在於哲學是作為「純粹知識的根本學」而被顯揚的，並且如此的「純粹知識的根本學」是基於對真理問題的純粹的、徹底的探究而成立的「真理認識」的學問。種種個別科學是以「特殊個別現象」與「經驗事實」為其研究對象的，但是哲學毋寧正是將作為這些諸科學研究的前提的「實事全般」，在其內在的本質中來進行深刻的根本考究的「根本學」，也就是說，作為對各個個別

---

95 譯注：到這裡是曾天從陳述自己對哲學的看法。哲學是「關於真理的究極原理之學」。以下開始陳述兩個得以區別開「哲學」與「科學」的特徵。

考究対象とする所は当然事物の全般に行き亙るものでなければならぬ。今もう一つの標徴として、諸科学が単なる対象の学としての客観的認識の学たるに対して、斯かる客観的認識を自己のうちに内包しつつ而も客観と相即的なる主観の自覚の随伴する対象作用の綜合学としての主観客観統一の学たる哲学の本質的相違が顕明せらるべきである。諸科学の研究領域に於いて其立場及び其研究方法に関する自覚的反省は、其科学の内容をなすものではなく、其は諸科学から区別せらるべき哲学の内容に属するものである。然るに哲学に於いては哲学其自身の立場及び哲学思索の方法の反省其ものが、主観客観の統合的自覚を其中に内包する哲学自らの本質的内容に属する。斯かる哲学思索の自覚は哲学自らの自覚といふ意味に於いて「哲学の哲学」とも謂はれ得べきである。此の如き意味に於ける哲学は更に徹底的反省の学、絶対自覚の学とも呼ばれ得るであらう。此場合に於ける哲学的に思索するといふ思索の対象は、究極的には哲学思索の作用其のものであるから、斯く対象と作用との合一其のものが正に哲学思索の徹底的自覚の本質特徴をなすものに外ならぬ。

§1.2

　　右に述べたる二つの標徴よりして我々は、対象の見地から純粋知識の根本学又は究極原理学としての哲学の概念と、作用の見地から絶対自覚としての哲学思索なるものとが、我々の研究の出発に於いて最初に考究せらるべき対象となるものであることを知り得るのである。所で哲学は要するに、真理とは何たるかを一般的而も原理的に追究する哲学思索又は哲学論

科學賦予根底的基礎 // 的學問，它是在所謂的「學問的學問」的意義下的　　　　*2*
「根本的根本學」。因而哲學所要考究的對象，當然就必須要涵蓋全般的事
物。[96] 現在另外一個標誌在於，相對於諸科學是作為單純的「對象之學」的
客觀的認識的學問，哲學則是作為將這種「客觀的認識」也內包於自身當
中，而又伴隨著與客觀相即的「主觀的自覺」的對象活動的「綜合學」，這
種作為主觀客觀統一之學的「哲學」與「諸科學」，兩者在本質上不同應該
要被顯明出來。[97] 在諸科學的研究領域中，關於其立場及其研究方法的「自
覺的反省」並不構成其科學內容，它屬於應該與諸科學區別開來的哲學的內
容。然而在哲學當中，「哲學自身的立場」與「哲學思索的方法」的反省本
身，毋寧是屬於將「主觀客觀的統合自覺」也內包於其中的哲學自身的本質
內容。這種哲學思索的自覺，在「哲學自身的自覺」的意義之下，應也可以
稱為「哲學的哲學」。在如此意義下的哲學是「更為徹底的反省之學」，也
可以稱之為「絕對自覺的學問」。在這個情況下，由於哲學地思索所思索的
「對象」，究極地來看，就是「哲學思索的活動」本身的緣故，所以如此的
「對象與活動的合一」本身，不外就是構成哲學思索的「徹底的自覺」的本
質特徵之物。

§1.2

提要：哲學論究的要件：開端的自覺反省

　　透過上述所說的兩個標誌，我們可以知道，從「對象的觀點」來看，
作為「純粹知識的根本學」或「究極原理學」的哲學的概念，以及從「活動

---

96 譯注：到這裡是「哲學」與「科學」的第一個本質差異。

97 譯注：這裡是第二個特徵。哲學是「主客觀統一之學」，科學則是「客觀的認識之
學」。

究を通じて成り立つ所の純粋知識の理念体系に外ならず、哲学思索を離れ
ては哲学は一般に成り立ち能はぬものである。夫故に哲学の何たるかに先
立つて哲学思索の何たるかを問ふことが、我々 // にとりて最初の問題とな
るべきであらう。而して此際、哲学に就いては一般に主として哲学の体系
（System der philosophie）といふ課題が考慮せられるのに対応して、哲学
思索に於いては通例哲学的に思索するといふ哲学思索又は哲学論究の端初
（Anfang des Philosophierens）其ものが問題とせられるのを常とする。後
者にとりては哲学の体系といふ組織の問題よりも、先づ第一に哲学論究其
自身の立場及び哲学思索の方法に関する反省が其課題となるのである。哲
学思索が斯く自己自身の立場及び方法を自覚的に反省することは正に哲学
的主観の絶対自覚であるが故に、其自身「哲学の哲学」といふ意味に於い
て哲学其ものの内容的前提をなすものとならなければならぬ。「哲学の哲
学」たる哲学思索又は哲学論究の自覚的反省其ものが其自ら哲学的なるの
みならず、寧ろ此の如き意味に於ける「哲学の哲学」こそが真の哲学を成
立せしむる根底をなすものであると謂はるべきが正当であらう。夫故に哲
学の内容を成立せしむる所の純粋知識の体系其ものの根底には常に而も必
然的に斯かる哲学思索といふ哲学的主観作用の自覚的反省其自身が根源的
に前提せられていなければならぬ。哲学は畢竟するに、哲学思索又は哲学
論究を通じて把捉せらるべき真理認識の組織体系に外ならぬからである。
然るに哲学思索は哲学論究に於いて常に而して必然的に其論究の哲学的思
索其自らの端初を有たねばならぬ。従つて我々は哲学の体系を批判し或は
組織するに当りても、乃至哲学的に思索する道程に際しても、常に斯かる
哲学思索の端初にまで遡つて、繰返し此端初の自覚的反省を行ふべきであ
る。斯くすることが其自身哲学論究にとりて、哲学的に論究するといふこ
との必須なる要件の第一となるべきものに外ならぬ。蓋し哲学体系を批判
し、若しくは其を組織するに当りて、斯くの如き哲学思索其自身の端初に

的觀點」來看，作為「絕對自覺的哲學思索」，是在我們的研究的出發的最
初，就應該要予以考究的對象。而「哲學」簡要地來說，不外就是通過全般
地且原理地追究「真理為何」的哲學思索或哲學論究所成立的「純粹知識的
理念體系」，離開了哲學思索，全般地來說，哲學是無法成立的。因而在問
「哲學為何」之前，先問「哲學思索為何」，這應是對我們來說 // 的最初
的問題。而在這個時候，全般地來說，對應於「哲學」主要考慮到「哲學的
體系」（System der Philosophie）的課題，在「哲學思索」中按照慣例，則
是經常會將哲學地進行思索的「哲學思索或哲學論究的開端」（Anfang des
Philosophierens）本身當作問題。[98] 對後者來說，與其以「哲學體系的組織」
問題，還不如先以哲學論究自身的立場與哲學思索的方法的「反省」來作為
其第一課題。哲學思索的如此「自覺地自我反省自身的立場與方法」，正是
由於「哲學的主觀的絕對自覺」的緣故，在其自身作為「哲學的哲學」的意
義之下，哲學思索必須構成哲學本身的內容的前提。作為「哲學的哲學」的
哲學思索或「哲學論究的自覺反省」本身，其本身並不只是「哲學的」，毋
寧要這麼說才是正當的，即正就是如此意義下的「哲學的哲學」，才能夠是
讓「真正的哲學」得以成立的根柢之物。因而，讓哲學的內容得以成立的
「純粹知識的體系」，在其自身的根柢當中，必須始終而且必然地將如此哲
學思索的哲學的主觀活動的「自覺的反省」本身根源地設定為前提。這是因
為哲學終究不外是通過「哲學思索」或「哲學論究」所把握到的「真理認
識」的組織體系。不過「哲學思索」在哲學論究之時，必須始終且必然地擁
有論究的哲學思索自身的「開端」。因而，不論是在我們批判或組織哲學的
體系的時候，或是在進行哲學地思索的過程的時候，始終都應該要回溯到如
此的哲學思索的開端，並且反覆地對此開端進行自覺的反省。這一點就哲學

---

98 譯注：這裡是對比兩個東西：「哲學」要考慮到「哲學體系」，相對應地，「哲學思
   索」則通常會將「哲學思索的開端」當作問題。

立ち還つて、其思索の立場及び論究方法を反省的に追考すること其自らが

4 軈 // て其体系の批判及び組織をして正当に批判し組織せしむるといふ批判
や組織の根底をなすものであるからである。之によりて我々は、哲学論究
に際して哲学思索の端初の反省的論究其自身が哲学体系の批判及び組織其
ものの基礎となる根底的なるものたることを先づ明らかにすべきである。

§2.1

　　　然らば哲学思索は如何なるものを以つて其端初にとり揚げねばならぬ
であらうか。哲学の立場とか哲学思索の方法とかの反省的論究其ものが一
体其端初となるのであらうか。我々は一応此の如き論究を以つて哲学思索
其ものの端初に採択することが出来るであらう。之は然し未だ究極的なる
ものでないから、我々は更により根底的に問はねばならぬであらう。哲学
の立場及び哲学思索の方法の根底には更に根源的なる何物かが前提せられ
ていなければならぬ。哲学の立場とは畢竟するに何等かの物に就いての理
説に関する理論的立脚地の謂ひであり、而して哲学思索の方法とは正に斯
かる何等かの物が如何なる仕方によりて究明せられ得るものなるかに就い
ての事物把握の仕方を指示するものに外ならぬ。所で哲学論究は曩にも述
べた如く、真理とは何たるかを一般的に而も原理的に問はうとするにある
から、此の如き問が有意義的に問はれ得るためには従つて先づ真理とは何
たるかといふことのうちに指示せられる所の何等かの物が其思索のうちに
根底的に前提せられていなければならぬ。即ち此の如き何等かの物を哲学

論究本身而言，只能是作為「哲學地論究」所必須的第一要件。這想來是因為在「批判」或「組織」哲學的體系的時候，回歸如此哲學思索自身的開端，反省地回頭斟酌其思索的立場與論究的方法，這個事情本身終究 // 是構成對其體系的批判與組織得以「正當地」進行批判與組織的根柢之物。因而我們在哲學論究之際，應該要先解明這麼一件事，即對「哲學思索的開端」的反省論究，其本身就構成了哲學體系的「批判」與「組織」本身的基礎的根柢之物。

4

§2.1

提要：哲學思索的開端的前提

這樣的話，哲學思索必須舉出什麼樣東西來作為其「開端」呢？哲學的「立場」或哲學思索的「方法」的反省論究本身，究竟能不能夠作為哲學思索的開端呢？我們或許可以暫且採擇[99]如此的論究，來作為哲學思索本身的開端。但是由於這[100]仍然不是究極的東西，所以我們必須要更根柢地來進行探問。在哲學的「立場」與哲學思索的「方法」的根柢中，必須有著更為「根源的某物」（根源的なる何物か）作為前提。所謂「哲學的立場」，意謂著它畢竟是「關於某物的理說的理論的立足地」，而所謂的「哲學思索的方法」所指示的，不外就是這種「關於某物要用什麼樣的方式」才能夠被究明的事物把握的方式。不過就如我們先前也說過的，由於「哲學論究」是全般地且原理地來探問「真理為何」的緣故，所以要讓這個問題能夠有意義地

---

99 譯注：筆者保留曾天從的日文「採擇」，表示「採納與選擇」，是一種意志的活動，或許可以理解為「選定」。

100 譯注：「這」應是指哲學的「立場」與「方法」。以下是對「立場」與「方法」的說明。

論究が其思索の端初に挙揚せねばならぬのである。然るに哲学思索の根底には他方に於いて、常に其思索の主観作用其ものが根源的に前提せられていなければならぬ。従つて此主観作用其ものの哲学的自覚のうちに於いては、斯かる作用其自身も亦哲学思索によりて問はるべき所の何等かの物と同一物として、軈ては問はるべき対象其ものとならねばならぬ。即ち何等かの物に就いて端初的に問ふべき哲学思索の主観//作用其自らが再び問はるべき対象其物とならねばならぬ。此のことは問はうとして現はるべき作用其ものが根源的に問はるべき所の対称其ものと同一物たることを指示するに外ならぬ。夫故に何等かの物に就いて端初的、根源的に問はうとする哲学思索其ものが問ふべくして而も問はるべき物其ものとなつて、総べての物が問はるべき何等かの物となるのである。哲学思索の哲学的主観の自覚其ものは夫故に、主観其ものでありながら同時に客観たるべきもの、其自ら作用であると共に対象其ものとなるべきものなのである。斯かる主観と客観との、作用と対象との統合的合一の所に哲学思索の自覚としての絶対自覚の哲学の本質特徴が横はるのである。

來探問，我們就首先必須將在「真理為何」中所指示出來的「某物」，在根柢上設定為在對其[101]思索中的前提。也就是說，哲學論究在其思索的開端，就必須要將如此的「某物」舉揚出來。[102] 然而另一方面，在哲學思索的根柢當中，其思索的主觀活動本身也始終必須根源地被設定為前提。因而在這個主觀活動本身的哲學自覺當中，這個〔探問的〕工作本身也是與為哲學思索所應探問的「某物」是同一之物，最終必須成為被探問的對象本身。[103] 也就是說，在開端「探問某物」的哲學思索的「主觀 // 活動」本身，必須再次地成為應「被探問的對象」本身。這無非是指示著這麼一件事，即作為能探問而出現的「活動本身」，在根源上與所探問的「對象本身」是同一之物。[104] 因而開端地、根源地探問某物的哲學思索本身，既是「能探問」也是「所探問」本身，所有的一切[105]都能成為所探問的某物。因而哲學思索的哲學的主觀的自覺本身，是「主觀」本身同時也應是「客觀」的，其自身既是「活動」也是「對象」本身。在如此的主觀與客觀的、活動與對象的統合的合一當中，有著作為哲學思索的自覺的「絕對自覺的哲學」的本質特徵。

5

---

101 譯注：這裡的「其」是指「真理為何」。曾天從認為要思考「真理」為何，「某物」必須被設定為前提。這是因為我們的探問只能針對「某物」而發。

102 譯注：到這裡其實是這一段的第一前提的說明。哲學思索在客觀方面必須有「某物」作為前提。以下是對第二前提的說明，在主觀方面必須有「思考的主觀」作為前提。

103 譯注：這裡曾天從使用了日文漢字的「同一物」。它可以理解為「一樣的東西」，也就是單純地說明「主觀端的工作（曾天從使用漢字的「作業」一詞）」與「客觀端的某物」是一樣的，都應該成為被探問的對象。另一種解讀的可能請參閱「解說」。

104 譯注：在這裡同一的東西是「問はう（問おう）（能探問）」與「問はるべき（問われるべき）（所探問）」。就文法上來看，前者是「問う」的意向的表示，表示「想要探問」。後者則是「問う」的被動式再加上「べき」（應當），直譯為「應當被探問的」。筆者採用「能所區分」，分別譯成「能探問」與「所探問」。

105 譯注：這裡的「所有的一切」是指「能探問」（對某物的「探問」）與「所探問」（被探問的某物）都應成為被探問的某物。

§2.2

　　所で哲学が一般に真理とは何たるかを追究する究極原理の学である
と形式的に規定せられ得るならば、其根柢をなす所の哲学思索なるものは
当然充全的なる真理認識の把捉へ到達すべく意図する真理探究其ものの進
展的なる性格を現示せねばならぬ。従つて哲学思索なるものが既に完結的
に普ねく真理認識全体を獲得したる把捉の充全状態を表示するものでもな
く、然し是故を以つて其が真理認識への通路を未だ自己のうちに全然見出
し能はざる全き無知の状態を表明するものでもない。哲学思索は夫故に自
己自らの進展的性格の本質に従って、縦令其が真理認識の完全なる把捉状
態を直ちに顕明し能はぬにしても、猶ほ斯かる真理認識の把捉への徹底的
なる追究の可能性を其中に有ち得なければならぬ。斯く真理認識の完結的
把捉へ到達せんと意図する追究の進展的努力を表示する哲学思索によりて
始めて真理の何たるかが明確に把捉せられるを得るのである。即ち哲学論
究の究明せんとする真理の認識を通じて始めて真理の何たるかが知られ得
るのである。然らば「真理とは何か」といふ哲学論究にとりて最始にして
而も最終なる問は如何なる仕方によりて問はれ、如何なる方法によりて解
答せられ得るも//のとなるであらうか。真理の何たるかの問に対する完全
なる解答は然るに哲学論究の終局に於いて始めて企及せられ得べきもので
なければならぬ。即ち斯かる問は哲学論究が其思索の全行程を通じて到達
せられたる窮極的終局的なる段階に行当れるに至りて始めて完結的に解明
せられ得べきものでなければならぬ。然るに哲学論究の最初の問題は斯か
る問以外ではあり得ず、此問を離れては一般に哲学思索なるものが成り立
ち能はぬであらう。従って哲学論究の端初に当りても此の如き問を何等か

6

§2.2

提要：真理問題的提出

　　不過倘若我們可以在形式上，將哲學規定為全般地追究「真理為何」的究極原理之學的話，那麼構成其根柢的哲學思索，理所當然地就必須要現示出，意圖達到充全[106]的真理認識的把握的真理探究本身的「進展性格」。因而「哲學思索」既不表示是一種已然完結地、普遍地獲得了「真理認識全體」的把握的充全狀態，但是也並不因而表明，它是那種全然無法在自身當中，找到通向真理認識的通路的「完全無知」的狀態。哲學思索也就因而遵從自己自身的「進展性格」的本質，儘管它沒有辦法直接地顯明真理認識的完全的把握狀態，但是它仍然必須在其中，擁有朝向如此的「真理認識」的把握的徹底追究的可能性。如此一來，唯有透過表示出「意圖達到真理認識的完結把握」的這種追究的進展努力的哲學思索，「真理為何」才能夠被明確地把握到。也就是說，通過哲學論究所想要究明的「真理」的認識，我們才能夠知道「真理為何」。[107] 這樣的話，「真理為何」這個對哲學論究來說，是最開端也是最終結的問題，要用什麼樣的方式來探問？又要透過什麼樣的方法才能夠被解答 // 呢？然而對於「真理為何」這個問題的完全解答，應該必須是在哲學論究的終局才有辦法企及的。也就是說，這個問題必須是哲學論究在通過其思索的全部行程、走到盡頭所達到的最終終局的階段，才

6

---

106 譯注：曾天從的「充全」一詞應是來自於德文的「Adäquation」，表示「充分與完全」。例如在真理的符應觀中指判斷與事態的「一致」（*adaequatio*）。筆者採用日文漢字，固定中譯為「充全」。

107 譯注：到這裡其實是一個主題的結束，說明探求「真理認識」的哲學家，必須以「真理」為動機，唯有如此，真理為何才能是哲學思索開端與終結。以下開始另一個主題，即要如何來探求「真理為何」的問題。

の形態に於いて問はねばならぬ。然らば斯く哲学論究の端初に於いて問は
るべき真理なるものは一体如何なる形態に於いて問はれるのであらうか。
即ち真理に就いての如何なる形態を以つて哲学思索が其出発にとり揚げな
ければならぬであらうか。一般に問はれるものは常に而して必然的に在る
ものとして問はれる。在るものなくして問ふといふことは無意味なことで
あらう。斯く問はれる在るものが我々の探究せんとする真理其ものである
に外ならぬことは、凡ゆる学の領域を通じて一般に問はれる所のもの一切
が斯くの如き在るものとしての真理其ものであるといふことからして明ら
かな所である。真理の何たるかが問はれ得るためには、従つて先づ第一に
真理其ものが在るものとして問はれるのでなければならぬ。即ち問はれる
所の真理其ものが先づ在るものとして在らなければならぬ。一般に問ふこ
とは何等かの意味によりて何等かの形態に於いて問はれ得べきものとして
の在るものを問ふことなのである。斯くの如き在るものが問はれ得るため
には、其が既に我々にとりて或る何等かの形態に於いて感知せられたるも
のとして在るのでなければならぬ。哲学論究の端初に於いて問はるべき真
理其ものは夫故に、此の意味に於ける何等かの形態に於いて問はれるので
なければならぬ。然らば斯かる何等かの形態とは一体如何なるものを意味
するであらうか。我々は其形態を在る // といふことの存在事実の最直接的
にして而も最一般的なる存在形態、即ち存在するものの存在性、存在事実
の根本事実性のうちに求むべきであらう。従つて哲学論究は根底的には此
の如き最直接的にして而も最一般的なる存在形態としての存在の存在性を
以つて其端初にとり揚げなければならぬ。真理とは何たるかを根本的に問
はうとする哲学思索なるものは夫故に当然、存在するものとしての真理其
ものの最直接的にして而も最一般的なる存在形態の論究から出発せねばな
らぬ。一般に問ふといふことは根底的には、此の如き意味での真理存在の
存在形態から問ひ始めなければならぬ。

能夠被完結地解明。因而哲學論究的最初問題不可能自外於這個〔真理為何的〕問題，全般地來說，只要離開這個問題，哲學思索就不可能成立。因而即使在哲學論究的開端之際，這個問題也必須是在某種形態下被探問的。這樣的話，如此地在哲學論究的開端中所探問的「真理」，究竟要在什麼樣的形態下被探問呢？也就是說，哲學思索在其出發之際，必須要在什麼樣的形態下來突顯「真理」呢？全般地來說，被探問的東西始終是而且必然地是作為「存在之物」（在るもの）而被探問。[108] 沒有存在之物，探問將是無意義的事。如此一來，「被探問的存在之物」不外就是我們所要探究的「真理本身」（真理其もの），這一點總地來說，從全般地被所有學問的領域所探問之物，都是如此「作為存在之物的真理本身」來看，就會明白了。為了要能夠探問真理的是什麼，因而首先就必須要將「真理本身」作為「存在之物」來探問。也就是說，被探問的「真理本身」必須要首先作為「存在之物」而存在。全般地來說，「探問」都是基於某種意義、在某種形態下來探問作為「能被探問之物（問はれる得べきもの）」的存在之物。要能夠探問如此的存在之物，它就必須已然是作為在某種形態下被我們所感知之物而存在。在哲學論究的開端中，應被探問的真理本身，因而必須是在這個意義下的「在某種形態中」的被探問之物。這樣的話，如此的「某種形態」究竟意味著什麼呢？我們應該會在所謂的「存在」（在る）// 這個存在事實的最直接且最全般的存在形態，也就是在「存在之物的存在性」、在「存在事實的根本事實性」中來探求這個「形態」。因而哲學論究，在根柢上就必須以如此的作為最直接的，且最全般的存在形態的「存在的存在性」來作為其開端。根本地來探問「真理為何」的哲學思索，因而也就理所當然地，必須從「作為存在之物的真理本身」的最直接且最全般的存在形態的論究出發。全般地來說，所謂的「探問」，在根本上就必須以如此意義下的「真理存在」的存在形態來開始探問。

7

---

108 譯注：「存在之物」（在るもの），也可以理解為「某個存在的東西」。就是「論項2.1」所說的「某物」。

§2.3

　　哲学史上、前述の如き哲学思索の端初を深刻に追究し、其哲学を斯かる端初にまで遡つて根底的に批判したる哲学者のうちで、我々はデカルトの名を最初に読み取るであらう。デカルトは彼の哲学思索の端初を一体如何なるもののうちに求めたであらうか。其端初の論究の根底には必然的に存在するものの存在事実性の感触が前提せられていなければならぬとすれば、彼は斯かる一般的なる存在事実性に対して一体如何なる態度で以つて直面せんとしたであらうか。斯かる存在事実性を如何なる仕方で問はうとしたであらうか。彼は斯かる存在事実性を疑はうとする仕方で彼の哲学思索を開発したであらう。即ち懐疑が彼の哲学思索の根底をなすものと一般に認められている所であらう。斯く存在事実性を疑ふといふことは明らかに存在を存在として是認するのではなく、寧ろ却つて存在するもの総べてを疑はうとすれば充分に疑へるものであり、更には存在するものが一般に不確実であるが故に否定せんとせば正当に否定せられ得るものであることを意味するであらう。存在事実性より出発するかに見える此の如き懐疑的なる問ひ方は、其根底には此存在事実性を否定せんとする傾向を有つのであるから、其 // 思索の端初とする所は従つて此存在事実性の問を以つてするものではないと逆説的に謂はれ得べきであらう。然れども存在事実に対する懐疑のうちには懐疑其ものの存在事実が前提せられていなければならず、其が如何なるものを如何なる仕方で疑はうとするも一般に斯かる存在事実性の認定を其自らの根底に予想せねばならぬ。真理を探し求めて之を其何処にも見出し能はざるも、斯く真理を探し求めるといふ真理認識を獲得せんと意欲する探究其自身が畢竟真理其ものなのではなからうか。此の

§2.3

提要：笛卡兒對存在的事實性的態度

　　如前所說，在哲學史上深刻地追究哲學思索的開端、將其哲學回溯到如此的開端、並且在根柢上進行了批判的哲學家當中，我們一開始就可以讀到笛卡兒的名字。笛卡兒究竟是在什麼東西當中，來追求其哲學思索的開端呢？倘若在其開端的論究的根柢上，必須必然地以存在之物的「存在事實性的感觸」（存在事實性の感觸）為前提的話，那麼他到底是以什麼樣的態度，來面對如此全般的「存在事實性」呢？又是試圖以什麼樣的方式，來探問如此的「存在事實性」呢？笛卡兒大概是在「懷疑如此的存在事實性」的方式下來開發其哲學思索的。全般地來說，這也是為什麼「懷疑」會被認為是構成笛卡兒哲學思索的根柢。我認為「懷疑如此的存在事實性」就是明白地不將「存在作為存在」而承認，這反過來毋寧是意味著，要懷疑所有的存在物，就可以充分地予以懷疑，進而全般地來說，「存在之物」都是不確實的，因而倘若「想要否定」[109] 的話，就可以正當地予以否定。如此的看似是從「存在事實性」出發的懷疑的探問方式，由於在其根柢中有著想要「否定此存在事實性」的傾向，// 因而我認為笛卡兒思索的開端，從而應該可以反過來說，他不是透過「探問這個存在事實性」而進行的。不過在對存在事實的懷疑當中，也必須要以「懷疑」本身的存在事實（懷疑其ものの存在事實）為前提，不管是用什麼方法來懷疑什麼東西，全般地來說，在其自身的根柢中都必須預想著如此存在事實性的認定。「探求真理」之所以在任何地方都找不到它，不就是因為如此「探求真理」的這種意欲獲得真理認識的探

8

---

109 譯注：這裡的「否定せんとせば」是「（想要）否定（所有的存在物）」這件事，這是笛卡兒的意圖的表現。

如き自己真理の自覚は、懐疑的なる問ひ方によりても当然自覚せられてい
なければならぬ。蓋し哲学思索なるものが其端初からして必然的に此の如
き真理其ものに逢着せねばならぬからである。

§2.4

　　前述の自己真理の自覚をデカルトは彼の哲学の根本命題「我思、故我
在」（*cogito, ergo sum.*）なる表語のうちに明確に言ひ表はさんとしたと見
られ得べきであらう。斯かる命題は彼の哲学思索の端初にとられた懐疑其
ものの存在事実の自覚のうちに明晰判明に表象せられたものであるから、
之が一層明細なる言表は「我疑我思、故我在」（*dubito, cogito, ergo sum.*）
なる命題のうちに表明せられる。凡ゆる事物に就いてのみならず、理性に
とりて最明証的なる数学的真理乃至之に類似せる一般形式的真理の諸原理
なるものも亦総じて一般に疑はしきものと思惟せられるにしても、斯く懐
疑し思惟すること其自身が最早疑はれ得ざる絶対確実的なる存在であるこ
とを此命題が言ひ表はさうとする。思惟すること其自身が自我存在として
存在するものに外ならぬ。斯くの如き自我存在の概念をデカルトは明らか
に哲学的に思索する哲学的主観作用のうちに、作用其ものと一つに合体せ
る対象の主観客観の合一の根本事実のうちに見出さんとしたのである。思
索する主観作用其自身が同時に思索の客観的対 // 象をなすものであるとい
ふ絶対自覚が彼の根本命題のうちに見出され得べき所以である。思索する
自我が自己明証的に存在するといふことが最直接的にして而も最明晰判明
なる真理其ものと見做された所以である。斯く凡ゆる真理、総べての存在
を全般的に疑はうとすることから出発したるデカルトの以上の如き懐疑的

究本身，畢竟就是真理本身嗎！如此的「自我真理的自覺」，透過懷疑的探問方式，理所當然地必須是會被自覺到的。想來這是因為哲學思索，從其開端必然地就會遭遇到（逢着する）如此的真理本身。

§2.4

提要：原理的懷疑與方法的懷疑

我們可以看到，前述的「自我真理」的自覺，應可以說是笛卡兒在其哲學的根本命題「我思，故我在」（*cogito, ergo sum.*）的語句中，所要明確地表達的東西。由於如此的命題，被明晰判明地表象在其哲學思索的開端所提出的「懷疑本身的存在事實的自覺」當中，所以對其更為詳細的言表，就表明在「我疑我思、故我在」（*dubito, cogito, ergo sum.*）的命題當中。不只是關於所有的事物，就算是對理性來說是最為明證的數學真理，或類似的普遍形式的真理的諸原理之物，也都可以將其作為懷疑的對象來思惟，但是如此的懷疑、思惟，其自身已然是不可懷疑的絕對確實的存在，這是這個命題所要言表的。所謂的「思惟」，其自身就是作為「自我存在」而存在的東西。笛卡兒明白地打算在哲學地思索的哲學的主觀活動當中，在與活動本身合體為一的對象的「主客觀的合一」的根本事實當中，來找出如此的「自我存在」概念。[110] 這就是為什麼我們也可以在他的根本命題當中，找到所謂的「思索的主觀活動」本身同時也是「思索的客觀的對象」//的這種絕對自覺的緣故。[111] 這就是「思索的自我」被視為是自我明證地存在的這一點，被視

9

---

110 譯注：這應是指笛卡兒《第一哲學的沉思錄》中的〈第二沉思〉，在這裡還沒有「思惟實體」（*substantia cogitans*）的問題，自我存在還不是實體存在，而只是思惟存在。

111 譯注：到這裡是笛卡兒的第一種解讀。即「思惟的活動」與「被思惟的對象」的絕對合一。曾天從認為我們可以將這種「觀念論式的解讀」理解為一種「絕對自覺的哲學」。

思索は、之を徹底的に遂行すれば軈て懐疑其自らの自己解消に立ち至らね
ばならぬことが明白であらう。哲学思索のうちに潜む懐疑は確実的なる真
理認識の把捉へ到達せんとする追究の一方法として、真理其ものへの一通
路として有意義的に採択せられ得る如きものでなければならぬ。此の如き
懐疑をば我々は方法的懐疑（methodischer Zweifel）と名付けて、之を原理
的懐疑（prinzipieller Zweifel）なるものから截別せねばならぬ。蓋し後者に
とりては懐疑のための懐疑が、凡ゆる真理に就いての体系的懐疑が其論究
の目標であり、懐疑体系の原理を追究せんとする懐疑其自身が自己目的で
あり、其課題となるものに過ぎず、然るに方法的懐疑なるものは之に反し
て、我々の思惟をして根拠付けられたる、誤謬の全然介在せざる絶対確実
的なる知識へ到達するを可能ならしむるための研究方法を考究せんとする
単なる一方法手段其ものとして役立つのであつて、其自身が自己目的なの
ではない。斯かる意味に採択せられる懐疑は我々に確実的なる真理認識の
把捉方法に就いて追考するを促進せしめ、我々の知識を純粋化せしむるこ
とによりて我々を偏見多き、根拠付けられざる、誤まり易き判断から脱離
せしむることに、我々の思惟作用をより充実せる、より完全にして厳密な
るものへ高揚せしむることに役立つものである。人間精神なるものが多く
は偽はる素性を有ち、其判断も亦多く誤謬を犯し易い可能性を有するので
あるから、是等の虚偽や誤謬を厳密にして正確たるべき思惟其ものから排
除し、之によりて思惟作用を純粋に真正なる活動其ものへ促進せ // しむる
に役立つ斯かる方法的懐疑は夫故に、思惟することを以つて自己の本質と
する人間精神のうちに其正当なる位地を当然占め得るものと見做さるべき
であらう。

10

為是最直接且最明晰判明的真理[112]自身的緣故。如此一來，一切的真理從全般地懷疑所有的存在而出發的笛卡兒的如上述的懷疑的思索，倘若徹底地來執行的話，那麼它終究都必須走到「懷疑」自身的自我解消，這一點是明白的。潛在於哲學思索中的懷疑，作為要達到確實的真理認識的把握的一種追究方法，作為朝向真理本身的一個通路，它必須像一種是可以被「有意義地採擇的」東西。我們將如此的懷疑命名為「方法的懷疑（methodischer Zweifel）」，並且必須將其與「原理的懷疑（prinzipieller Zweifel）」截然地區別開來。大致上來看，對於原理的懷疑來說，其課題不外乎為了懷疑而懷疑（懷疑のための懷疑），〔也就是說〕所有的關於真理的體系的懷疑都是其論究的目標，而追求「懷疑體系的原理」的懷疑本身，則是其自身的目的；然而「方法的懷疑」則與之相反，它扮演著作為一種能以之來考究讓我們的思惟能達到「被賦予根據的、全然沒有謬誤介在的、絕對確實的知識」的研究方法的單純的方法手段的角色，而這樣的方法自身並非是以自身為目的。在這種意義下而被採擇的懷疑〔方法的懷疑〕，能促進我們對「確實的真理認識」的把握方法的追究與考察，並且藉由將我們的知識予以純粹化，有助於讓我們脫離有諸多偏見的、沒有根據的、容易錯誤的判斷，也有助於讓我們的思惟活動朝向更充實、更完全而嚴密之物的提升。由於人類的精神大多有著偽裝的素質，它的判斷也大多擁有容易犯下謬誤的可能性，因而將這些虛偽與謬誤，從嚴密且正確的（正確たる）思惟本身中排除，藉此而有助於促進思惟活動朝向純粹地真正的活動本身 // 的這種「方法的懷疑」，理所當然地，也就應該在被視為是以「思惟」為自身本質的人類精神當中，能夠占有其正當的位置的東西。

10

---

112 譯注：「明晰判明」一詞來自於笛卡兒的「*clara et distincta*」。這是笛卡兒哲學的「真理判準」。

§3

　　前述の如き方法的懐疑から得られたるデカルト哲学の根本命題のうちに表明せられたる自我存在の概念は、然らば一義的に決定せられたるものを意味するであらうか。斯かる自我存在の概念を以つて一体如何なるものを指示せんとしたであらうか。尠くとも彼の命題が優れて言表せんとする所は、存在其ものがではなくて、斯かる存在其ものを疑はうとする思惟其自身が第一義的に在るといふことを意味せんとする限り、此意味に於ける思惟する自我の在るといふ自我存在の意味が我々にとりて問はるべき問題とならねばならぬ。思惟する自我の我々にとりて直接的、自己明証的に現はれて在るといふ存在の意味が先づ明らかにせらるべきである。デカルトの自我存在の概念が此意味に於いて問題とならねばならぬ。思惟する自我の絶対確実的に存在するといふことの直接的把捉は、彼にありては何よりも先づ第一に思惟することの意識の内在的事実、即ち意識其自らの統一的連関の実存のうちに見出される。而して彼の哲学思索の出発が存在事実一般を全般的に疑はうとするにあるから、之によりて得られたる其根本命題のうちに言表せられる思惟する自我の絶対的確実的に存在するといふことの自我の在り方は従つて当然、懐疑の対象たる正に否定せらるべき存在事実其ものの在り方とは全然異なれる意味のものでなければならぬ。疑はるべき存在事実がではなくして、疑はうとする意識存在が其自身自己明証的、明晰判明に意識せられるといふことが其自我存在の存在の仕方であるに外ならぬ。存在事実其ものが直接的、明晰判明に存在するとせば、斯かる存在事実を疑はうとすることは畢竟無意味なることでなければならぬ。

凡ゆる真理、存 // 在するもの総べてが全般的に不確実なるものとして疑は

§3

提要：我思命題中的「思惟」與「存在」

如前所說，在從「方法的懷疑」所獲得的笛卡兒哲學的根本命題當中，所表明出來的「自我存在」的概念，是不是因而就意味是「單義地」被決定的東西呢？藉由如此的「自我存在」的概念到底要指示什麼東西呢？至少，他的命題很好地言表出了如此的意義，即並不是「存在本身」，而是懷疑如此存在本身的「思惟本身」才是第一義的存在，就這一點來言，這個意義下的「思惟的自我的存在」的這種自我存在的意義，對我們來說就必須成為問題所在。「思惟的自我」這種對我們來說的直接地、自我明證地顯現的存在的「存在的意義」應首先被解明。在這個意義下，笛卡兒的「自我存在」的概念必須成為問題。對於「思惟的自我的絕對確實地存在」的直接把握，對笛卡兒而言，首先且最優先地可以在思惟的「意識的內在事實」，也就是可以在意識自身的統一的關聯的實存當中找到。而由於他的哲學思索是從對「存在事實全般」進行「全般的懷疑」而出發的緣故，所以在他藉此所獲得的根本命題所言表出來的「思惟的自我的絕對確實地存在」的這種「自我的存在樣式」，因而也就理所當然地，必須是與作為「懷疑的對象」的這種應被否定的「存在事實」本身的存在方式，是全然不同意義的東西。不是應懷疑的「存在事實」，而是欲懷疑的「意識存在」，才是其自身自我明證的、明晰判明地被意識到的，而這不外就是其「自我存在」的存在樣式。倘若「存在事實」本身就是直接地、明晰判明地存在的話，那麼去懷疑這樣的「存在事實」終究必須是無意義的事。雖然可以全般地將所有的真理與 // 所有的存在物都作為不確實之物來加以懷疑，但是如此的「懷疑本身」，就已

11

れ得べくも、斯く疑ふこと其自身は最早疑はれ能はざる絶対確実的なる存
在であつて、之がデカルトの意味する自我存在なのである。此の如き自我
存在の自覚が明らかに哲学思索の主観作用其自らの自覚に外ならぬから、
斯かる哲学的自覚を理論的に表現したる彼の根本命題が一般に自我意識の
理論的発見の最初として、常に含蓄深き意味に語られる所以である。然し
此の如き自我存在の自覚は自我問題の提出の根柢となるにしても、此問題
の完結的解決とはなり能はざることは言を俟たぬ。

<h2>§4.1</h2>

　思惟する自我存在の在るといふことは、デカルトにとりて第一義的
には自我意識の自己明証的に現はれて在るといふことの意味であつて、其
は自我観念の統一的連関の意識内在的実存といふ観念的、意識現象的なる
存在の仕方を優れて指示するものであつた。斯かる自我観念の自己明証的
に在るといふ存在の仕方は、然し事物一般が存在するといふことと全般的
に契合すべくもなかつた。事物一般が存在するといふ存在の仕方と全く同
一的なる意味に理解せらるべき自我存在なるものは決して自我観念といふ
如き意識統一の内在的実存を意味するものではなく、之とは明確に区別せ
らるべきものでなければならぬ。自我観念なる意識的自我現象の根柢には
斯かる現象を生起せしむる基体的なる自我が前提せられていなければなら
ぬ。此の如き基体的自我は自我実体とも名付けらるべく、之が自我観念の
根柢に存するものとして実在的なる存在の仕方に於いて存在するのでなけ
ればならぬ。斯かる自我実体は自我観念を生起せしむる基体として、実在
的なる精神実体として存在せねばならぬ。意識内在のうちに発見せられた

然是無法被懷疑的絕對確實的存在，這就是笛卡兒所意指的「自我存在」。由於如此的「自我存在」的自覺，明白地不外就是「哲學思索的主觀活動自身」的自覺的緣故，所以全般地來說，這也是為什麼笛卡兒，以理論的方式來表現這種「哲學的自覺」的根本命題，作為「自我意識」的理論的最初的發現，總是富於深意地被討論的緣故。然而就算將如此自我存在的自覺，作為自我問題的提出的根柢，不用說這也不可能是這個問題的完結的解決。

§4.1

提要：我思命題的觀念論式的解讀及其限度

對笛卡兒來說，「思惟的自我存在」的這種存在，在第一義上意味著「自我意識的自我明證地顯現」的存在，這相當優異地指示出了，自我觀念的統一的關聯的「意識內在的實存」的這種觀念上的、意識現象上的存在樣式。然而如此「自我觀念」的自我明證地存在的這種存在樣式，與「事物全般的存在」也不是全般地契合的。[113] 應該與「事物全般存在」的存在樣式，在全然同一的意義下而被理解的「自我存在」，決然不意味著如自我觀念般的「意識統一的內在實存之物」，而是應該必須要與之[114]明確地區別開來的東西。在「自我觀念」的「意識的自我現象」的根柢當中，必須有著讓這種現象生起的「基體的自我」作為前提。而如此的「基體的自我」也可以命名為「自我實體」，它作為存在於自我觀念的根柢中的東西，必須是在「實在的」存在樣式中存在的。這種「自我實體」作為讓「自我觀念」得以生起的

---

113 譯注：在這裡「不是全般契合的東西」是指「自我觀念的存在」與「事物全般的存在」。

114 譯注：這裡的「之」是指「意識內在的實存之物」，即「自我觀念」。

る自我観念なるものは畢竟するに、斯かる精神実体的なる自我存在の精神現象其ものに外ならぬ。自我観念は慥かに我々にとりて最直接的、自己明証的なる現前存在其ものであつて、其は何等かの // 媒介を通じて間接的に、又は何等かの事物を論拠として之より論理的に推論せられたものではない。従つて論理的なる推論によれる言表形式に誤解せられ易い「我思、故我在」なる命題が、之によりてデカルトの真意を正しく理解せんと欲せば、此命題を「我思即我在」（*cogito, sum.*）なるといふ如き言表形式に言ひ換へらるべきが正当であらう。兎も角、総べてのものに就いて疑ふべき（*de omnibus dubitandum*）とする懐疑其自身のうちに絶対確実的に見出されたる自我観念なるものがデカルトにとりて第一義的存在として、之にのみ絶対存在を帰属せしめ、之のみが絶対確実的なる基本真理であると見做された。斯かる自我観念以外の存在は総べて正しく疑はしきもの、飽迄不確実なるものであつて、其は只自我観念によりて基礎付けらるべき第二義的存在たるに過ぎぬ。之によりて自我観念の根本命題が後来の認識論的観念論に一つの理論的根拠を賦与し、尠くとも之に観念論的出発の一前提を提供したるものと一般に認められている所以が理解せられるのである。然るに其後、諸形態の観念論的認識論に於いては、夫々独特の論旨で以つて此命題の意味を拡大的に理解せんとする企図が多く現はれて、就中或種のものは此命題の意味する真意義を正当に理解し得ずして、却つて之を全然歪められたる意味に解釈せんとする誤まれる企図の存することを我々は其中に見当るであらう。之が是非に就いては然し今論定せらるべき場合でないから、後来の論究の機会に俟つこととして、此処では只単に人間精神が多く誤まり信じ易いのみならず、偽はる素性をも有ち、其思惟判断なるものも亦多く誤謬を犯し易いといふ理論の可誤謬性を顧慮しさへすれば充分である。

「基體」，必須是作為「實在的精神實體」而存在。在意識內在中所發現到的「自我觀念」，終究不外就是如此的精神實體的自我存在的精神現象本身而已。[115] 對我們來說，「自我觀念」確實是最直接的、自我明證地現前存在本身，它既不是通過某種 // 媒介而間接地，也不是以某些事物作為論據而邏輯地從中推論出來的東西。因此倘若想要透過那個容易被誤解為是建立在邏輯推論的言表形式上的「我思故我在」的命題，來正確地（正しく）理解笛卡兒的真意的話，那麼或許就要將這個命題變換成「我思即我在」（cogito, sum.）的言表形式才是正當的。總之，在「對一切進行懷疑」（de omnibus dubitandum）的懷疑自身當中，絕對確實地被發現到的「自我觀念」，對笛卡兒來說，是作為「第一義的存在」，笛卡兒只將「絕對存在」歸屬於它，並且只有將它視為是「絕對確實的基本真理」。所有的如此的自我觀念以外的存在，都是可以正當地懷疑的、並且始終都是不確實的東西，這些只不過是被「自我觀念」所賦予基礎的第二義的存在而已。透過這樣的方式，「自我觀念」的根本命題，就賦予了後來的「認識論的觀念論」一個理論的根據，至少它提供了觀念論的出發點的一個前提，我們〔現在〕可以理解這個事情之所以全般地被認可的理由了。[116] 然而在這之後，在各種形態的「觀念論的認識論」當中，出現了許多以各自獨特的主旨來將此命題的意義予以擴大地理解的企圖，我們可以特別地找到某種不能正當地理解這個命題的真正意義，反而將之在全然扭曲的意義下來解釋的錯誤的企圖的存在。由於現在並不是我們要論定其是非的情況，我們就將其留待以後的論究的機會，在這裡我們只要單純地考慮到人類精神大多不僅容易犯錯、輕易相信，也有著偽裝的天性，其思惟判斷也大多容易犯下謬誤的「理論的可謬誤性」就足夠了。

12

---

115 譯注：這是本論項上半部的總結。從「對我們來說」可以知道以下是曾天從思想的表達。

116 譯注：到這裡是說明說笛卡兒的「自我觀念」是整個「認識論的觀念論」的前提。以下曾天從表達自己的不認同。

§4.2

　　絶対確実的なる認識を甚だ尊重したデカルト自身に於いてでさへ、彼の根本命題を論証せんがために其哲学論 // 究を遂行するに当りて、其中にも亦理論的誤謬なるものが容易に見受けられるのである。「我思、故我在」なる命題が基本真理として原理的に不可懐疑的なることを絶対に保証する根拠が一体奈辺に存するであらうか。一切の心理の原理的規準と一応見做された此の如き基本真理をして斯かる真理たらしむるを保証する更に根源的なる真理規準が一体如何なるものであらうか。斯く真理の規準に更に根源的なる真理規準を追求することは理論的必然でなければならぬ。彼に従へば、「我思、故我在」なる命題のうちに見出される自我観念は直接的、自己明証的に我々の意識に現前し、之を我々は直観的に覚知するものであつて、斯く自我観念なるものが意識に直観的に現前する際、此自我観念の表象は明晰（*clarus*）であり、而して此自我表象が判然と他のものから区別せられて其本質に於いて意識せられる時、其表象は判明（*distinctus*）であると謂はれる。斯くして自我観念の根本命題の不可懐疑的に真理たることを保証する所の規準となるものが、自我表象の拠りて以つて明晰判明に表象せられるといふ表象の明証性其もののうちに存すると見做される。明晰にして判明なる明証的表象は知性によりて表象せられる表象（*perception ab intellectio*）其ものであつて、元来知性のうちに本来的に顕現する生具観念（*idea innatae*）なのである。斯かる生具観念は思惟する自我のうちに其本来的なる地位を占むるものであり、而して其が知性のうちに内在する自然的光明（*lumen naturale*）として、凡ゆる諸他の真理

§4.2

> 提要：笛卡兒的混淆：真理自體與真理認識
> 的規準

甚至是在非常尊重絕對確實的認識的笛卡兒自身，為了要論證他的根本命題，在其哲學論究 // 的執行之際，我們也很容易在其中看到理論上的謬誤。能絕對地保證「我思故我在」的命題作為基本真理、並且是在原理上不可懷疑的根據，究竟在哪裡呢？這種暫且可以視為是能讓作為一切真理的「原理的規準」的基本真理得以成為如此的真理、並予以保證的「更為根源的真理規準」究竟是什麼樣的東西呢？在如此「真理的規準」中進一步地追究「更為根源的真理規準」必須是理論上的必然。根據笛卡兒的說法，在「我思，故我在」的命題中所找到的「自我觀念」，是直接地、自我明證地在我們的意識中現前的，我們是能直觀地覺知到它的，而當如此的「自我觀念」在意識中直觀地現前之際，這個自我觀念的表象是「明晰」（*clarus*），而當這個自我表象判然地與其他東西區別開來、並在其本質中被意識到的時候，其表象就可以被稱為「判明（*distinctus*）。[117] 如此一來，能保證自我觀念的根本命題的不可懷疑地作為真理的「規準」之物，就被視為是存在於以自我表象為依據，而明晰判明地被表象出來的「表象的明證性」本身當中。明晰而判明的明證的表象，是「被知性所表象的表象」（*perceptio ab intellectio*）本身，它本來就是顯現在知性當中的「生俱觀念」（*idea innatae*）。[118] 這種生俱觀念在思惟的自我當中佔有其本然的地位，而且它作

13

---

117 譯注：笛卡兒對真理判準的回答：「明晰與判明的覺知」。「明晰」的意思是「表象明白地現於意識之前」，而「判明」則是「能夠與他者區別開」。

118 譯注：這是說所謂「明晰與判明的知覺」（曾天從用「表象」）其實是知性的「生俱觀念」（*idea innatae*），它是與生俱來的、天生的、先天的。

認識を照明する真理規準となるのである。斯く自我観念の不可懷疑的に真理たることを保証する所の真理規準が、此自我観念を生具観念の一つとして明晰判明に表象する表象の明証性其ものに帰着するのである。而して此際、斯かる表象の明証性が知性のうちに生来具はる認識機能たるべきことは言を俟たぬ。然らば此生具的明証性の真理たることを保証する根源は抑も如 // 何なるものであらうか。斯く明証性なる真理規準の根柢に更に一層深き真理規準を追究し行かねばならぬであらう。斯くの如きものとして、デカルトは最後に神の存在を提出するのである。知性に生来具はる明証知能なるものが真理を真理として認識し得る機能であるが、此明証知能に真理認識の能力を賦与する根源者が即ち神に外ならぬ。神が凡ゆる真理の根源であるから、其は従つて一切の真理の最後の規準とならねばならぬ。デカルトは然し猶ほ更に問ひ続けなければならぬ。神の存在を保証するものは所で如何なるものであらうか。之は再び我々人間知性の生具的明証観念のうちに求められなければならぬ。所で人間知性が神存在の認定の真理なることを保証し得るのは、抑も如何にして可能であらうか。デカルトの思索は終局に於いて、神は凡ゆる真理の究極の保証者であるが故に、我々人間知性に向つて決して偽はることがないであらうといふ如き仮想的思念に帰着するのである。以上の如きデカルトの推論の真偽に就いて詳細に判定することが、然し我々の今の問題となるのではなく、只其中に真理自体の問題と真理認識の規準問題との無批判的混同によりて、理論の可誤謬性が其推論全体を貫いて極めて明確に現はれていることを指摘し得れば充分である。其推論論証のうちに幾重かの避け難き循環論法なるものが、此のことを明白に証示するものに外ならぬ。デカルト哲学の我々にとりて意義あるのは従つて其論証其自らのうちに存するのではなく、其推論の思索行程のうちに指摘せられ得べき若干の存在事実に関するものであつて、之によりて其哲学思索が我々に若干の問題を提供し得べき前提となるに過ぎぬ。

為內在於知性的「自然之光」（*lumen naturale*），是照亮了所有其他的真理認識的「真理規準」。這個如此保證自我觀念作為「不可懷疑的真理」的真理規準，將這個自我觀念作為一個生俱觀念，而歸結到能明晰判明地表象的「表象明證性」本身。而在這個時候，如此的「表象的明證性」當然就應當是作為在知性中與生俱來的認識機能。這樣的話，能保證此生俱的明證性的真理的「根源」到底 // 會是什麼呢？如此一來，就必須要在「明證性的真理規準的根柢」中來追究更深一層的「真理規準」。而作為這樣的東西，笛卡兒在最後提出了「神的存在」。知性中「與生俱來的明證智能」是讓我們得以將「真理作為真理」來認識的機能，而賦予在此「明證智能」中以真理認識的能力的根源者不外是神。因為「神」是所有真理的根源，祂也因而必須是一切真理的最後規準。然而笛卡兒仍然必須進一步地繼續追問：可是能保證神的存在的東西又會是什麼呢？對此我們又必須在我們人類知性「與生俱來的明證觀念」中來追求。不過人類知性能夠對於被神的存在所認定的真理給與保證，這一點究竟又是如何可能的呢？在笛卡兒的思索的終局，是歸著於如此的假想的念頭的，即因為神是所有真理的究極的保證者的緣故，所以是決然不會欺騙我們人類知性的。[119] 然而對於上述所說的笛卡兒的推論的真偽的詳細判定，並不是我們現在的問題，我們只要指出在，由於在笛卡兒的哲學當中，將「真理自體」的問題與「真理認識的規準」問題予以無批判地混同的緣故，因而倘若我們能夠指出「理論的可謬誤性」，是極為明確地出現在其推論的全體就足夠了。在其推論論證當中存在著多層次的、難以迴避的循環論證，這不外是明白地證示了上述的觀點。因而笛卡兒哲學，對我們來說的意義，從而並不在於其論證本身，而是在關於其推論的思索過程中，應該要被指出的若干的「存在事實」，藉由這些存在事實，可以說笛卡兒的哲學思索，只不過是能對我們提供出若干問題的前提而已。[120] 我們接下來，

14

---

119 譯注：到這裡是沿著傳統的說法，說明笛卡兒所導致的「循環論證」。

120 譯注：曾天從預示其笛卡兒批評的積極面，即在其思索中可以被指出的「存在事實」。

我々は次に我々自らの研究を押進むるに資する限りに於ける重要なる論点に関して、今もう少し其哲学に就いて見て行かう。

§5

デカルト哲学は其思索の端初に於いて根柢的に明確に捉へられた思惟する自我観念の絶対存在の原理的認 // 識にのみ立ち留まり得ずして、前述せし如き神存在なるといふより原理的なる認識へ進展せねばならなかった。自我観念の自己認識から出発した其哲学が神存在の絶対認識へ行き着く時、此処に理論の方向が逆転して、帰着点たる神存在が反対に出発点となつて、自我観念なるものが却つて之によりて論拠付けらるべき運命に遭逢せねばならなかった。然るに神の存在は実体として存在するのでなければならぬから、其存在の仕方は従つて決して自我観念の存在の仕方とは無条件的に同一であつてはならぬ。然らば自我観念と神の実体存在とは如何にして連結せられ得るであらうか。周知の如く、デカルトは思惟する自我観念を神なる実体の一属性として考へることによりて、思惟する自我存在を神の実体存在のうちに包摂せしめた。斯くて思惟する自我観念は神実体の一属性的現象となるのである。然るに此の如き思想は種々の意味に解釈せられ得るであらう。此問題は哲学問題のうちでも恐らく最根本的なるものであつて、其が解答は実質的形而上学のみがなし能ふ所であらうから、我々は之を此処で簡単に論じ去ることは到底許されぬであらう。然しながら神学的論弁と全然異なりたる意味に於いて、兎も角我々は今次の如く問ふことが出来ぬであらうか。神の実体が存在する如く思惟する自我存在なるものも斯く実体的に存在し得ぬであらうか。曩にも述べた如く、自

只針對有助於推進我們自己的研究的重要論點，稍微再來檢討一下笛卡兒的哲學。

§5

提要：笛卡兒所指出的存在事實

笛卡兒哲學並不能單純地停留在其思索的開端中所根柢地、明確地把握到的思惟的「自我觀念」的絕對存在的原理認識上 // ，而是如前所說地，必須進展到所謂的「神存在」這個更為原理性的認識上。當笛卡兒的哲學，從自我觀念的自我認識出發，走到了神存在的絕對認識的時候，理論的方向在這裡出現了逆轉，作為歸結點的「神的存在」反過來成為出發點，「自我觀念」反而遭遇到了必須被「神存在」來賦予論據的命運。然而由於神的存在必須是作為「實體」而存在的緣故，所以其存在的樣式，從而決然不會是與「自我觀念的存在樣式」無條件地同一的。如此一來，「自我觀念」與「神的實體存在」如何可能連結在一起呢？如所周知，笛卡兒將「思惟的自我觀念」作為「神的實體」的一個「屬性」來思想，藉此而讓思惟的自我存在，包攝在神的實體存在當中。如此一來，思惟的自我觀念也就成為了神實體的一個屬性現象。然而這樣的思想，是可以在種種意義下而被解釋的。這個問題在哲學問題中，恐怕也是最為根本的問題，由於其解答或許只有實質的形上學才有能夠達成，在這裡畢竟不容許我們簡單地來加以討論。不過在與神學的辯論全然不同的意義下，我們難道不能夠提出以下的問題嗎？也就是說，就如同「神的實體存在」那樣，「思惟的自我存在」難道不能也是這種實體的存在嗎？就如我們先前也說過的，在「自我觀念」的存在的根柢中，

15

這一點的說明在「第 5 論項」。

我観念の存在の根柢には必然的に自我実体なるものが前提せられていなけ
ればならぬ。自我観念なるものは畢竟するに、自我実体の精神現象其もの
に外ならぬ。自我実体の基体なくして自我観念なる精神現象の起り得よう
筈がないであらう。斯くてデカルト自身に於いてでさへ、意識のうちに
明証的に見出された自我観念の実存からして意識する自我実体の実在を
推論せねばならなかつたであらう。「思惟物」（res cogitans）や「思惟存
在」（sum cogitans）なる如き彼自らの言葉は明らかに「思惟する存在」
// を意味するのであるが、其が果して実体的存在を指示するものであらう
か。我々は更に「自我在り、自我が実在することは、確実存在である」
（ego sum, ego existo, certum est）、「自我の思惟する存在たることは、自
我には確実的に存在する」といふ如き彼自らの言表によりて、其然るべき
所以を推知し得るであらう。此処に意味せられた「思惟する存在」は彼に
よりて延長的存在と共に、神実体の存在に依拠する第二秩序に於ける実体
（Substanzen zweiter Ordnung）であると言明せられた。其が延長的存在と
異なれる所は、後者が物体的、物質的、観念外的たるに相対して、非物質
的、精神的、観念内的であるといふ如き諸特性のうちに表明せられる。斯
くして神実体、精神的実体及び物質的実体なる如き三つの実体概念が指摘
せられて、神実体の絶対的にして其存在のために全然他者に依存すること
無きに対して、精神的実体及び物質的実体の存在は然し此絶対存在に依拠
せねばならぬと見做されたのである。之によりて自我存在なるものが単に
自我観念として実存するのみでなく、其はまた自我実体として実在するの
でなければならぬことが明白となるであらう。観念的なるもののうちにの
み立ち留まることは、以上の所論が示す如く、哲学論究の徹底的遂行にと
りて余りにも偏狭し過ぎるであらう。斯くてデカルト哲学は其思索が観念
論的であつたに拘らず、狭隘なる観念論的圏内に純粋に立ち留まるを得な
かつたことは理の当然であらう。我々は以上の如く自我概念を追求して、

16

必須必然地以「自我實體」作為前提。「自我觀念」最終來說不外是「自我實體」的精神現象本身。沒有「自我實體」的「基體」，不可能生起「自我觀念」的精神現象。如此一來，甚至在笛卡兒自己，也必須從在意識中明證地發現到的「自我觀念」的實存，推論出意識的「自我實體」的實在。像「思惟物」（*res cogitans*）或「思惟存在」（*sum cogitans*）等等這些笛卡兒自己的語詞，雖然明白地意味著「思惟的存在」（思惟する存在）//，但是這些到底是不是指示著「實體的存在」呢？我們可以更進一步地透過「自我存在、自我是實在的，這是確實的」（*ego sum, ego existo, certum est*），或者像「自我的思惟的存在，對自我來說，是確實地存在」這些笛卡兒自己的言表，就可以推知其所以然的道理。[121] 根據笛卡兒的說法，這裡所指的「思惟存在」，可以明白地說，與「擴延存在」都是以神實體的存在為依據的「第二序的實體」（Substanzen zweiter Ordnung）。[122] 它與「擴延存在」不同的地方在於，相對於「擴延存在」是物體的、物質的、觀念外部的，「思惟存在」則是在非物體的、精神的、觀念內部的諸特性中被表明出來的。這麼一來，就指示出了「神實體」、「精神實體」以及「物質實體」這三個實體概念，相對於「神實體」的絕對性、其存在是全然不依存於任何他者而言，「精神實體」與「物質實體」的存在，則被視為是必須以這個「絕對存在」為依據。根據這一點，「自我存在」就不只是作為「自我觀念」而實存之物，它也必須是作為「自我實體」而實在的東西，這一點就明白了。僅停留於觀念的事物當中，就如我們如上論述所顯示那樣，對哲學論究的徹底執行而言，是有些過於偏狹的。如此一來，對笛卡兒的哲學來說，儘管笛卡兒的思索是觀念論式的，但是他並沒有純粹地停留在「狹隘的觀念論」的圈圈

---

121 譯注：請參閱 Descartes, René, *Meditationes de prima philosophia (Lateinisch-Deutsch)*, auf Grund der Ausgaben von Artur Buchenau (Hamburg: Felix Meiner Verlag, 1992), S. 46.

122 譯注：「第二序的實體」（例如「精神實體」與「物質實體」）是相對於「第一序的實體」（神的實體）而說的。

其自我観念から出発して自我実体なるものへ行当つたのであるが、今最後に身体的なる自我存在が顕揚せられていなければならぬ。我々の身体的自我は物質物体的なる外的世界の一部分的存在として、外的世界の存在が確実的に存在するのと同等の明証性に於いて我々によりて確実的に表象せられ得る。自然存在の一部分としての自然的自我存在が此の如き身体的自我に外ならぬ。自 // 然的人間にとりては、此の如き自我概念が恐らく最も容易に理解せられ得る所であらう。人間の全く明晰判明に表象する所の総べての事物が確実的に存在するといふことが正当であるならば、直接的、明証的に知覚せられる身体的自我の確実的存在として顕揚せられるのも亦正当なことでなければならぬであらう。（*certus sum de omnibus eis rebus, quas valde clare et distincte percipio.*）

17

§6.1

以上はデカルト哲学を通じて我々の問題を提示せんとしたのであるが、其中から我々は哲学の成立可能のための若干の原理的前提を抽出することが出来るであらう。第一に認識する主観作用と認識せられる客観対象との確実的に存在するといふ根本事実が顕揚せらるべきである。自我観念の明証的存在の根柢には斯かる根本事実が必然的に前提せられていなければならぬ。此のことは思惟する主観作用と其思惟の対象たる客観存在とが自我観念の成立可能のための前提となるべきことを表示するに外ならぬ。思惟主観のうちに存立する観念が思惟作用の主体たる精神実体の精神現象としての意識内容の統一的連関其ものに外ならぬ。而して此際、思惟の対象とせられるものは斯かる観念内容が拠りて表象する所の客観的なるものとして存在せねばならず、其が客観的であると謂はれるのは、其が意識主

內，這是理之所當然。我們如上述那樣來追求自我概念，從其「自我概念」
出發而遭遇到「自我實體」，現在最後則必須要顯揚身體性的自我存在。我
們的「身體性的自我」作為物質物體的外在世界的一部分的存在，與「外在
世界的存在是確實地存在」這一點，是可以在同等的明證性中被我們確實地
表象的。作為自然存在的一部分的「自然的自我存在」不外就是如此的「身
體性的自我」。對 // 自然的人類來說，如此自我概念或許是最容易可以被理   *17*
解的。人類所完全明晰判明地表象的一切事物，都是確實地存在的，這一點
倘若是正當的話，那麼將直接的、明證地知覺到的「身體的自我」作為「確
實的存在」而顯揚，也必須是正當的。（*certus sum de omnibus eis rebus, quas
valde clare et distincte percipio.*）[123]

§6.1

提要：兩種客觀性的區別

以上是通過笛卡兒哲學來提示我們的問題，從中我們應該可以抽取出
若干有助於讓哲學得以成立的可能性的原理性前提。第一個前提在於「認識
的主觀活動」與「被認識的客觀對象」確實地存在的「根本事實」應該要
被顯揚。在自我觀念的明證的存在的根柢中，必須必然地以如此的「根本事
實」為前提。這不外是表示出思惟的「主觀活動」與作為其思惟對象的「客
觀存在」，兩者應是構成讓「自我觀念」得以成立的可能性的前提。在思惟
主觀中存立的觀念，不外是思惟活動的「作為主體的精神實體的精神現象」
的「意識內容的統一性連關」本身。而在這個時候，被當作是「思惟的對

---

123 譯注：拉丁文的中譯為「對於所有的那些我能夠非常明晰且判明地知覺到的東西，〔它
    們〕都是確然的〔存在〕」。

観の観念内容の外部にあるといふ観念外的存在様態を指示するにある。此
意味に於いて客観存在が意識主観に対して外主観的に存在することは言を
俟たぬ。而して其が思惟作用の主体から区別せられる所以のものは、後者
が意識主観の作用的前提となるに対して、其が意識内容の対象的前提とせ
られる所に存する。然るに主体的なるものも認識の対象とせられる限り、
其は客観的なる意味に於いて語られなければならず、客観的なるものは之
と照応して、其が外主観的に存在するといふ意味に於いて、主体存在の自
体存在たるこ〻とと全く等しく、其自体に於いて存在するものであるとい
ふことが出来る。従つて主体的なるものと客観的なるものとが根柢的には
同一の存在形態に於いて存在すると謂はれなければならぬ。之が一般に認
識の対象として、客観的に存在する存在の仕方に外ならぬ。然るに認識主
観の意識内容其自らの自己認識に於いては、其観念内容自身が認識の対象
とせられるが故に、其中に同時に、客観的なる意味を附帯的に含まなけれ
ばならぬ。此意味に於いて認識主観の意識内容其ものも亦客観的に在ると
謂はれ得るであらう。然し此客観的に在るといふ客観性はもう一つの異な
りたる意味がある。之は認識主観の意識内容が意識外的なる客観存在を正
確に表象したる場合、其観念内容の判断性質を客観的であるとして、之を
客観的に在るといふ観念内容の自覚的対象の存在性格から明らかに区別す
ることが出来る。

18

象」的東西，必須是作為如此的「觀念內容」據以表象的「客觀之物」而存在，而它之所以被稱為是客觀的，是因為它指示著存在於「意識主觀的觀念內容」的外部的「觀念外的存在樣態」的緣故。在這個意義下，「客觀地存在」對「意識主觀」來說，當然是「外主觀地存在」。而它〔客觀地存在〕之所以與「意識活動的主體」區別開來的理由，是因為相對於後者是作為「意識主觀的活動的前提」，它〔客觀地存在〕的存在則被認為是作為「意識內容」的對象的前提。然而只要主體成為「認識的對象」，那麼它就必須要在「客觀的意義」下而被談論，而「客觀之物」與之對應地，[124] 在「外主觀地存在」的意義上，它是與主體存在的「自體存在」 // 完全等同的，可以說是在其自體中的存在之物。[125] 因而從根柢上來看，「主體之物」與「客觀之物」必須是在同樣的存在形態中而存在。全般地來看，這不外是作為認識的對象而「客觀地存在」的存在樣式。然而在對認識主觀的意識內容本身的自我認識當中，由於是其[126]「觀念內容」本身被當作認識對象的緣故，所以其中必須同時地、附帶地包含著「客觀的意義」。在這個意義下，認識主觀的「意識內容」本身也可以說是客觀地存在。但是這所謂的「客觀地存在」的「客觀性」還有另外一種不同的意義。這就是在「認識主觀的意識內容」正確地（正確に）表象「意識外的客觀存在」的情況下，其「觀念內容的判斷性質」作為客觀的，可以明確地將其從「客觀地存在」的這個「觀念內容所自覺的對象的存在性格」（観念内容の自覚的対象の存在性格）中區別出來的。

18

---

124 譯注：這裡所謂「與之對應」（曾天從的措詞是日文漢字的「照應」）的意思是說，對應到前文「只要主體成為認識對象，它就要在客觀的意義下被談論」，同樣對應地來看，「客觀之物成為認識對象，它也必須要在客觀的意義下被談論」。

125 譯注：這裡的「在其自體中的存在之物」意思是說，它是「自體存在」之物。

126 譯注：這個「其」是指「認識主觀的」。

§6.2

　　然るに今我々にとりて問題となるのは、哲学の成立可能のための原理的前提を提出するにある。斯くの如きものとして我々は之を先づ第一に前述したる認識主観の観念内的実存と其認識対象とせられる観念外的客観的実在との根本事実のうちに求めなければならぬ。一般に哲学が成立し得るためには、斯くの如き根本事実を其認識の根柢に第一条件として前提せねばならぬ。哲学思索が斯くの如き根本事実の論究を以つて其端初となすべきであると我々が曩に述べたのも、此意味に於いてであるに外ならぬ。斯くの如き根本事実が哲学の成立可能の第一原則とせられる意味に於いて、此原則を我々は今仮りに根本事実性の原則と命名して置くことが出来るであらう。哲学的認識は然るに、其認識本質には絶対確実性が要求せられていなければならぬ。斯かる要求を満たすためには、哲学的認識の対象が其自体絶対同一性に於いて存在するといふことが明確に捉へられていなければならぬ。//存在するものが存在すると共に存在せぬ、斯く在りて同時に斯く在らぬといふことが存在するものの存在性の概念の下に於いて語られてはならぬ。事実存在が其存在性に於いて絶対的に斯く在りて他様に在り能はぬといふことが、哲学的認識に根柢的に前提せられていなければならぬ。存在するものが其唯一の存在性以外に他様の存在性を有つといふこと程無意味なことはないであらう。唯一存在性の此の如き絶対同一性が哲学的認識の絶対確実性を保証するものとして、哲学成立の原理的前提の第二原則にとり揚げらるべきである。之が根本同一性の原則として、根本事実を其根本事実性に於いて確定するものに外ならぬが故に、第一原則たる根

§6.2

> **提要：真理認識的三個原則：根本事實性、**
> **根本同一性、根本可能性**

　　然而現在對我們來說，問題在於要提出能讓哲學具有成立的可能性的原理的前提。作為如此的東西，我們首先必須要從前述的認識主觀的「觀念內的實存」與被當作是其認識對象的「觀念外的客觀的實在」的根本事實當中來追求。全般地來說，哲學要能夠成立，就必須要將如此的根本事實，作為其認識的根柢中的第一條件而設定為前提。我們先前之所以會說，哲學思索應必須以如此的根本事實的論究來作為其開端，不外也是在這個意義下來說的。在以如此根本事實作為哲學的成立可能的第一原則的這個意義之下，我們現在暫且可以將這個原則命名為「根本事實性」的原則。然而哲學的認識，在其認識本質當中，必須要求著「絕對確實性」。要滿足如此的要求，哲學的「認識對象」就必須要在「自體絕對同一性」之下存在，這一點必須要被明確地把握到。// 存在之物「存在」也「不存在」，「如斯存在」同時又「不如斯存在」（斯く在りて同時に斯く在らぬ），這在存在之物的「存在性」概念之下，是無法被言說的。「事實存在」在其存在性中，是絕對地「如此存在而不可能是在其他樣式中存在」的，這在哲學的認識當中，是必須要在根柢上被設定為前提的。沒有什麼會比「存在之物在其唯一的存在性」之外，「還有著另一種樣態的存在性」這一點還要無意義的了。「唯一存在性」的這種「絕對同一性」，作為哲學認識的「絕對確實性」的保證之物，應該被舉揚為哲學成立的原理的前提的「第二原則」。由於這作為「根本同一性」的原則，不外是「在其根本事實性中來確定根本事實」的緣

19

本事実性の原則を哲学的に規定する場合の哲学規定の最初の顕現とも見らるべきである。此最初の規定は其規定の仕方に於いて最根本的であり、此規定を根底として根本事実なるものが更に若干の分殊的仕方によりて規定せられ得るのである。斯くの如くにして第一原則を第二原則に於いて規定するといふことは、抑も如何なる意味を有するものであらうか。前述によりて既に明らかなる如く、其は根本事実を哲学的認識に於いて絶対確実性に確定することを意味するに外ならぬ。哲学は其認識の出発からして斯かる絶対確実性の要求を必然的に担はなければならぬが故に、根本事実を絶対確実的に確定すべき根本同一性の原則の原則的規定を哲学思索は其端初に於いて明確に捉へなければならぬ。真理とは何たるかを純粋形態に於いて原理的究極的に追究せんとする哲学論究は斯くて、其端初に於いて既に真理の何たるかを何等かの形態に於いて絶対確実的に捉へ得なければならぬ。真理なるものが絶対確実的に認識せられ得るとなす此の如き真理認識の可能性は従つて、絶対確実性の要求を有する哲学的認識の根柢に根本的に予想せられていなければならぬ。此の如き可能性が存せずとせば、哲学

₂₀ 的認識に絶対確実性を要求する // ことは全然無意味なことに帰するであらう。而して斯かる絶対確実性の要求なくしては、哲学が真の哲学として成立し能はぬであらう。斯かる要求を欠如したる哲学の如きは、似而非哲学として所詮理論の外観を装へる空疎の談論でしかないであらう。真理の何たるかを絶対確実的に認識し得るとなす真理認識の可能性は従つて、哲学の成立可能の原理的前提の第三原則として、真理の原理的究極的追究を其課題とする哲学的認識の根柢に根本的に予想せられていなければならぬ。此第三原則は根本可能性の原則とも名付けらるべきものであつて、之が前述の両原則と極めて緊密なる関連に於いてあるといふことは今更めて論ずる迄もなく自明であらう。哲学が一般に如何にして成立可能なるかを其原理的前提の諸原則にまで遡つて考究すること其自らが其根柢の反省的探究

故，所以也應該可以被視為是在哲學地規定作為第一原則的「根本事實性」
的原則的時候的哲學規定的最初的顯現。這個最初的規定，在其規定的方式
上是最根本的，以這個規定作為根柢，「根本事實」可以更進一步透過若干
分殊的方式加以規定。如此地將第一原則在第二原則中來規定，到底有什麼
樣的意義呢？就如同我們在前述就已經解明過的，這不外是要在哲學的認識
中絕對確實地來確定〔這個〕「根本事實」的意思。由於哲學就其認識的出
發，就必須必然地肩負著如此絕對確實性的要求的緣故，所以哲學思索就必
須要在其開端中，明確地把握到「根本同一性原則」的原則性規定，而這個
「根本同一性原則」的原則性規定是能夠絕對確實地確定「根本事實」的。
如此一來，要在純粹形態中原理地、究極地追究真理為何的哲學論究，在其
開端當中，就必須已然在某種的形態下，已經能夠絕對確實地把握到真理為
何了。真理之物是絕對確實地可以被認識到的這種「真理認識的可能性」，
也就因而必須是在有著「絕對確實性的要求」的哲學認識的根柢中，被根本
地預想著。倘若沒有這種可能性的話，那麼在哲學的認識中要求絕對確實
性 //，終究是全然無意義的事。而倘若沒有如此絕對確實性的要求，哲學就
不可能作為「真正的哲學」而成立。缺少如此要求的哲學，作為似是而非的
哲學，歸根究底就只是有著偽裝的理論外觀的空洞談論而已。能夠絕對確實
地認識到真理為何的「真理認識的可能性」，從而作為哲學得以成立的可能
性原理的前提的「第三原則」，必須被根本地預想為是存在於將「真理的原
理」的究極追究、作為其課題的哲學的認識的根柢當中。這個第三原則應該
也可以命名為「根本可能性原則」，而它與前述的兩原則是處於極為緊密的
關聯中，這一點現在不用再討論，也應該是自明的。全般地來說，由於哲學
所意味的，不外是追溯到其原理的前提的種種原則來考究其如何可能成立、
也是自身對其自身根底的反省探究的緣故，而這就是為什麼，這些原則在哲

20

を意味するに外ならぬが故に、之が其論究の端初に於いて当然自覚せらる
べき必然性を有するものと我々によりて顕揚せられた所以である。斯くの
如き諸原則が以上の如く根本事実性、根本同一性及び根本可能性なる三つ
の根本性のうちに見出されて、之によりて我々は哲学の成立可能の原理的
前提の三原則を提示し得たものと見做すことが出来る。

§7.1

　　真理とは何たるかを原理的究極的に追求することが、其根本として窮
極的には、哲学論究の根本課題となるに外ならぬ。所で真理の完結的実質
的究明が其論究の終局に於いて始めて企及せられ得べきものであるから、
従つて之が実質的解明は哲学論究の出発及び其行程に於いて充全的に解決
せられ能はぬものなることが自明でなければならぬ。然るに哲学は其論究
の発端に於いて既に真理の何たるかを何等かの形態に於いて絶対確実的に
把捉し得なければならず、其論究の行程に於いても斯かる絶対確実的把捉
を根拠として漸次真理の究極実質へと段 // 階的に追求を押し進ませ得なけ
ればならぬ。斯くの如き追究の可能を予想せずして、然も哲学論究を企て
んとするは畢竟無意味なことであらう。哲学論究を始むるに当りて最初に
確めらるべきものが、前述せし如き其成立の原理的前提の諸原則の確定に
外ならぬが、是等諸原則が一括せられて、其自体絶対同一性に於いて存在
する真理存在が絶対確実的に認識せられ得るものなることを我々に提示す
るのである。之が哲学成立可能の原理的前提の総括的表明として、哲学論
究の基礎的確信となるものに外ならぬ。哲学が真に哲学的たり得べき其本
来の哲学性を根本的に要求せんとせば、其論究の当初に於いて常に而して

學論究的開端（jp.「端初」）中，就有著應當要被自覺的必然性而被我們顯揚的道理。如此的種種原則，如上所述是在「根本事實性」、「根本同一性」以及「根本可能性」，這三個根本性中而被找到的，因此我們可以將這三者視為是能提示出哲學的成立可能性的原理的前提的三原則。

§7.1

> **提要：真理認識的原則的總說**

原理地且究極地追究真理為何，根本地且究極地來說，正就是哲學論究的根本課題。然而由於真理的完結的實質的究明，應是要在其論究的終局才能夠企及之物，因而其實質的解明在哲學論究的出發及其過程當中，是沒有辦法被充全地解決的，這一點必須是自明的。然而哲學在其論究的開端（發端），就必須要在某種的形態下，已然能夠絕對確實地把握到真理為何，在其論究的過程當中，也必須要以如此「絕對確實的把握」作為根據，階段地 // 深入追究，並且漸次地往真理的究極實質推進。沒有預想如此的追究可能，但是卻試圖要進行哲學論究，這終究會是無意義的事。在開始哲學論究的時候，最初應當要被確定的東西，如前所說，不外就是要確立其〔哲學論究〕成立的原理的前提的諸原則，這些原則總括地來說，向我們提示出了這麼一件事，即在其自體的絕對同一性當中存在的「真理存在」是可以絕對確實地被認識到的。這作為哲學得以成立的可能性原理的前提的總括性表明，不外就是哲學論究的基礎的確信。倘若哲學根本地要求哲學之所當是的本然的哲學性的話，那麼在其論究的當初，就必須要自始自終地、且必然地進行

21

必然的に其自らの基礎付けに関する反省的考究を行はなければならぬ。哲学論究の出発に当りて通常其基礎的反省を一般に「哲学とは何か」といふ如き問のうちに求めんとする企てが最も多く見受けられるのであるが、之は明らかに斯くの如き要求を要求せんとする場合の一顕示であると見ることが出来るであらう。然し斯く哲学とは何たるかを問はうとすることは、我々にとりて一層根柢的には哲学が一般に如何にして成立し得るものなるかを問はうとする問に帰着せねばならず、之が更には真理とは何たるかの根本問題に帰着せなければならぬ。真理の何たるかを問はうとする哲学論究の端初に当りて、其論究の対象たる真理自体が真理存在として其成立可能の原理的前提の第一原則に於いて問はれるのでなければならぬ。真理存在が哲学論究の対象とせられ得るためには、それが絶対確実的に存在しなければならず、而して絶対確実的に存在するものは真理に於いて存在するのでなければならぬ。真理が絶対確実的に存在せずして然も之を問はうとすること程無意味なことはないであらう。一般に問ふことは何等かの意味に於いて存在するものを問ふに外ならぬ。存在の概念を予想せずして意義ある問は一般に成り立ち能はぬであらう。真理が真理存在として // 絶対確実的に存在するものでなければならぬことを、第一原則たる根本事実性の原則の明示せんとするに外ならぬ。

22

關於其自身的基礎賦予的反省考究。在哲學論究的出發之際，通常會全般地企圖在「哲學為何」的問題當中來追求對其基礎的反省，這是我們所看到的最多的情況，我認為這明白地可以視為是如此的要求[127]的一個情況的顯示。然而探問哲學為何，這對我們來說必須要將其歸屬於一個更根柢地來探問「哲學全般地來說究竟如何可能成立」的這麼一個問題上，而這個問題則必須地更進一步歸結於「真理為何」這個根本問題。在探問「真理為何」的哲學論究的開端之際，其論究對象的真理自體作為「真理存在」，必須要在其成立可能的原理的前提的第一原則中來被探問。真理存在要能夠作為哲學論究的對象，它就必須絕對確實地存在，而絕對確實地存在之物必須是在真理中的存在之物。大概沒有比真理不絕對確實地存在，而卻又探問之更沒有意義的事了。全般地來說，探問不外是在某種意義下對存在之物的探問。不預想「存在」的概念的話，全般地來說，任何有意義的探問都無法成立。真理作為真理存在 // 必須是絕對確實地存在之物，這不外是作為第一原則的根本事實性原則所要明示的東西。

22

---

127 譯注：原文為「斯くの如き要求を要求せんとする場合」直譯為「要求著如此的要求的一個情況」，即「要求讓哲學得以成為真正的哲學所要求（所需要）的本然的哲學性」。

§7.2

　　真理の何たるかを原理的究極的に問はうとする哲学論究は斯くて、其論究の当初に於いて真理なるものを絶対確実的存在として問はねばならぬ。斯かる絶対確実的存在を否定せんとせば、真理自体其ものをも、斯くては哲学論究其自身をも共に否定し去らなければならぬであらう。哲学は一般に真理存在の絶対確実的認定を其論究の端初に顕揚せねばならず、其究極課題とする所は斯かる真理存在の原理的究極的究明に存するのである。此意味に於いて、哲学の何たるかの問は結局、真理の何たるかが終局的に解明せられることによりて始めて其内容に於いて充全的に解答せられ得るものと見做さるべきであらう。哲学の全般的内容は畢竟するに、真理其ものに関する全般的認識体系に外ならぬ。然るに哲学が真理の究極原理を終局目標として追究する根本学であると形式的に規定せられ得るならば、此際、哲学の全般的認識内容の充全的開展は真理其ものの形式的並びに実質的なる究極原理の全般的探究に俟たねばならぬことが特に注目せらるべきである。之は然し哲学の体系並びに其体系的理論に関する問題に所属するものであつて、哲学論究の基礎付けに関する理論からは一応明らかに区別せらるべきである。然るにも拘らず両者は極めて密接なる連関に於いて存立するものであつて、哲学体系の成立には其根柢に必然的に其論究の基礎付けが前提せられていなければならず、而して此論究の基礎理論の目標とする所は畢竟するに、哲学体系其ものの基礎究明に存するのである。所で今我々の研究目標は差当り此意味に於ける哲学の基礎究明に向ふものなることが注意せらるべきである。而して斯かる基礎究明を充分に遂

行し得んがためには、今迄 // の所論が示す如く、真理原理の一般形式的論

§7.2

提要：真理自體的形式原理與實質原理

　　原理地且究極地探問真理為何的哲學論究，如此一來在其論究的當初就必須將真理之物作為「絕對確實的存在」來探問。倘若否定如此絕對確實的存在的話，那麼不僅真理自體本身，也包括隨之而來的哲學論究本身，都必須要被否定。哲學全般地來說，必須在其論究的開端中，彰顯真理存在的絕對確實的認定，而構成其究極的課題的，則是在於如此真理存在的原理的究極的究明。在如此的意義下，「哲學為何」的問題，就其結局而言，應該被視為是在「真理為何」的問題獲得終局地解明之後，才能夠在其內容上獲得充全地解答。哲學的全般的內容，最終來說不外就是關於真理本身的全般的認識體系。然而哲學倘若在形式上，可以作為以追究真理的究極原理為終局目標的根本學而被規定的話，那麼在這個時候我們應該特別注意的是，哲學的全般的認識內容的充全的開展，必須要仰賴真理本身的形式的與實質的究極原理的全般探究。但是這是屬於「哲學的體系」或「哲學體系的理論」的問題，是暫且應該明白地將其從關於「哲學論究的基礎賦予的理論」中區別開來的。[128] 但是儘管如此，這兩者是在極為密切的關聯中存立的，哲學體系要能成立，在其根柢中，其論究的基礎賦予就必然地非要被設定為前提不可。而此論究的基礎理論，其目標最終來說，就在於哲學體系本身的基礎究明上。因而我們現在應該要注意的是，我們的研究目標目前就是要朝向這個意義下的「哲學的基礎究明」。而為了要能夠充分地執行如此的基礎究明，

---

128 譯注：這裡應該要區別出來的是「哲學的體系（哲學體系的理論）」與「哲學論究的基礎賦予的理論」。因而將「哲学の体系並びに其体系的理論に関する問題」中的「並びに」譯成比較弱義的「或」。接下來的「兩者」一詞，也可以作為這個解釋的輔助。

明から始まらなければならぬ。真理の何たるかを原理的究極的に問はうと
する哲学論究の端初に当りて常に而して必然的に、斯かる真理原理の一般
形式的論明の必然性に直面せねばならぬ。而して真理原理の究極実質の全
般内容的探究が斯かる一般形式的論明を基礎として漸進的に開展せられ行
くを得るものなることは言を俟たぬであらう。

§8

　　哲学は其哲学性の要求を要求せんがために其論究を始むるに当りて通
常一般に、「哲学とは何か」といふ問のうちに其基礎的反省を求めんとす
る。而して斯かる問に答ふるに哲学の概念又は其理念を、或は哲学論究の
拠りて立つ所の立場の反省や其研究方法の点検を以つてし、乃至は哲学体
系の要綱の提示等を以つてするのが常であらう。斯くすることは勿論夫々
の仕方のうちに重要なる意義を含むものであらうが、然し其単独の形態の
みを以つてしては、必要にして且つ充分なる条件を満足せしめ能はぬであ
らう。我々にとり一層根柢的に要求せらるべきものは、今迄の論述より
して既に明確なる如く、「真理とは何か」なる問を一般原理的に問はうと
するにあり、斯くて真理の何たるかが或程度まで明確に捉へられて始めて
哲学の何たるかが概念的若しくは理念的に表象せられるを得るであらう。
洵に哲学を通じてのみ我々は真理の何たるかを其根柢に於いて原理的に
顕明するを得るであらう。然し是故を以つて、哲学其自らが真理の何たる
かを決定するのでは断じてない。哲学が真理其ものを規定するのではなく
て、却つて反対に真理其のものが哲学の何たるかを規定するのである。哲
学は畢竟するに真理其ものに関する真理認識の理念体系に外ならず、而し

就如我們到目前為止 // 的討論所顯示的那樣，我們必須要從真理原理的全 　*23*
般形式的論明來開始。在原理地、究極地探問真理為何的哲學論究的開端之
際，始終地且必然地都必須面對如此真理原理的全般形式的論明的必然性。
而不用說，真理原理的究極實質的全般內容的探究，就是如此地將全般形式
的論明作為基礎，而得以漸進地展開下去的。

§8

提要：問題的轉換

　　哲學為了要求其哲學性的要求，在開始其論究之時，通常全般地來說，
會在「哲學為何」的提問中來追求其基礎的反省。而要回答這個問題，經常
會透過對哲學的概念或理念，或者透過對哲學論究所建立於其上的「立場的
反省」或「研究方法的檢查」來進行，或者也可以透過「哲學體系的綱要的
提示」等等來進行。這麼做當然在各個各自的方法當中都包含著重要的意
義，但是僅僅透過其〔各自〕單獨的形態，大概都不能夠滿足必要且充分的
條件的。如我們到目前為止的論述所明確出來的，對我們來說應該是更為根
本地被要求的東西，是全般原理地探問「真理為何」，如此一來，唯有「真
理為何」在某個程度上被明確地把握了，「哲學為何」才能夠在概念上或理
念上被表象出來。確實唯有通過哲學，我們才能夠在其根柢中，原理地來顯
明「真理為何」。但是這斷然並不因此而意謂著是由哲學自己來決定真理為
何。哲學並不規定真理本身，毋寧反之真理本身規定了哲學為何。哲學終究
不外只是關於真理本身的真理認識的理念體系，而通過如此的真理認識，真
理本身得以概念地或理念地顯現出來，這一點是確實的，然而我們不能因此

て斯かる真理認識を通じて真理其ものが概念的または理念的に顕現せられるを得るものなることは確実であるが、然し是故を以つて真理認識を直ちに真理自体其もの // と誤解してはならぬ。真理認識と真理自体とが直ちに同一なのではない。哲学が其認識の理論体系を以つて直ちに無批判的に真理自体其ものと要求すること程危険なるものはないであらう。此処に最大魅惑的にして然も最深なる哲学上の判断誤謬の拠りて生起し得べき基因が横はるのである。判断誤謬なるものは明らかに思惟する人間精神の観念内在に成立する主観的なる判断内容が其思惟判断の対象とせられる客観的実在其ものと合致せざる場合を指して謂ふものであつて、此際客観を主観とし、之とは逆に主観を客観其ものと見做す如き主観客観の混同又は此両者の錯綜が其誤謬の二大範型を示すものに外ならぬ。哲学の認識体系が直ちに真理自体其ものと要求せられることの最大魅惑的にして而も最深なる誤謬生起の可能性、一般的には判断の可誤謬性の根源が正に斯くの如き混同又は錯綜に基づくに外ならぬ。真理自体と真理認識とが直ちに無批判的に同一なのではない。斯くて我々にとりて真理自体と真理認識とが厳密なる批判の下に峻別せらるべき必然性が要求せられて来るのである。真理自体と真理認識との混同、若しくは真理自体問題と真理認識問題との問題錯綜によりて、哲学理論のうちに可能的に潜在せる凡ゆる種類の分殊的誤謬が惹起せられるのである。夫故に絶対確実性を要求せんとする哲学は其論究に当りて、常に而して必然的に斯くの如き混同若しくは問題錯綜を徹底的に排拒し得べき充分なる批判力を其中に含蓄せねばならぬ。真理の何たるかを一般原理的に追究せんとする我々の真理論は斯くて、此の如き批判的精神の下に於いて真理自体の概念を純粋形態に於いて端初的に顕揚し、以つて之を真理認識の概念から峻別せんとするのである。然らば真理自体と真理認識とを厳密に区別することが如何にして可能であらうか。我々は斯かる可能性を判断誤謬の媒介を通じて而も此誤謬其ものの批判のうちに見

而將真理認識直接地誤解為 // 真理自體本身。真理認識與真理自體並不直 *24*
接地就是同一的。我認為大概沒有什麼事情，是比哲學透過其認識的理論體
系，而直接地、無批判地要求就是真理自體本身還要危險的事了。因為在這
裡存在著基於最大的誘惑與最深的哲學上的判斷謬誤才能夠生起的起因。所
謂的「判斷謬誤」明白地意指這麼一種情況，即在思惟的人類精神的觀念
內在中所成立的「主觀判斷內容」，與作為思惟判斷的對象的「客觀的實
在本身」的不合致（合致せざる），也就是說，這個時候是「將客觀視為主
觀」，或者反之「將主觀視為客觀本身」的這種主觀客觀的混同，或者說這
兩者〔主觀與客觀〕的糾纏不清正好顯示出了其謬誤的兩大範型。哲學的認
識體系直接地被要求成為真理自體本身，讓這種最大誘惑而且最深刻的謬誤
得以生起的可能性的根源、或者全般地來說判斷的可謬誤性的根源，不外正
是基於如此混同與糾纏不清。真理自體與真理認識並不是直接地、無批判地
同一之物。如此一來對我們來說，真理自體與真理認識，在嚴密的批判之
下，是應予以嚴加區別的必然性的要求就會跟著產生。因為真理自體與真理
認識的混同，或者真理自體問題與真理認識問題，在問題上的糾纏不清，潛
在於哲學理論中的任何種類的分殊謬誤都會被激起。因此要求「絕對確實性
的哲學」，在其論究之際，始終而且必然地都必須在其中包含著能徹底地拒
絕如此的混同、或問題的糾纏不清的充分的批判力。如此一來，全般原理地
追究真理為何的我們的真理論，在如此的批判精神下，就是在純粹形態中，
開端地顯揚真理自體的概念，藉此而將真理自體的概念與真理認識的概念嚴
格地區別開來。這樣的話，嚴密地區別開真理自體與真理認識要如何可能
呢？我們或許可以通過判斷謬誤的媒介，並且在這個謬誤本身的批判當中來
找出如此的可能性。對判斷謬誤的反省的 // 批判本身，反而是可以作為真理 *25*

25　出し得るであらう。判断誤謬の反省的 // 批判其自らが却つて真理論究の出
　　発前提たり得べき契機となり、斯くて判断誤謬なるものが哲学論究にとり
　　て極めて重要なる意義を有する所以が此誤謬其自らの批判のうちに横はる
　　ものなることを我々は見究むべきである。

§9.1

　　判断誤謬の哲学論究にとりて意義あるのは、二つの意味に於いて謂は
れる。其第一の意味は、誤謬なるものが徹底的に排去せらるべきものとし
て存するといふことである。哲学が其哲学性の要求を満足せしむる一条件
たる其理論内容の絶対確実性の要求をなすに際して、誤謬なるものの其中
に容られ得べき余地が存し能はぬであらう。然るにも拘らず誤謬なるもの
の存する事実、之が正に徹底的に排去せらるべきものとして、即ち誤謬其
自らが誤謬として絶対的に除去せらるべきものとして存するといふ事実は
不可懐疑的に存するのである。此のことは抑も如何なることを意味するで
あらうか。誤謬なるものが其自ら誤謬として確実的に認識せられて、然も
之が絶対的に除去せらるべきものとせば、之によりて誤謬の存在が其自ら
真正なる認識への追求のための一動機となり能はぬであらうか。誤謬存立
の事実其自らが哲学論究をして其絶対確実性の要求を要求せしめ、従つて
其論究を絶対真正の認識方向へ進展せしむる促発として役立つものとなり
能はぬであらうか。誤謬介在の可能を予想せずして、哲学論究が其絶対確
実性の要求を要求せんとすること其自身が所詮無意味なことであらう。夫
故に誤謬なるものの存立は、絶対確実的なる真正認識へ進展すべき哲学論
究にとりて、其論究開展の促発性とせられ得べき意味を有するのでなけれ

論究的出發前提的契機，如此一來，判斷謬誤之所以對哲學論究來說，有著極為重要的意義的理由，就存在於對這個謬誤自身的批判當中，這一點是我們應該要弄清楚的。

§9.1

提要：謬誤作為真理認識的促動因與媒介

判斷謬誤對哲學論究來說，在兩個意義下，可以說是有意義的。第一個意義在於「謬誤之物是作為應該要被徹底地排除而存在的」這一點。在哲學要求滿足其哲學性要求的一個條件，也就是在要求其理論內容的絕對確實性的時候，是不能有謬誤之物在其中得以容身的餘地的。然而儘管如此，謬誤之物的存在事實，它正是作為應被徹底地排除之物，也就是謬誤本身作為謬誤、作為應該絕對地被除去之物而存在的事實，卻也是不可懷疑地存在著。這一點究竟意味著什麼呢？倘若謬誤自身作為謬誤而得以被確實地認識，而且它是作為應該被絕對地去除之物，那麼基於這一點，「謬誤的存在」自身難道就不能是以追求「真正的認識」為目的的一個動機嗎？謬誤存立的事實本身，難道不能扮演著讓哲學論究要求其絕對確實性的要求、從而讓其論究朝向「絕對真正的認識方向」而進展的一種「促發」的角色嗎？倘若不預想謬誤介在[129]的可能性，那麼哲學論究所要求的絕對確實性的要求，其自身也終究會是無意義的。因而謬誤之物的存立，對於應朝向絕對確實的真正認識而進展的哲學論究來說，必須是有著讓其論究得以開展的促發性的意義。哲

---

129 譯注：「介在」是指介於兩者之間。原則上從漢字是可以建立這個意義。

ばならぬ。哲学論究は斯くの如き促発性によりて其自身を絶対確実的なる
真理認識への方向を辿り行くことが出来るであらう。デカルトの方法的懐
疑なるものも正に斯くの如き誤謬介在の可能を予想して始めて成り立ち、
斯くて其が能く絶対確実的なる真理認識への到達のための一方法的媒介と
せられるを得 // たのである。

26

§9.2

　然るに我々にとりて一層重要にして一層根柢的なる意味を有するもの
が、右の如き即発性の意味に於ける誤謬其もののうちに直ちに発見せられ
る。而して之が哲学論究にとりて最根柢的なる意味を有するものと謂はれ
るのは、誤謬の内容を主観的意味に於いてではなく、正に其客観的意味に
於いて見出す所に存する。前者は判断内容の判断性質に関する主観的問題
たるに対して、後者は客観的なる事実存在其ものを問題とする。後者の意
味に於ける誤謬なるものが哲学論究にとりて最重要にして最根柢的なる意
義を有するものとして、前述したる誤謬存在の第一の意味のうちに更に根
柢的に見出される第二の意味として今此処で顕揚せらるべきものに外なら
ぬ。第一の意味に於ける誤謬は判断内容の判断性質に関するものなるが故
に、其が真正の判断内容と相対立せねばならぬ。誤謬判断と真正判断とが
判断内容の判断性質に関する限りに於いては、両者が夫々の判断性質に於
いて絶対的に相反せる性質の意味を有たねばならぬ。而して判断一般が斯
くの如き真正判断と誤謬判断との相対立する対立性の領域に成り立つもの
であつて、此処に判断乃至理論一般の可誤謬性の根拠が存するのである。
然るに真正判断及誤謬判断が其判断性質の対立性に関してでなく、客観的

學論究就是基於如此的促發性，才能夠讓其自身朝向絕對確實的真理認識的
方向而前進。笛卡兒的方法的懷疑，恰恰就要預想著如此謬誤介在的可能性
才能夠成立，如此一來，它才能夠成為朝向達到絕對確實的真理認識的一個
方法上的媒介 //。

26

§9.2

提要：主觀的謬誤與客觀的謬誤

　　然而對我們來說，更為重要的、擁有更為根柢的意義的東西在於，我們
在如上述的「促發性的意義」當中，在謬誤本身中所直接地發現到的東西。
而這對哲學論究來說，之所以能夠被稱為是有著最為根柢性的意義的理由在
於，它並不是在主觀意義下所發現到的謬誤內容，而正是在其「客觀意義」
下所發現到的謬誤內容。相對於主觀意義下的謬誤內容，是關係到判斷內容
的「判斷性質」的主觀問題，客觀意義下的謬誤內容則是將「客觀的事實存
在本身」作為問題。後者意義下的謬誤，對哲學論究來說，是作為有著最重
要且最根柢的意義的東西，它作為比在前述的謬誤存在的第一個意義中更為
根柢地被找出的第二個意義，正就是我們現在在這裡要加以顯揚的。第一個
意義下的謬誤，由於關係到判斷內容的「判斷性質」的緣故，所以它必須
與「真正的」判斷內容相對立。「謬誤判斷」與「真正判斷」只要是在關於
判斷內容的「判斷性質」的時候，兩者在其各自的判斷性質中，就必須擁有
絕對相反的性質的意義。而判斷全般就是在如此的「真正判斷」與「謬誤判
斷」的相互對立的對立性領域中成立的，在這裡有著「判斷全般」或「理論
全般」的可謬誤性的根據。然而在當「真正判斷」與「謬誤判斷」不關聯到

なる事実存在に関する限り、両者孰れも全然同一の意味に於いて発見せら
れていなければならぬ。斯く真正判断と誤謬判断とが共に客観的事実存在
として見出される際、其両者孰れも絶対同一の存在性に於いて存在するも
のと見做されなければならぬ。斯くて此処に於いては真正判断と誤謬判断
との如き対立性が没却せられて、此対立性に全然無関的なる超対立性若し
くは無対立性の領域が開示せられて来るのである。誤謬なるものが哲学論
究にとりて有する第二の意味は斯くて、其が超対立的若 // しくは無対立的
なる領域に於いて存在する事実存在、従つて真理自体其ものの意味を明示
する所のものとなるのである。誤謬判断の批判を通じて我々は今や此誤謬
其もののうちに真理自体の概念を見出し得たのである。誤謬判断の哲学的
意義に関する以上の如き批判的論述は明らかに、我々が曩に提示したる哲
学の成立可能の原理的前提の諸原則に関する根柢的論述の行論の方向を逆
向的に示したるものであつて、後者の行論に於いて我々が真理自体の概念
から出発して判断の可誤謬性の概念に逢着したのに反して、前者の行論に
於いては此可誤謬性の概念から再出発して終局的には再び真理自体の概念
に直面したのである。斯くの如き相互逆向的なる両行論が終局的には相合
致して一つの極めて明瞭なる道を開示し、之が哲学理論の絶対確実性の確
定のための一方法的検覈に採択せられたる道であつて、通常の理論上の循
環論証とは峻厳に区別せられていなければならぬ。

§9.3

　判断誤謬に就いてのもう一つの附属的なる意味を我々は此処で最後に
指摘して置かう。之は曩に見たる誤謬存立の第一の意味の現実的顕現の場

其判斷性質的對立性，而是關係到「客觀的事實存在」的時候，就這一點來說，兩者就都必須是在全然同一的意義下而被發現之物。如此真正判斷與謬誤判斷一起作為「客觀的事實存在」而被發現的時候，這兩者都必須要被視為是在「絕對同一的存在性」當中存在的東西。如此一來，在這裡真正判斷與謬誤判斷的對立性就消失而去，而一個與如此對立性全然無關的「超對立性」或「無對立性」的領域就被開啟了。如此一來，謬誤之物對哲學論究而言所擁有的第二個意義，就在於它能夠明示出存在於超對立的 // 或無對立的領域中的「事實存在」，從而是能明示出真理自體本身的意義的東西。通過對謬誤判斷的批判，我們現在可以在這個「謬誤本身」中來發現真理自體的概念。以上關於謬誤判斷的哲學意義的批判的論述，在論述的行進方向上，明白地是在相反的方向上，顯示出了與我們先前所提示的，關於哲學成立的可能性原理的前提的諸原則的根柢的論述，在後者的論述進行方向中，我們是從真理自體的概念出發而遭遇到判斷的可謬誤性概念，相反於此，在前者的論述進行中，則是從此可謬誤性的概念再出發，並且再次地在其終局直接面對著真理自體概念。如此相互逆行的兩個論述的進行，在終局上是「相互合致」的，並開示出了一條極為明瞭的道路，那就是為了確定哲學理論的絕對確實性所採擇的一條方法上的檢核的道路，這必須與通常理論上的「循環論證」嚴峻地區別開來。

27

§9.3

提要：判斷謬誤的現實根柢

最後我想要在這裡再指出關於判斷謬誤的一個「附屬的意義」。這指的就是我們先前所看到的謬誤存立的第一意義的現實地顯現的情況，也就是謬

合を指して謂ふもので、誤謬の現実的生起の根柢となるものである。然らば此の如き現実的根柢とは抑も如何なるものを指示するであらうか。我々は斯かるものを人間中心主義的思想の立場に求めることが出来るであらう。此立場に基いて思惟し、情感し、意欲するを以つて自己の本質となす人間が自己に特有なる実存的仕方を基準として、人間的実存に全然無関的なる客観的事実存在をも其特有なる諸要素に鋳替へて凝視するといふ如き極めて偏狭なる諸思想が現はれて来るのである。斯かる人間中心主義的立場に誤謬発生の現実的根柢が横はるのである。従来の哲学説の殆んど総べてが此の如き人間中心主義的思想に煩はされて来たのではなからうか。斯かる反省に導かれて、我々は更に理論的立場乃至主義一般の反省的批判へ進入して行か∥なければならぬであらう。

28

§10.1

哲学は純粋なる学として究竟に於いては理観^{テオリヤ}たるものに外ならぬ。而して此際、理観なるものは純粋観想のうちに於いて顕現する人間知性の最高実現と見らるべきであらう。此意味に於いて学の本質は根柢的には斯くの如き理観のうちに存するものと謂はれ得るであらう。然らば理観を成立せしむる純粋知性たる観想が一体如何なるものを根柢として観想するであらうか。我々は理観を哲学体系に即応せしめて考ふることが可能であるならば、純粋観想なるものは明らかに哲学思索にも対比せられ得べきものであらう。此純粋観想は従つて其根柢に常に而して必然的に真理自体の概念に当面せねばならぬ。純粋観想とは畢竟するに、真理其ものに就いて観想する知性の純粋行為を指して謂ふものに外ならぬ。然るにも拘らず観想

誤在現實上產生的根柢。這樣的話，如此的「現實的根柢」到底指示了什麼東西呢？我們大概可以在「人類中心主義的思想的立場」中來追求這樣的東西。根據這個立場，以思惟、情感、意欲為自身之本質的人類，以自己所特有的實存樣式為基準，將與人類的實存全然無關的客觀事實存在，也重新鑄造成其所特有的諸要素來凝視之的這種極為偏狹的種種思想就顯現了出來。謬誤發生的現實的根柢就在於如此人類中心主義的立場中。以往的哲學學說難道不是幾乎全都受到如此人類中心主義的思想所困擾嗎？被如此的反省所引導，我們必須要進一步地進入對理論的立場與主義全般的反省的批判當中。//

28

§10.1

提要：理觀與純粹觀想

哲學作為純粹學問終究不外是「理觀」（θεωρία）之學。而在這個時候，「理觀」應該要被視為是在純粹觀想中顯現的「人類知性的最高實現」才是。在這個意義下，從根柢上來看，學問的本質可以說就是存在於如此的理觀當中的。這樣的話，讓理觀得以成立的純粹知性的觀想，究竟又是以什麼東西為根柢而觀想呢？如果我們可以將「理觀」對應到「哲學體系」來想的話，那麼「純粹觀想」明白地也應可以對比於「哲學思索」。這個純粹觀想也就因此在其根柢中，必須總是而且必然地要面對真理自體的概念。所謂的「純粹觀想」，最終來說，所指的不外就是觀想關於真理本身的知性的純粹行為。然而儘管如此，「觀想」在現實上是無法在其中直接地找到，始終

なるものが現実的には常に正当に且つ充全的に真理其ものを純粋に観想するといふ絶対保証が其中に直ちに見出され能はぬであらう。何故なら、観想が根柢的には常に而して必然的に真理自体の概念に当面すべくして、然も当面錯過を犯し得る可能性を其中に含有するからである。斯かる当面錯過の可能性が我々の曩に見たる判断の可誤謬性の原理的根柢となるのである。此原理的根柢の上に誤謬発生の現実的根柢を賦与する人間中心主義的立場が現はれて来るのである。而して此の如き立場に誤謬判断を多分に含み得べき人間中心主義的諸思想が現実的に生起することは抑も如何にして謂はれ得べきであらうか。斯くて理論的立場乃至主義一般に関する反省的批判が問題とせられて来るのである。

§10.2

扨て、人間中心主義的諸思想が自己のうちに誤謬発生の可能性を有するのは、其等が拠りて立つ所の諸立場が偏局的なるか、一面的なるか、乃至全然不正当なるかに現実的に基因するであらう。斯くして何々といふ主義思 // 想が主張せられるに至るのである。而して斯く立場及び主義の偏局的、一面的、不正当なることは、一層根源的には其等が拠りて成り立つ所の観想の観想方向が偏局的、一面的、乃至不正当なることを意味する。従つて誤謬発生の根源を排棄せんとせば、此際其方法の一つとして、斯くの如き観想方向の偏局性、一面性、乃至不正当性を除去しさへすればよいと考へられるであらう。此のことは如何にして可能であらうか。之が可能性は観想其ものの観想方向の無限可能性の本質に存する。此の如き無限可能の方向のうちに於いて凡ゆる方向を探索し尽さうとするのが観想其ものの

能夠正當地、充全地且純粹地觀想真理本身的絕對保證。這是因為儘管「觀想」在根柢上來看，雖然始終且必然地應當面對著「真理自體」的概念，然而在其中卻包含著犯下「當面錯過的可能性」。如此的當面錯過的可能性，就構成了我們在先前所看到的判斷的可謬誤性的原理的根柢。在此原理的根柢上，賦予謬誤的發生以現實的根柢的「人類中心主義」的立場就顯現出來了。而在如此的立場當中，很有可能包含著謬誤判斷的人類中心主義的諸思想，這些人類中主義的思想在現實上的生起，到底應該要怎麼樣來說呢？如此一來，全般地對於理論性的「立場」與「主義」的反省批判也就會成為問題了。

§10.2

提要：謬誤的現實根柢與原理根柢

再者人類中心主義的種種思想，之所以在自身當中擁有謬誤發生的可能性，是起因於其所依據而成立的諸立場不是偏頗的、片面的、就是全然不正當的這種「現實上的原因」。如此以至於主張某某 // 主義思想的地步。 *29*
而如此的立場與主義的偏頗、片面、不正當，其實是意味著在更根源的層面上，它們所依據而成立的觀想的「觀想方向」的偏頗、片面與不正當。因此倘若要排除謬誤發生的根源，人們這個時候就會認為，作為其方法之一的，就是要將如此觀想方向的偏頗、片面性與不正當性予以排除就可以了。而這樣的事情是如何可能的呢？它的可能性就在於觀想本身的觀想方向的「無限可能性」的本質當中。想要在如此無限可能的方向當中，將所有方向都探索殆盡，就是「觀想」本身的本質性格。因而始終要固執於某個限定方向的觀

本質性格であるであらう。従つて或る限定せられたる方向に飽迄固執せん
とする観想は偏局的一面的なるといふ意味に於いて、偏見的なるものと謂
はれる。斯く偏見的なることを自覚しながら、然も之に固執せんとするも
のは、一般にその観想が固陋的であると謂はれる。而して斯かる偏見的、
固陋的なる観想が自己の立場のみが正当であるとして諸他の可能的なる立
場全体を排斥せんとすれば、其主張が不正当であると謂はれるに至るであ
らう。斯くして主義思想なるものが何々といふ主義として主張せられる限
り、其は全然不正当でない迄も、主張の偏見固陋から脱却し能はぬであら
う。従つて主義思想なるものが飽迄主義として始終せんとする限り、其は
却つて観想其ものの本質性格に背反するに至るであらう。夫故に純粋理観
を以つて自己の本質とする学は此意味に於いて断じて主義として主張せら
れてはならぬ。主義思想が一般に偏局的、一面的、乃至不正当なるものと
謂はれることは、其主義主張のうちに可誤謬性の現実的根柢の存すること
が明白に示されていることを意味する。斯くて絶対確実性の要求を有する
哲学は、此意味に於いて主義思想とは対極的に相反するものでなければな
らぬ。従つて主義思想を原理的に超尅することが哲学論究の一根本課題と
なり得べきことが、此際注 // 目せらるべきである。一般に哲学論究にとり
て、其立場乃至方法の反省が一応取扱はれなければならぬとすれば、其反
省は先づ立場一般の本質闡明から始まらなければならぬ。我々は斯かる本
質を立場一般の無限可能性のうちに求めんとしたのである。而して以上の
所論が示す如く、哲学が其論究の端初に当りて根柢的には、常に而して必
然的に真理自体の概念に当面すべく、然も当面錯過を犯すことによりて其
理論のうちに判断誤謬が生起して来るのである。之が誤謬発生の原理的根
柢となるものであつて、此際真理自体と真理認識との混同、乃至真理自体
問題と真理認識問題との問題錯綜が其原理的範型を示すに外ならぬ。而し
て更に誤謬発生の現実的根柢を見出すべく、我々は之を人間中心主義的諸

30

想，在偏頗的片面的意義之下，可以說是「偏見的」。自覺到如此的偏見，然而卻又固執於此，全般地來說，這樣的觀想可以說是「頑固的」。而倘若這樣的偏見的、頑固的觀想僅僅只是將自己的立場當作是正當的，而排斥了其他可能的立場的全體的話，那麼這樣的主張也可以說是「不正當的」。如此一來，只要「主義思想」被作為某某「主義」而被主張的話，那麼就算它還不至於到全然不正當的地步，但是也無法脫離其主張的偏見頑固。因而主義思想這樣的東西，只要始終要作為主義而貫徹的話，那麼它就反倒是背反於與觀想本身的本質性格了。因而以「純粹理觀」為自身的本質的學問，在這個意義下，是斷然不能作為一種「主義」而被主張的。全般地來看，主義思想被稱為是偏頗的、片面的與不正當的，這意味著明白地顯示出了這麼一件事，即在其主義主張當中，有著可謬誤性的現實的根柢的存在。如此一來，有著對絕對確實性的要求的哲學，在這個意義之下，就必須與「主義思想」是完全相反的兩個對立極端。因此這個時候我們應該就可以注意到，原理地超克主義思想應該是哲學論究的一個根本課題 //。全般地來說，對哲學論究而言，倘若姑且必須要處理其「立場」或「方法」的反省的話，那麼其反省就必須首先從「立場全般」的本質闡明來開始。以往我們都是在「立場全般」的無限可能性當中來追求如此的本質。而就如同我們以上論述所顯示的，哲學在其論究的開端之際，在根柢上始終必然地要面對真理自體的概念，然而由於犯下了當面錯過的錯誤，所以在其理論中生起判斷謬誤。這構成了「謬誤發生的原理的根柢」，而在這個時候真理自體與真理認識的混同，或真理自體問題與真理認識問題的問題糾纏不清，所顯示出來的不外就是其原理的範型。而我們則應該要進一步地在人類中心主義的諸立場中來找出「謬誤發生的現實根柢」。如此一來，「立場全般」作為讓哲學滿足其哲

30

立場のうちに求めたのである。斯くして哲学が其哲学性の要求を満足せし
むる一要件として、立場一般なるものが問はるべきものとして立ち現はれ
たのである。而して斯かる問のうちに先づ立場一般に関する形式的なる本
質が闡明せらるべく、之を我々は立場一般の無限可能性の概念に求めたの
である。然らば此無限可能性の具体的実質的意味は一体如何なるものであ
らうか。我々は必然的に斯く問はねばならぬのであるが、然し此の如き問
は哲学論究の端初的なる問ひ方を超えるものであらうから、其具体的論明
を後来の機会に譲ることとして、今差当り上述の如き形式的概念の提示の
みを以つて満足とせねばならぬ。

第二節　ボルツアノの真理自体とラスクの
超対立的対象

§11

　「真理自体」（Warhheit an sich）の概念は前節の論述が示す如く、哲
学論究の当初に於いて端初的に論究 // せらるべき概念であり、従つて哲
学其自らにとりて根柢的原理的に前提せらるべき概念なるに拘らず、此概
念を純粋形態に於いて原理的に究明するものが、原理学たるべき従来の哲
学に於いては不思議にも極めて稀有であつた。我々の研究の先駆をなす所
の、以後に於いて提示せられる若干の学説以外に其論明を見出し難いで
あらう。其概念の論明に際して、是等諸学説を一応極く概略的に批判する
ことは、之を以つて我々自らの研究を押進ませる一媒介となすといふ意味
に於いて、我々の行論にとりて当然なさるべき任務であらう。而して此任

學性的要求的一個要件，也就作為應被探問之物而被突顯了出來。而在這樣的問題當中，首先應該要被闡明的是關於立場全般的形式的本質，我們是在立場全般的無限可能性概念中來追求這一點。這樣的話，這個無限可能性的具體的實質意義究竟是什麼呢？我們雖然必然地必須如此地來探問，但是由於這樣的問題，似乎超越了對哲學論究的開端的提問方式，所以對其具體的闡明我們就留待以後的機會，現在我們暫且必須只能滿足於上述的形式概念的提示。

第二節　波扎諾的真理自體與拉斯克的
超對立的對象

§11

> 提要：我思命題的真正意義

「真理自體」（Wahrheit an sich）的概念，就如我們在前節的論述中所顯示的那樣，它應該是在哲學論究的當初，就應該要開端地被論究 // 的概念，因而儘管它對哲學本身來說，應該是根柢地、原理地被設定為前提的概念，但是在純粹形態下原理地來究明這個概念，這在自古以來理應作為「原理學」的哲學當中，卻是不可思議地極為稀有之物。作為我們的研究的先驅的，除了接下來所要提示的若干學說之外，就很難找到對這個概念的論明的學說了。在論明這個概念的時候，我們要先暫且極為概略地對這些學說給予批判，在以此作為推進我們自身的研究的一個媒介的意義下，對我們的論

31

務を果す前に、我々は先づ若干の用意を予備して置かなければならぬ。真理自体は自体的に存在する純粋事実存在として、理論的判断内容の判断性質如何に全く関はりなき、換言すれば判断内容の真正なるか或は誤謬なるかに全然無関的なる領域に於いて存在するものであつて、此のことは真理自体が真正判断と誤謬判断との対立的契機を原理的に超えたる超対立性若しくは無対立性の領域に於いて存在するものなることを表明する。而して斯かる超対立的又は無対立的領域に於いて存在する真理自体は、従つて当然、対立的契機に対して全然独立的なる存在の意義を其中に含まなければならぬ。斯くて真理自体なるものが其自体存在の自己権利を表示せんとするに、理論闘争の法廷に於いて優位を占めんと努むる対立的契機を以つてするのでもなく、又は斯かる対立的契機に対して採択せられたる第三者的中間的契機を以つてするのでもない。逆接的に言へば、其は元来何等の権利をも主張するものではない。真理自体は純粋事実存在として、論争のうちに表示せられる権利主張をして正当に主張せしむる可能的根拠として、凡ゆる権利性の獲得の根柢的前提とせらるべく、斯くて事実問題は権利問題の問題的前提とならねばならぬことが注目せらるべきである。而して此のことを確むべく、我々は再びデカルト哲学を今の媒介に取 // り揚げよう。コギトの命題（*cogito, ergo sum*）の真意義は先づ第一に思惟する自我観念の事実的に存在するといふ純粋事実性のうちに存する。而して此際、斯かる自我観念の観念内容なるものが真正なるか或は誤謬なるかの判定が問題となるのでなく、此の如き判断の対立的契機を超えたる観念の純粋事実性其ものが問題なのである。真正判断も誤謬判断も共に此の如き純粋事実性に関する限り、其孰れも超対立的又は無対立的なる真理自体に於いて存在するものとして顕明せられなければならぬ。此意味に於いてコギトの命題は論理的判断の実質問題に関するものでなく、凡ゆる理論的なるものを成立せしむる根柢たる純粋事実性の根源的是認に関するものと見做され

述的進行來說，這是理所當然的任務。而在完成這個任務之前，我們必須先要有若干的前置準備。真理自體作為自體地存在的「純粹事實存在」，是與理論的判斷內容的判斷性質完全沒有任何關係的，換句話說，它就存在於與判斷內容的真正或謬誤全然無關的領域當中，這表明了真理自體是內在於原理上超越了真正判斷與謬誤判斷的對立契機的「超對立性」或「無對立性」的領域中的存在之物。而存在於如此超對立或無對立的領域中的真理自體，從而在其中理所當然地，就必須包含著全然獨立於對立的契機的存在意義。如此一來，真理自體在表示其自體存在的自我權利的時候，既不是透過致力於在理論鬥爭的法庭中佔有優先地位的對立契機而進行，也不是透過相對於如此對立契機而被採擇的第三者的中間的契機來表示。反過來說，它本來就不是要主張任何權利的東西。真理自體作為「純粹事實存在」，是作為讓在論爭中所表示的權利主張得以正當地主張的可能性根據，它應當是作為所有的權利性的獲得的根柢的前提，如此一來我們應該要注意的是，如此的「事實問題」必須是「權利問題」的問題前提。而要確認這一點，我們要以笛卡兒哲學，作為我們現在的媒介而再次地舉揚 //。我思的命題（*cogito, ergo sum.*）的真正的意義，首先第一點在於思惟的「自我觀念」的事實地存在的「純粹事實性」。而在這個時候，如此的自我觀念的「觀念內容」是真正的或謬誤的判定並不是問題所在，超越了如此的判斷的對立契機的觀念的「純粹事實性」本身才是問題所在。不論是真正判斷或謬誤判斷，只要是關於如此的純粹事實性而言，兩者都必須要作為內存於超對立或無對立的真理自體中的存在之物而被顯明。在這個意義下，「我思命題」並不是關於邏輯判斷的實質問題，而必須被視為是關於作為讓所有的「理論之物」得以成立的根柢的「純粹事實性的根源的承認」。因而「我思命題」的真正意義，並不是

32

なければならぬ。夫故に思惟する自我判断が自我存在を権利付けるのではなく、自我判断其自らのうちに自我存在の事実を発見せんとするのが此命題の真意義でなければならぬ。此命題は種々の意味に誤解せられ易く、或るものは之を以つて推論形式によれる論理的演繹に、或は認識論的観念論の理論的根柢に曲解せんとする如きは従つて此意味よりして許さるべきでない。斯くの如き曲解を避けるために、我々は此命題を「我在、我思」（*sum, cogito*）なる如き言表形式に言換へるを宜とするであらう。「思惟存在」（*sum cogitans*）又は「思惟物」（*res cogitans*）なる如きデカルト自らの言葉は此意味に於いて語られたものではなからうか。デカルトの根本命題を以つて斯く権利問題に先立たせる事実問題の意味に解釈せんとすることは、我々の牽強附会に過ぎぬものでなからうか。思惟する自我観念の事実存在が理論的判断内容の対立的契機に全然無関的なるものであり、之に対して全然独立的なる存在として、真理自体其ものでなければならぬ。斯く理解してのみ其根本命題が意義あるものとしてとり揚げらるに足るべく、然らざれば其は通俗的なる意味をしか有ち能はぬであらう。其命題を斯く真理自体概 // 念の発見的意義に解釈せんとする我々の試みは恐らくデカルト哲学の解釈範囲を超出したるものであらうから、デカルト自身が実際其命題を如何なる意味に理解したるかを穿鑿するよりも、寧ろ其真義を見出さんとするのが我々の問題なのである。此意味に於いてデカルト哲学を真に理解せんとせば、洵に其哲学其ものを超越することによりてでなければならぬであらう。斯くて以上の如き論明に於いて我々は真理自体概念のうちに其自体的独立性、理論的なるものの対立的契機に対する其純粋無関性、及び其自体存在の一存在形式としての超対立性若しくは無対立性といふ如き三つの属性概念を顕明し得たのである。而して此三概念は一本質概念に綜合的に統合せらるべきである。此のことに就いては後で更めて論ぜらるべき機会があらう。

由思惟的「自我判斷」來賦予「自我存在」以權利，而必須是在「自我判斷」自身當中，來發現「自我存在」的事實。這個命題很容易在種種不同的意義下被誤解，例如某些理論將其曲解成某種依據推論形式的「邏輯演繹」、某些理論則是將其曲解成「認識論的觀念論」的理論的根柢，然而從其意義[130]來看，這些都是不應被允許的。要避免如此的曲解，我們或許將這個命題的言表形式，改換成「我在，我思」（sum, cogito）會比較好。像「思惟存在」（sum cogitans）或「思惟物」（res cogitans）這些笛卡兒自己的語詞，難道不就是在這種意義下[131]而被談論的嗎？想要用笛卡兒的根本命題來解釋如此的先在於「權利問題」而存在的「事實問題」的意義，難道只是我們的牽強附會嗎？思惟的自我觀念的「事實存在」是與理論的「判斷內容的對立契機」全然無關之物，作為與之〔判斷內容的對立契機〕全然獨立的存在，它必須屬於真理自體本身。唯有這樣來理解，笛卡兒的根本命題才足以作為有意義之物而被顯揚，不然的話，它就只能有通俗的意義而已。由於我們的嘗試，是將笛卡兒的命題解釋為如此發現真理自體概念 // 的意義，*33*
而這恐怕是超出了笛卡兒哲學的解釋範圍，因此與其說我們是在探求笛卡兒自己實際上是在什麼意義下來理解他的命題的，不如說洞見其真義才是我們的問題所在。在這個意義之下，倘若想要真正地理解笛卡兒哲學，確實必須要透過對其哲學本身的超越才行。如此一來，在以上的論明中，我們就可以將在真理自體概念中的「自體獨立性」、對理論之物的對立契機而言的「純粹無關性」、與作為其自體存在的一個存在形式的「超對立性」或「無對立性」這三個屬性概念予以顯明了。而這三個概念應可被一個本質概念綜合地統合在一起。關於這一點，我們之後應該還會有再討論的機會。

---

130 譯注：「從這個意義來看」指「從『我思命題』的真正意義來看」。
131 譯注：「這種意義之下」是指「在自我判斷中來發現自我存在的事實的意義之下」。

§12.1

　　ボルツアノ（B. Bolzano）が真理自体概念の本質解明を以つて彼の知識学の根本課題にとり揚げたことは周知のことに属するであらう。知識学の問題とする所のものは、諸個別科学全般を通じての一般的理説、別言すれば諸科学の根柢を論ずる科学理論を賦与する所に存する。総べての個別科学の統一的基礎をなすもの、而も是等諸科学全般に普遍妥当的なる一般的本質となるものは、真理自体概念のうちに見出される。此意味に於いて科学理論は当然真理自体問題を其根本となさなければならぬ。然らば真理自体なる概念はボルツアノにありては如何なる仕方によりて獲得せられたのであらうか。真理自体は其処では命題の純粋化によりて得られる所の命題自体（Satz an sich）の一種であると見做されていた。而して命題自体を成立せしむる所のものは表象自体（Vorstellung an sich）である。表象自体は命題自体の成立要素であつて、後者は前者を基礎として其上に成立する。所で表象自体が自体的である所以のものは、其が純粋客観的なる意味を有するものとして、凡ゆる個々の主観的表 // 象作用から峻別せらるべき所に存する。其は純粋客観的表象内容として存立するものであつて、心理的なる表象作用其ものとは決して同一的なるものではない。其は寧ろ表象作用の表象する非実有的なる表象内容なのである。表象自体は表象作用のうちに構成せられる非実有的内容を意味するものと見らるべきであらう。然らば斯かる表象自体なるものは、表象主観作用と如何なる関係に於いてあるであらうか。之は当然問はるべきであらう。ボルツアノに従へば、表象自体なるものは其を表象すべき主観作用を必要としない。其は其を表象する個々の主観を要せずして成り立つ所の非実在的なるものである。同一の表

§12.1

提要：波扎諾知識學的課題

　　如所周知，波扎諾（B. Bolzano, 1781-1848）以「真理自體」概念的本質解明來作為其「知識學」的根本課題。知識學所討論的問題，在於給出共通於種種個別科學全般的全般性理說，換句話說，在於給出討論種種科學之根柢的科學理論。我們可以在真理自體概念當中找到構成所有個別科學的統一的基礎，然而卻又在這些種種科學全般中作為普遍有效的全般性本質。在這個意義下，科學理論當然就必須以真理自體的問題為其根本。這樣的話，真理自體的概念在波扎諾的思想中，是透過什麼樣的方式而獲得的呢？真理自體在波扎諾這裡，被視為是一種透過命題的純粹化所獲得的「命題自體」（Satz an sich）。而讓命題自體得以成立的是「表象自體」（Vorstellung an sich）。表象自體是命題自體的成立要素，後者〔命題自體〕以前者〔表象自體〕為基礎並且在其上成立。不過「表象自體」之所以是「自體」的理由，在於它作為擁有「純粹客觀性」意義的東西，是應該與所有各個個別的「主觀∥表象活動」嚴格地區別開來的。它〔表象自體〕是作為「純粹客觀的表象內容」而存立的，與心理的「表象活動」本身決然不是同一之物。「表象自體」毋寧是表象活動所表象的「非實有的表象內容」。[132]「表象自體」應被視為是意味著是在表象活動中被構成的「非實有的內容」。這樣的話，如此的「表象自體」與「表象主觀活動」又是處於什麼樣的關係呢？這當然是我們應該要探問的。根據波扎諾的說法，就表象自體而言，它並不需要能

34

---

132 譯注：關於「非實有的」一詞，請參閱「譯注者解說」。

象自体は多くの表象作用によりて同等に表象せられるのを本質とするが、其成立にとりては、現実的に誰かの主観によりて其が把捉せられるかは無関的である。表象するといふ表象の主観的作用面は表象自体の概念中には全然含まれていない。表象自体の成立に対しては主観作用なるものの如きは不必要であるとせられる。其は純粋客観の内容的側面に存立するものであつて、之が個々の表象主観によりて只単に把捉せられるのみである。所で表象自体のうちには未だ真正とか誤謬とかの判断性質が判決せられ得ない。真偽の判決は表象を其部分として包含する命題に就いてのみ謂はれ得る。表象に関しては只単に正当（richtig）と不正当（unrichtig）とが謂はれるのみである。夫故に表象自体なるものが真に学問的思想的なる意味を有するためには、其が自己自らを命題自体へ高揚せしめなければならぬ。表象自体の表象作用に対する如く、此処では命題自体は命題を言表する判断作用から峻別せられる。命題自体なるものは従つて真偽を判別する判断主観の作用的側面から明截に区別せられて、純粋客観的なる思想の内容的側面に成立する判断内容たるを意味する。斯くの如き意味に於ける命題自体なるものは然らば如何なる存在様式を有するものであらうか。// 表象自体の本質性によりて明らかなる如く、其は実在性を有せず、従つて実在するものではなくて、只単に非実在的非実有的に存立する存在の一種である。其が斯く非実在的非実有的であるにしても、是故を以つて其が消極的なるものを意味するのでは決してなく、寧ろ却つて或る積極的なる意味を表明せんとするものである。

35

表象表象自體的主觀活動。它是不需要表象它的各個個別的主觀就能夠成立的「非實在之物」。雖然同一的表象自體是以「被多數的表象活動同等地表象」來作為其本質的，然而就其成立來說，它在現實上是被「誰的主觀」所把握則是無關的。[133] 進行表象的表象的主觀活動面，是全然不包含在表象自體的概念當中的。對於表象自體的成立來說，「主觀活動」這樣的東西是不必要的。表象自體是在純粹客觀的內容側面中存立之物，它只不過是被各個表象主觀所把握而已。但是在表象自體當中，不能有真正或謬誤的判斷性質的判決。真偽的判決唯有在關連著將表象作為其〔命題〕一部分而予以包含的命題當中才能夠被主張。關於表象我們只能說「正當」（richtig）與「不正當」（unrichtig）而已。因而「表象自體」要真正地擁有在學問上思想的意義的話，它就必須將自己提昇到「命題自體」。就如同「表象自體」相對於「表象活動」那樣，在這裡「命題自體」也要從「言表命題的判斷活動」中嚴格地區別出來。從而「命題自體」也要從「判別真偽的判斷主觀的活動側面」中明確地區別出來，而意味著是在純粹客觀的思想的「內容側面」中所成立的「判斷內容」。這樣的話，在如此意義下的「命題自體」是有著什麼樣的存在樣式的東西呢？// 就像從表象自體的本質性來看就可以明白，它並不具有實在性，從而不是實在之物，它單純地只是一種非實在的、非實有地存立的存在。儘管它是如此非實在的、非實有的東西，但是它決然並不因此而意味著消極之物，反倒毋寧是要表明出某種積極意義的東西。

35

---

133 譯注：「誰的主觀」是哲學上的措詞，「與誰的主觀…無關（或譯為「無關於誰的主觀」）」表示「與任何人的主觀無關」。

§12.2

　斯くの如き積極的意味を表示せんがために、命題自体なるものは斯くて先づ第一に「言表せられたる命題」（"ausgesprochener Satz"）から区別せられる。後者は只単に或る意味を言表せんとする文章のうちに現はれる或一定の言語の結合たるに過ぎぬ。斯かる言語結合を以つてする言表作用が命題自体から峻別せらるべきものに外ならぬ。命題自体は次に「思惟せられたる命題」（"gedachter Satz"）からも区別せられる。此者は言語の言表作用其ものではないが、然し「言表せられたる命題」に知性的思惟根柢を賦与するものである。斯かるものとして其は現実的意識のうちに現前する単なる主観的知性機能たるに過ぎぬ。命題自体なるものは明らかに斯くの如き主観的思惟作用其ものに無関的であつて、只純粋客観的意味に於いて存立する判断内容としてあるに外ならぬ。此の如き意味に於ける命題自体は凡ゆる命題成立のための不可欠的制約となる純粋定言的定立（Die reine kategoriale Setzung）其ものである。斯かるものとしての命題自体は凡ゆる現実的判断の原理的前提をなす純粋論理的概念其ものの純粋なる意味内容を表明する。命題自体の此の如き純粋定言的意味内容其ものは言ふ迄もなく心理的意識過程及び此意識のうちに働く判断作用とは何ら関はる所がない。ボルツアノは此の如き意味を次の言葉で以つて言明している。「命題自体なるものは従つて其がよりて以つて定立せられる所の定立する主観作用の現存を前提するであらう如き何等かの定立せられたるものではない。」[1] 斯くの如き客観論理的意味を有する命題自体 // は其概念の純粋

---

[1] B. Bolzano, *Wissenschaftslehre* WL, S. 77.（Der "Satz an sich" ist nicht etwas Gesetztes,

§12.2

提要：波扎諾的「自體存在」

　　要將如此積極的意義表示出來，於是首先就要將「命題自體」從「被言表的命題」（"ausgesprochener Satz"）中區別出來。後者只不過是在言表某個意義的語句中，所出現的某種特定語言的結合而已。如此透過語言的結合的「言表活動」，不外乎是必須要從「命題自體」中嚴格地區別出來的東西。其次「命題自體」也必須要從「被思惟的命題」（"gedachter Satz"）中區別出來。它〔被思惟的命題〕雖然不是「言表活動」本身，但卻是能賦予「被言表的命題」以知性思惟的根柢之物。如此之物不過是作為在現實意識中現前的單純主觀的知性機能而已。「命題自體」明白地與如此的主觀的思惟活動本身無關，它不外就是作為在純粹客觀的意義中存立的「判斷內容」而存在。這個意義下的「命題自體」，是作為讓所有的命題都得以成立的、不可或缺的制約條件的「純粹定言的定立」（Die reine kategoriale Setzung）本身。作為如此之物的「命題自體」，表明了它是構成所有的「現實判斷」的原理的前提的「純粹邏輯的概念」本身的「純粹意義內容」。命題自體的如此「純粹定言的意義內容」本身，不用說當然是與「心裡的意識過程」以及在這個意識中作動的「判斷活動」沒有任何的關係。波扎諾用以下這段話來說明這個意義：「因而，命題自體並不是某種以讓它得以定立的『定立的主觀活動的現存』為前提的被定立之物。」[1]134，有著如此的客

---

[1] B. Bolzano, *Wissenschaftslehre* WL, S. 77.（Der "Satz an sich" ist nicht etwas Gesetztes, welches mithin das Dasein eines Wesens, durch welches er gesetzt worden ist, voraussetzen würde.）

134 譯注：曾天從是直譯波扎諾的文字。文字的意思是說：命題自體並不是一種被主觀活動所定立的東西，其存在不需要定立的活動作為前提。

定言的妥当性に於いて独立的に存立する論理的価値其ものと見らるべきで
あらう。論理学をして能く純粋学として、而して総べての個別科学の根柢
たる規範学として其建設を可能ならしむるものも、此の如き意味に於ける
命題自体の純粋客観性と自体独立性とに基づくものに外ならぬ。斯くして
凡ゆる諸科学の理論構成に対して有する命題自体の原理的根柢的意義が明
確に把捉せられ得たであらう。之が即ち命題自体の積極的意味として語ら
れたものに外ならぬ。所で命題自体なる概念は広義に使用せられるもので
あつて、其中には真理自体（Wahrheit an sich）と共に虚偽自体（Falschheit
an sich）なるものが包摂せられている。真理自体とは其処では積極的なる
命題自体として提出せられるに対して、虚偽自体は之に反して消極的命題
自体なるものとせられる。真理なるものも虚偽なるものも共に自体的存立
であり、而して両者孰れも本来的には判断内容としてである。別言すれ
ば、真理自体が真正なる判断内容として成立するのと同等の意味に於い
て、虚偽自体が虚偽なる判断内容として存立する。此のことは抑も如何な
る意味を有するであらうか。之を我々は次に批判して見よう。

§13.1

　右の如き仕方で得られたる真理自体概念の本質解明をなすべく、之
をボルツアノは両契機に分けて考へた。第一のものは真理其自らの本性
（Natur der Wahrheit selbst）であり、第二のは真理其ものへの到達方法

---

welches mithin das Dasein eines Wesens, durch welches er gesetzt worden ist, voraussetzen
würde.）

觀邏輯意義的命題自體 //，應該要被視為是在其概念的純粹定言的有效性當　　36
中，獨立地存立的「邏輯價值」本身才是。將邏輯學作為純粹學而建設，而
且是作為所有的個別科學的根柢的「規範學」而建設，能讓其建設得以可能
的東西，也只能是基於如此意義下的命題自體的「純粹客觀性」與「自體獨
立性」。如此一來，我們就可以明確地把握到，對於所有的科學的理論構成
來說，都有的命題自體的原理的根柢的意義。這無非就是作為「命題自體的
積極意義」而被談論的東西。但是命題自體的概念是在廣義下被使用的，
其中不僅「真理自體」（Wahrheit an sich），就連「虛偽自體」（Falschheit
an sich）也包攝其中。在波扎諾哲學這裡，相對於真理自體是作為積極的命
題自體而被提出，虛偽自體與之相反地，則是作為消極的命題自體。不論是
「真理之物」或「虛偽之物」都是自體的存立，而且兩者本然地來說，都是
作為「判斷內容」的。換句話說，在與「真理自體」作為「真正的判斷內
容」而成立的同等的意義下，「虛偽自體」則是作為「虛偽的判斷內容」而
存立的。而這個事情究竟是有著什麼樣的意義呢？我們接下來要批判地來看
這個事。

§13.1

提要：波扎諾真理自體的同一性、無時間性

　　為了要對上述方法下所獲得的真理自體概念進行本質解明，波扎諾
將其區分為兩個契機來思考。第一個契機是真理自身的本性（Natur der
Wahrheit selbst），第二個契機則是朝向真理本身的到達方法（Methode ihrer
Erreichung）。前者或許可以解釋為對真理自體的「自體性本質的究明」，
後者則大概可以解釋為是對「真理認識的方法上的檢核」。倘若如此的話，
「真理自體的本質性」到底應該在什麼樣的意義下來理解呢？關於這一點，

（Methode ihrer Erreichung）である。前者は真理自体の自体的本質の究明に、後者は真理認識の方法的検覈に解せらるべきであらう。然らば真理自体の本質性とは一体如何なる意味に理解せらるべきであらうか。之に就いては前 // 述したる命題自体の本質性の論明によりて、幾分明らかにせられ得たものであらう。真理自体は純粹客観的意味統一性として成立するものであつて、其成立のためには何等主観的なる判断作用又は思惟作用を必要としない。其は凡ゆる主観活動から独立的であり、主観性一般に対して全然無関的である。其は純粹なる判断内容として存立するにしても、是故を以つて其が判断作用によりて構成せられ、或は定立せられる如きものではない。其は辛うじて判断作用によりて見出され、把捉せられるのみである。自体の真なる意味は、其成立のためには何等思惟する主観の定立作用を要せざる所に、別言すれば自体概念のうちに此定立作用の附属概念が全然含まれざる其純粹性と主観性一般に対する独立性とのうちに存する。夫故に真理自体なるものは、個々の誰かの判断のうちに内在する観念成素として存するのではなく、却つて凡ゆる判断に先行するものでなければならぬ。真理自体は其自ら思惟する主観の定立作用から独立的であるばかりでなく、其成立は凡ゆる判断定立の可能性の前提となるものである。蓋し真理自体なるものが判断一般に対して先行的前提的に存せざるとせば、真理認識を把捉せんとする判断志向は結局暗中模索に始終するより外ないであらうからである。所で判断によりて定立せられるものは、只「思惟せられたる命題」あるのみである。命題自体なるものが恰かも此「思惟せられたる命題」の前提となるものである。而して命題自体の一種たる真理自体は縦令多数の判断主観によりて把捉せられ得るとするも、其は斯かる判断主観の多数性には全然無関的であるから、当然常に同一的なる意味を維持するものでなければならぬ。之は我々が前節に提示したる真理自体の根本同一性の原則に該当するものであつて、ボルツアノによりても言明せられる

透過先前所說 // 的關於命題自體的本質性的論明，應該稍微可以明白了一 *37*
些才是。真理自體是作為「純粹客觀的意義的統一性」而成立之物，在其成
立上，任何主觀的判斷活動或思惟活動都是不必要的。它獨立於所有的主觀
活動，對主觀性全般來說是全然無關的。就算它是作為純粹的判斷內容而存
立的，但是並不因此而是被判斷活動所構成，或是被判斷活動所定立之物。
它只能勉強算是被判斷活動所發現到的、所把握的東西而已。「自體」的真
正意義就在於，在其成立上全然不需要任何思惟的主觀的定立活動，換句話
說，就在於「自體」概念中，全然不包含如此定立活動的附屬概念的「純
粹性」與對主觀性全般的「獨立性」。因而真理自體並不是在各個個別的
「誰」[135]的判斷中，作為內在的觀念成素而存在之物，反倒必須是先行於所
有判斷的東西。真理自體自身不僅是從思惟的主觀的定立活動中獨立出來的
東西，它的成立還是所有判斷定立的可能性的前提。[136]這大概是因為真理自
體對判斷全般來說，倘若不是先行地、前提地存在的話，那麼要把握「真理
認識的判斷意向」，自始至終終究就只能是在黑暗中摸索而已。但是能被判
斷所定立之物，就只有「被思惟的命題」而已。命題自體就好像是構成這種
「被思惟的命題」的前提之物。而作為一種命題自體的真理自體，縱然它也
可以被多數的判斷主觀所把握到，但是由於它全然無關於如此判斷主觀的多
數性，所以理所當然地始終必須是維持著同一意義的東西。這相當於我們在
前一節中所提示出來的真理自體的「根本同一性」原則，這也是波扎諾所言
明的部分。基於這個原則，我們應該就能夠理解真理自體存立的「無時間
性」了。透過判斷主觀所達成的真理認識 // 的把握，雖然是在時間的過程 *38*

---

135 譯注：「各個個別的誰」意思就是「各個個別的人」。
136 譯注：「自體」的積極意義，先在於一切判斷，並且是所有判斷定立的「可能性前
　　　提」。

38　所である。此原則に基づいて、真理自体存立の無時間性が理解せらるべきである。判断主観によれる真 // 理認識の把捉は時間的過程のうちに生起する事象なのであるが、把捉の対象たる真理自体は之に反して無時間的に存立する。其は始まりをも終りをも有たぬ。此意味に於いて真理自体なるものは何等かの永遠的なるものとは区別せられる。蓋し永遠性は時間性の範疇に所属するからである。此時間性の範疇が真理自体の本質性に触れるものではない。時間性は何等かの現実存在の定在を前提とするが、然し真理自体は之に反して純粋意味統一として自体独立的に存立するものであつて、其存立のためには他の如何なる現存在をも必要としない。斯く真理自体なるものが、永遠的又は無限時間的でも、有限時間的でもなくて、只無時間的であるとすれば、それが時間的過程のうちに生起する判断作用から明截に区別せらるべきは従つて見易い理でなければならぬ。此の如き意味を言明せんとするボルツアノ自らの次の如き言葉に我々は今此処で傾聴しよう。「思想若しくは判断の内容を形成する命題自体なるものは、何等実在するものではない。斯かるものとしては其が永遠的なる現存在を有すると謂ふも、又其が或一定の瞬間に生起し而して他の瞬間には再び解消する如きものであると謂ふも共に不合理であらう。」[2] 之と関連して更に、「真理自体なるものは如何なる人間によりても、神的悟性によりてでさへも定立せられるものではない。其は神が其を認識したるが故に真理となる如きものではなく、却つて反対に其が斯くあるが故に神は其を斯く認識するものなのである。」[3]

---

[2] B. Bolzano. *Wissenschaftslehre*. I. § 19.（Der Satz an sich, der den Inhalt des Gedankens oder Urteils ausmacht, ist nichts Existierendes; dergestalt dass es ebenso ungereimt wäre zu sagen, ein Satz habe ewiges Dasein, als er sei in einem gewissen Augenblick entstanden und habe in einem anderen wieder aufgehört.）

[3] derselbe, ebenda, I. § 25.（Die Wahrheit an sich werden von niemand, selbst von dem

中所生起的實事，但是「作為被把握的對象的真理自體」，反之則是無時間地存立之物。它並沒有開始也沒有終結。在這個意義下真理自體可以跟某種「永遠之物」區別開來。這是因為永遠性是屬於時間性的範疇的緣故。[137] 如此的時間性範疇並不能夠碰觸到真理自體本質。時間性雖然是以某種現實存在的定在為前提，但是真理自體則與之相反，是作為純粹意義統一而自體獨立地存立之物，在其存立上並不需要任何其他的現存在。如此一來，倘若真理自體不是永遠的或無限時間的、也不是有限時間的、而只是「無時間性」的話，那麼它應該要從在時間過程所生起的判斷活動明確地區別出來，從而必須是很容易明白的道理。現在讓我們在這裡來傾聽，想要表達出如此意義的波扎諾自己的語句：「形成思想或判斷內容的命題自體，並不是某種實在之物。作為這樣的東西，要說它是擁有永遠性的現存在，或者要說它是在某特定的瞬間中生起、然而在其他的瞬間中再次地解消之物，而這兩種說法都是不合理的。」[2] 關連著這一點，波扎諾又更進一步地說道：「真理自體是任何人、甚至是連神的悟性都無法定立的東西。它並不是因為被神所認識，所以才是真理，反倒是因為它是真理所以神才會將其如此地認識。」。[3]

---

137 譯注：關於「永遠性」一詞，表示一種「時間上的持存」。請參閱胡塞爾著，黃文宏譯注 / 解說，《大英百科全書草稿》，頁 58-59。

[2] B. Bolzano. *Wissenschaftslehre*. I. § 19.（Der Satz an sich, der den Inhalt des Gedankens oder Urteils ausmacht, ist nichts Existierendes; dergestalt dass es ebenso ungereimt wäre zu sagen, ein Satz habe ewiges Dasein, als er sei in einem gewissen Augenblick entstanden und habe in einem anderen wieder aufgehört.）

[3] derselbe, ebenda, I. § 25.（Die Wahrheit an sich werden von niemand, selbst von dem göttlichen Verstande nicht gesetzt. Es ist nicht wahr, weil es Gott es erkannt, sondern im Gegenteil Gott erkannt es so, weil es so ist.）

§13.2

　斯くして今迄の論述によりて我々は真理自体の本質性のうちに其意味内容の純粋客観性、判断主観一般に対する無関性、超越性及び独立性、更には其意味内容の同一性及び無時間性なる如き諸概念を見出し得たのである。而して真理自体問題が真理認識問題と混同せられてはならぬことは今言ふ迄もない。此の如き事情を我々はボル〃ツアノの次の言表のうちに明らかに読み取ることが出来るであらう。「最後に人々は真理自体の概念を可思惟性即ち思想の可能性の概念及び可認識性即ち認識の可能性の概念と取り違へてはならぬ。」 **[4]** 斯くして真理自体の自体的存立の意味を明確に規定すべく、ボルツアノは其概念を次の如く定義した。「真理自体とは在る所のものの言表である。」（Die Wahrheit an sich ist Ausdruck dessen, was ist.）更に簡約的には、「其は在る所のものである。」（Sie ist das, was ist.）其は在るものの言表として妥当するもの（als Ausdruck dessen gilt, was ist）又は在るものの明証性として（als Gewissheit dessen, was ist）あるものである。真理自体の概念は命題の純粋化によりて得られる命題自体の積極的なるものを意味し、而して命題自体の純粋性は在る所の物を純粋に言表すること以外に何等の附加物をも其中に介在せざる所に存する。其は判断主観に所属する諸々の偶有的なるもの、非本質的なるものの附加的挟雑物

---

göttlichen Verstande nicht gesetzt. Es ist nicht wahr, weil es Gott es erkannt, sondern im Gegenteil Gott erkannt es so, weil es so ist.）

[4] derselbe, ebenda, I. § 26.（Endlich verwechsle man den Begriff einer Wahrheit an sich weder mit dem Begriffe der Denkbarkeit, d. i. der Möglichkeit eines Gedankens, noch mit jenem der Erkennbarkeit, d. i. der Möglichkeit eines Erkenntnisses.）

§13.2

提要：波扎諾的真理自體的概念

　　如此一來，通過到目前為止的論述，我們可以在真理自體的本質性當中，找到其意義內容的「純粹客觀性」、對判斷主觀全般的「無關性」、「超越性」與「獨立性」，更進而是其意義內容的「同一性」與「無時間性」這種種概念。而真理自體的問題必須不能與真理認識的問題混同在一起，這一點現在就不用說了。對於這個事情，我們可以從 // 波扎諾以下的言表中，就可以明白地讀取出來：「最終人們不能將真理自體的概念錯誤地理解為可思惟性（即思想的可能性）概念，以及可認識性（即認識的可能性）概念。」[4] 如此一來，要明確地規定出的真理自體的自體存立的意義，波扎諾如此地來定義其概念：「真理自體是存在之物的是什麼（在る所のもの）[138] 的言表」（Die Wahrheit an sich ist Ausdruck dessen, was ist.），更簡約地來說，「它就是存在之物的是什麼」（Sie ist das, was ist.），是作為存在之物的言表而有效之物（als Ausdruck dessen gilt, was ist），又或者是作為存在之物的明證性（als Gewissheit dessen, was ist）而存在的東西。真理自體的概念所意味的是透過「命題的純粹化」所獲得的「命題自體的積極之物」，而命題自體的純粹性就在於，它只是對「存在之物的是什麼」的純粹的言表，除此之外並沒有任何其他的附加物介在其中。這表明了它不外就是從歸屬於判斷主觀的種種偶有之物、非本質之物的這些附加的夾雜物中，全然解離出

39

---

[4] derselbe, ebenda, I. § 26.（Endlich verwechsle man den Begriff einer Wahrheit an sich weder mit dem Begriffe der Denkbarkeit, d. i. der Möglichkeit eines Gedankens, noch mit jenem der Erkennbarkeit, d. i. der Möglichkeit eines Erkenntnisses.）。

138 譯注：從上下文中可以看得出來，「在る所のもの」是曾天從對「was ist」的理解。

から全然解離せられたる、純粹自体的に存立する意味内容をのみ表明する。然らば斯くの如き在る所のもの（was ist）とは抑も如何なるものであらうか。以上の論述よりして明らかなる如く、其は判断作用に対して全然独立的なる純粹客観的判断内容として存立する所のものである。其は自体的に存立する斯有存在（an sich bestehendes Sosein）である。斯かるものとして其が真理自体たり得るものと見做された。然るにボルツアノの此の如き真理自体の概念は我々の研究が顕明すべき其概念とは一体契合するものであらうか。我々は必然的に斯く問はねばならぬ。//

40

§14.1

真理自体概念の本質解明に際して其考究の第二契機とせられた真理其ものへの到達方法に関しては、今我々の研究に必要なる限りに於いて一言触れて置かう。斯かる方法的検覈の意味は既に真理自体の本質究明のうちに準備せられていたものである。真理探究が純粹に成立するためには、主観性一般に所属する諸挾雑物が先づ排除せられていなければならぬ。主観的色彩を帯びたる諸々の表象物が真理探究の純粹性にとりて障礙となるからである。斯くして哲学論究の方法は、論争の法廷に於いて相拮抗する諸意見又は諸思想の真偽の判定のうちに求めらるべきでなく、存在するものの斯有存在（Sosein des Seiendes）を純粹に発見する方途のうちに存すべきである。従つて哲学論究の本質は判断主観の構成する意見又は思想の対立的思想の論争を超えたる、人間主観に特有的なる諸要素から全然解離せられたる超対立性の領域に横はるものと見做されなければならぬ。斯く哲学論究の方法が正当に自覚せられていたに拘らず、ボルツアノの真理自体

來的「純粹自體地存立的意義內容」。這樣的話，如此的「存在之物的是什麼」到底是什麼樣的東西呢？就如我們基於以上論述所解明的那樣，它是作為全然獨立於判斷活動的「純粹客觀的判斷內容」而存立之物。它是「自體地存立的斯有存在」（an sich bestehendes Sosein）。它作為這樣的東西，而被波扎諾認為可以是真理自體。但是波扎諾如此的真理自體概念，與我們的研究所要顯明的真理自體的概念，究竟是不是相契合的呢？我們必然地必須如此來提問。//

40

§14.1

> **提要**：波扎諾方法論的檢核

在本質地解明真理自體的概念之際，關於作為其考究的第二契機的「到達真理本身的方法」，現在我要就我們的研究的必要範圍內，稍微說一些話。如此的方法的檢核的意義，在真理自體的本質究明中就已然備妥了。真理探究要能夠純粹地成立，那麼屬於主觀性全般的種種夾雜物，首先就必須要被排除。這是因為帶有主觀色彩的種種表象物，對真理探究的純粹性來說是一種障礙的緣故。如此一來，哲學論究的方法就不應該是在「論爭的法庭」中，在相互對抗的諸意見或諸思想的真偽判定中來追求，而應該是在於純粹地顯露「存在物的斯有存在」（Sosein des Seiendes）的方法途徑中來追求。因而哲學論究的本質必須被視為是存在於，超越了判斷主觀的構成意見或思想的對立的、相異的論爭的、並且是全然地從人類主觀中特有的諸要素解離開來的「超對立性的領域」當中。儘管如此的哲學論究的方法已然正當地被自覺到了，但是波扎諾的真理自體的概念，並不是與我們的研究所要顯揚的 // 真理自體的概念充全地契合的。波扎諾的真理自體，如我們先前

41

41 の概念は然るに我々の研究が顕揚すべき其概∥念とは充全的に契合すべく
もなかつた。彼の真理自体は前述したる如く、存在するものの斯有存在で
あつた。而して斯かる斯有存在は在る所のものを言表する純粋なる判断内
容として成立するものであつた。斯くして真理自体、斯有存在及び判断内
容なる三つの概念がボルツアノによりて同一的意味に理解せられた。即ち
真理自体の概念が其処では純粋意味内容若しくは純粋論理的価値といふ純
粋論理的概念として語られたのである。然るに我々が顕揚すべき真理自体
は斯くの如き斯有存在或は判断内容とは合致すべくもない。其は存在する
ものの斯有存在としてでなく、存在するものの事実存在としてである。其
は又判断内容として存立するものでなく、判断内容のうちにも見出さるべ
く、然も此判断内容の対立的契機を超越したる領域に於いて存在するもの
であつた。ボルツアノの存在するものの斯有存在は明らかに在る所のもの
を或規定せられたる事態に於いて純粋に把捉したる判断内容たるを意味す
るものであつた。而して斯かる純粋なる判断内容は主観的判断に対して無
関的であり、之より独立的であるとせられた。斯くしてボルツアノの真理
自体は超相関的真理たるを得たとするも、未だ超対立的真理の意味を充分
に有ち得なかつた。真理自体が其処では虚偽自体と並立的而も相対的に置
かれて共に命題自体の一種として考へられたことは、此のことを証示する
に外ならぬ。彼の真理自体の概念は判断内容の純粋性及び其判断作用に対
する超越性乃至独立性を正当に意味し得たとするも、猶ほ虚偽自体の概念
と相対立に対立せねばならなかつた。然るに我々の真理自体の概念は正に
斯くの如き対立性を原理的に超越したる領域に於いて顕揚せられたもので
あつた。真正なる判断内容も誤謬なる判断内容も夫々が判断性質に関する
限り、孰れも対立的なるものとして共に原理的に超克せらるべきものであ
42 る。此意味に於いてボルツアノの真理自体なるものも虚偽自体な∥るもの
も我々の真理自体によりて止揚せらるべきであり、而して其孰れも同等の
意味に於いて真理自体と見做され得べきものとなるのである。

所述,是存在之物的「斯有存在」。而如此的「斯有存在」是作為言表「存在之物的是什麼」(在る所のもの)的「純粹判斷內容」而成立的東西。如此一來,波扎諾是在同一意義下來理解「真理自體」、「斯有存在」與「判斷內容」這三個概念的。也就是說,真理自體的概念在波扎諾的想法中,是作為「純粹意義內容」或「純粹邏輯的價值」這樣的「純粹邏輯的概念」而被談論。然而我們所要顯揚的真理自體,與如此的「斯有存在」或「判斷內容」並不合致。它〔我們所要顯揚的真理自體〕不是作為存在之物的「斯有存在」,而是作為存在之物的「事實存在」。它不是作為判斷內容而存立之物,雖然也可以在判斷內容中被找出,然而卻是在超越了如此判斷內容的對立契機的領域中的存在之物。波扎諾的存在之物的斯有存在,所意指的明白地是在某種被規定了的事態下,來純粹地把握「存在之物的是什麼」(在る所のもの)的判斷內容。而如此「純粹的判斷內容」對主觀的判斷來說是無關的,並且是獨立於主觀的判斷的東西。如此一來,就算波扎諾的真理自體可以是超相關的真理,但是它仍然還沒有充分地擁有超對立的真理的意義。在波扎諾的想法中,「真理自體」是與「虛偽自體」並立的、相對的,而且兩者都是作為一種「命題自體」而被思想,這無非就是這一點的證示。他的「真理自體」概念,即使可以正當地意味著「判斷內容的純粹性」以及相對於「判斷活動」的超越性或獨立性,但是它仍然必須是與「虛偽自體」的概念相互對立地對立著。然而我們的「真理自體」概念,正是在原理上超越了如此對立性的領域中而被顯現出來的。不管是「真正的判斷內容」或「謬誤的判斷內容」,只要各自都還是與「判斷性質」相關,那麼它們就都是作為對立之物、都是在原理上應該被超克的東西。在這個意義下,不管是波扎諾的「真理自體」或「虛偽自體」//,都應該要被我們的真理自體所揚棄,而兩者(「真理自體」或「虛偽自體」)在同等的意義下,都應可以被視為是真理自體。

42

§14.2

　　次にボルツアノの真理自体が純粋論理的概念に使用せられたのに反して、我々の顯明すべき真理自体は正に此の如き論理的領域を超えて而も此論理的概念の原理的前提となる所の純粋事実存在の存在概念を表明するものであつた。此意味に於いて我々の真理自体の論明はボルツアノの場合とは正反対の領域に於いて成り立つものと謂はれねばならぬ。彼の真理自体に於ける超越性及び独立性の意味は判断作用に対する相関関係から解離せられたるといふ超相関性の概念を指示するものに外ならぬ。然るに斯かる超相関的真理は果して判断作用に対して純然に超越的であり得るであらうか。真理自体なるものが判断内容として、若しくは斯有存在を言表する命題自体として語られる限り、其は根柢的には猶ほ判断の対立性の領域に立ち留まらざるを得ぬであらう。対立的契機は其処では排除せらるべきを理想とするが、然し未だ原理的に超克せられ得ざるものであつた。然るに真理自体なるものが原理的に超対立的であり得ぬ限り、其は真の意味に於いて純然に判断作用に対して超越的であり能はぬであらう。斯く超越性の概念がボルツアノに於ける場合と我々の場合のとは其使用の仕方を異にするのである。即ち前者に於いては判断作用に対する判断内容の超越性が、之に反して後者に於いては寧ろ此判断内容に対する真理自体の超越性が宣揚せられる。我々の真理自体の概念が原理的に超対立的なる純粋事実其ものを意味するものであるから、真実に能く判断内容の対立的契機に対して純粋超越的たり得たのである。而して対立的なる判断内容も純粋事実的存在として見られる限り、其は最早対立的なるものとしてでなく、超対立的な

§14.2

提要：兩種真理自體的對比：事實概念與邏
輯概念

其次，相反於波扎諾的將真理自體在「純粹邏輯」的概念下來使用，我們所要顯明的真理自體，恰恰表明出了它是超越了如此的邏輯領域，然而卻又作為這個邏輯概念的原理前提的「純粹事實存在」的存在概念的東西。在這個意義下我們必須說，我們對「真理自體」的論明與波扎諾的情況，是在正相反對的領域中所成立的東西。在他的真理自體中的「超越性」與「獨立性」的意義，所指示的不外是從「與判斷活動的相關關係」中解離出來的「超相關性」的概念。然而如此的「超相關的真理」，對判斷活動來說，果真能夠是「純然超越」的嗎？只要真理自體是作為「判斷內容」，或是作為「言表出斯有存在的命題自體」而被談論的話，那麼在根柢上，它就仍然不得不停留在判斷的對立性的領域中。在波扎諾的哲學中，雖然是以對立的契機的「排除」為理想，然而它在原理上還無法被「超克」。但是只要真理自體在原理上無法是超對立的話，那麼它就沒有辦法在真正的意義下純然地超越判斷活動。如此一來，「超越性」的概念，在波扎諾的情況與在我們的情況，兩者的使用的方式是不同的。也就是說，在波扎諾的情況中，相對於判斷活動的「判斷內容的超越性」被宣揚了，但是與之相反地，在後者的情況，毋寧是相對於如此的判斷內容的「真理自體的超越性」被宣揚了。由於我們的真理自體的概念，在原理上意指著「超對立的純粹事實本身」的緣故，因而它是真實地可以純粹超越「判斷內容」的對立契機的東西。而只要我們將「對立的判斷內容」也作為「純粹事實的存在」來看，那麼它就已然不是作為對立之物，而要被視為是「超對立的真理自體」// 本身。如此一 *43*

43 　る真理自体其もの // として見做されて来るのである。斯くボルツアノの超
　越性の意味使用が我々のとは相異なるにしても、是故を以つて其正当性が
　看却せられてはならぬ。其超越性の要求は哲学理説の積極的建設にとりて
　極めて重要なる意味を有するものであつて、其原理的究明は此問題の重要
　性に鑑みて、之を後来擬而真理自体の論章に譲ることとしよう。其処に於
　いて同時にボルツアノによりて同一的なる意味に理解せられた真理自体、
　斯有存在及び判断内容なる三つの概念が相互明截に区別せらるべきものと
　して夫々の意味が解明せられるであらう。

§15.1

　　ボルツアノと類似の出発からして而も同一の領域に到達した人に、若
くして不虞の死を遂げた優秀な哲学者ラスク（E. Lask）がいた。ボルツア
ノ哲学の目標とする所は、総べての科学を通じて其根柢に普通妥当的なる
科学論説を賦与するにあつた。ラスク哲学の其は、凡ゆる理論的なるもの
の理論形式一般、即ちロゴスの論理学（Logologie）を顕揚する所にある。
彼はカントの先験論理学が単に存在界の認識論たるに過ぎぬことに理論上
の狭隘を感じ、之をば妥当界をも同時に包括する論理学にまで拡張せんと
試み、其企図が「哲学の論理学」となつて現はれた。哲学なる概念はカン
ト的意味では認識批判論を意味するに外ならぬ。夫故に哲学の論理学は認
識論の論理学を意味するものとならなければならぬ。之が我々によりてロ
ゴスの論理学として語られる所のものである。カントの認識論の課題は自
然認識の諸範疇を発見する所にあつたのであるが、其処では是等諸範疇が
如何にして認識せられるかが未だ充分に討究せられていなかつた。謂はば

來，雖然波扎諾的「超越性」的意義的使用，與我們的使用是不同的，但是其正當性卻不應該因此而被忽略。其超越性的要求，對哲學理說的積極建設來說，是有著極為重要的意義的，有鑑於此問題的重要性，對其原理的究明，我們就暫且將之留待後來的「擬而真理自體」的章節。在這裡，同時被波扎諾在同一的意義下所理解的「真理自體」、「斯有存在」與「判斷內容」這三個概念，作為應該相互明白地區別開來的東西，其各個個別的意義也可以獲得解明。

§15.1

提要：拉斯克的邏各斯的邏輯學

　　與波扎諾有著類似的出發點而且也到達了同一領域的人，還有年輕就不幸捐軀的優秀哲學家拉斯克（E. Lask, 1875-1915）。如果說波扎諾哲學的目標在於賦予一切科學的根底，以一個「普遍有效性的科學論說」的話，那麼拉斯克哲學的目標則是要顯揚一切理論之物的理論形式全般，也就是顯揚「邏各斯的邏輯學」（Logologie）。他感受到康德的先驗邏輯學，不過就只是作為一種「存在界的認識論」的這種理論上的狹隘性，並且試著將其擴張為同時也將「有效界」包含於其中的邏輯學，他的企圖就作為「哲學的邏輯學」而出現。「哲學」這個概念，在康德式的意義下，意指的無非就是「認識批判論」。因而「哲學的邏輯學」就必須是意味著「認識論的邏輯學」。這就是被我們作為「邏各斯的邏輯學」所談論之物。康德的認識論的課題，在於揭露「自然認識」的諸範疇，但是在這裡，這些範疇是如何被認識到的這一點，仍然還沒有被充分地討究。關於認識論本身的哲學的反省，可以說

認識論其自らに関する哲学的反省が欠けていた。此処に於いてカントの批判論を徹底せしむべく、認識論の論理学と謂ふロゴスの論理学なる新たな領域がラスクによりて開拓せられたのである。彼に従へば、存在界は感性界の領域に属するものであり、妥当界は之に // 反して非感性的なる叡知界に所属するものであるとせられる。而して後者の領域に於いてロゴスの論理学、即ち哲学の論理学が成り立つのであると謂はれる。

§15.2

　所で存在界の根本形式は存在（Sein）である。存在は存在するもの（Seiendes）と区別せらるべきもので、其は凡ゆる存在するものの形式、即ち存在領域の領域範疇（Gebietskategorie）である。存在界とは斯くして存在するものの資料と存在なる形式とから構成せられたものに外ならぬ。然らば斯かる存在範疇其ものを認識することが如何にして可能であらうか。認識は其本性に於いて、形式−資料構造なる両要素を必然的に有するものとせば、形式其ものの認識可能のためには、更に形式其ものの形式、即ち「形式の形式」（Form der Form）なるものが其上位にあつて、之が第一次の形式を自己の資料となすのでなければならぬ。而して此上位の形式は資料に向つて対妥当する（hingelten）ものであるから、其は妥当するものの（Geltendes）形式でなければならぬ。存在範疇たる存在形式は此処では妥当するものの形式の資料、即ち妥当界の資料とならねばならぬ。妥当界の根本形式は妥当（Gelten）であつて、妥当するものの形式であると同時に存在するものの形式として存する。斯くして存在が存在界の領域範疇たる如く、妥当は妥当界の領域範疇となる。此処に於いて存在界と妥当界との

是欠缺的。在這裡應該要將「康德的批判論」予以徹底化，拉斯克於是開拓
出了被稱為「認識論的邏輯學」的這種「邏各斯的邏輯學」的新領域。根據
他的說法，存在界是屬於感性界的領域，有效界 // 與之相反，則是屬於非感 *44*
性的叡智界的。而「邏各斯的邏輯學」或即「哲學的邏輯學」可以說，就是
在非感性的叡智界中成立的東西。

§15.2

提要：拉斯克對康德兩世界觀的解釋

再者存在界的根本形式是「存在」（Sein）。「存在」應該與「存在之
物」（Seiendes）區別開來，它是所有的存在之物的形式，也就是存在領域
的「領域範疇」（Gebietskategorie）。如此一來，所謂的「存在界」不外是
由「存在之物的質料」與「存在的形式」所構成之物。這樣的話，認識到
這種「存在範疇」本身是如何可能的呢？倘若認識在其本性中，就必然地擁
有「形式一質料」的構造的兩要素的話，那麼要讓對形式本身的認識為可
能，那麼在其上位就還要有「形式本身的形式」，也就是「形式的形式」
（Form der Form），它必須將第一次〔原先的〕的形式作為自己的質料。而
由於這個「上位的形式」，對於「質料」而言是「向有效」（hingelten）之
物，所以它必須是「有效之物（Geltendes）的形式」。作為存在範疇的「存
在形式」，在這裡是有效之物的形式的「質料」，也就是說，它必須是「有
效界的質料」。有效界的根本形式是「有效」（Gelten），它是「有效之物
的形式」，同時也是作為存在者的「形式的形式」而存在的。如此一來，就
如同「存在」是作為「存在界的領域範疇」一樣，「有效」則是有效界的領

二つの領域によりて構成せられる両対象説若しくは両世界説が成立する。而して其各々の領域に於いて範疇と範疇資料なるものとが夫々区別せられることによりて両要素説なる理論が支配する。此両領域の境界をなす存在範疇は其自らの資料に対しては形式であるが、其に向つて対妥当する妥当なる「形式の形式」に対しては資料となる謂はば中間的地位に介在する二重の役割を有する。之によりて対象界全体が所謂両階層をなす階層説が成立する。// 形式の形式を自己の資料となす其上位の形式を、更に其上の形式をと我々は尚ほ無限に思惟し行くことが可能であるが、然し之によりて原理的に新たな領域が発見せられるのではないであらう。凡ゆる理論的なるものの理論形式一般は斯くして「形式の形式」を最高形式とする妥当界に於いて成立する。ロゴスの論理学とは此の如き叡知的なる妥当界の領域構造を論明する一理説たるに外ならぬ。而して存在界なるものも之が妥当概念によりて通徹せられる限り、別言すれば一般形式的理論的に論明せられ得る限り、ロゴス的に語られ得るものである。斯くして対象界一般に関する論理学が成立するのである。然らば此の如きロゴスが語らんとする対象なるものは一体如何なる性質のものであらうか。我々は之を次に見よう。

45

§16

　　ラスクの対象概念は先験論理学のうちに求められたものである。其はカントの所謂コペルニクス的転換の批判的方法によりて顕揚せられた概念である。其は其自体先験論理的に妥当する世界である。斯かるものとして其は飽迄絶対に妥当する対象領域としてのみ存立するもので、其処では

域範疇。在這裡，就成立了由「存在界」與「有效界」這兩個領域所構成的「兩對象說」或「兩世界說」。而由於在其各自的領域中，有著透過各自區別開來的「範疇」與「範疇質料」的這種「兩要素的理論」支配著。構成這兩個領域的邊界的「存在範疇」，對其自己的質料來說是「形式」，然而對於「向有效」的有效的「形式的形式」來說，它就成為「質料」，它〔存在範疇〕可以說是擁有著介於〔這兩領域的〕中間地位的雙重角色。因而「對象界全體」是由所謂的「兩階層」所構成的「階層說」就成立了。// 雖然我 *45* 們仍然有可能將「形式的形式」作為構成自身的質料的「上位形式」，並在其上無限地思惟「更上位形式」，但是透過這樣的方式，在原理上是無法揭露新的領域的。如此一來，所有的理論之物的理論形式全般，都是在以「形式的形式」作為最高形式的「有效界」中成立的。所謂的「邏各斯的邏輯學」，不外就是論明如此的「叡智的有效界」的領域構造的一個理說。而只要存在界也被有效概念所通徹的話，換句話說，只要存在界也能夠以全般形式的、理論的方式而被論明話，那麼它就是可以被邏各斯地來言說的領域。這麼一來，關於對象界全般的邏輯學就能夠成立。這樣的話，如此的邏各斯要言說的對象到底是什麼樣的性質的東西呢？我們接下要來看這一點。

§16

提要：判斷的最終指向：超對立的對象範疇

拉斯克的對象概念是在先驗邏輯學中所追求的東西。它是透過康德所謂的「哥白尼的轉向」的批判的方法所顯揚出來的概念。它是其自體先驗邏輯地「有效的世界」。作為這樣的東西，它始終都只是作為絕對地有效的「對象領域」而存立之物，在這裡則是作為全然不能有所謂的「非有效性」

所謂非妥当なる概念の全然介在し得ざる純粋妥当其ものとしてあるもので
ある。斯くして此の如き先験的対象は超対立的自体的対象として定立せら
れる。此超対立的対象領域の構造形式を論明する論理学を先験論理学若し
くは対象論理学と謂ふて、之を判断論理学なるものから截別することが出
来る。蓋し前者にとりては超対立的超主観的、原本的なる「対象的現象」
が、之に反して後者にとりては対立的主観的、第二次的なる「獲取的現
象」（Bemächtigungsphänomen）が問題なのである。即ち対象論理学は専ら
純粋客観的対象の領域を、判断論理学は之に反して主観関係の領域を其考
究の対象とするのである。此処に於いて客観的なる対象領域と主観的なる
判断領域との両領域が原理的に截別せらるべきで // ある。此のことは抑も
如何なる意味を有するものであらうか。之は明らかに先験的対象なるもの
が判断の対立的契機を超越したる、従つて主観性一般に対して無関的なる
領域に於いて存することを表示する。斯かるものとして、其は原本的自体
的なる対象として存立する。斯くの如き超対立的対象の論理学は判断対立
性の論理学の上位にあつて、而も之の先験的根柢をなすものである。其は
価値判断に於ける対立的価値現象の根柢的基準をなす自体的超対立的価値
として存する根源現象（Urphänomen）なのである。元来先験論理学として
の対象論理学は原本的根源的なる対象現象の領域に於いて成立するもので
あつて、之が判断論理学の原像（Urbild）とせられる所である。判断論理
的なるものは単に其模像（Nachbild）、別言すれば其獲取的現象たるに過
ぎぬ。判断論理は此意味に於いて第二次的な意味をしか有ち能はぬもので
ある。判断的なるものは斯く第二次的、対象獲取的領域に属するものとし
て、原本的超対立的対象へ何等かの仕方で志向する作用機能でなければな
らぬ。即ち判断なるものが対象獲取への模像的手段をなすものと解せらる
べきである。此の如き手段によりて対象自体が判断構造のうちに取り入れ
られて、此処で判断によれる処理を受ける。判断の本質機能は対象を改造

46

的概念介在其間的「純粹有效性」本身而存在的。如此一來，如此的「先驗的對象」就作為「超對立的自體的對象」而被定立。論明如此的超對立的對象領域的構造形式的邏輯學，可稱為「先驗邏輯學」或「對象邏輯學」，它是可以截然分別地從「判斷邏輯學」中區別出來的。想來對前者〔先驗邏輯學〕來說，超對立的、超主觀的、原本的「對象現象」才是問題所在，而與之相反地，對後者〔判斷邏輯學〕來說，對立的、主觀的，第二次的「獲取的現象」（Bemächtigungsphänomen）才是問題所在。也就是說，不同於「對象邏輯學」專門以「純粹客觀的對象領域」作為其考究的對象，「判斷邏輯學」則與之相反，是以「主觀關係的領域」為其考究的對象。在這裡，客觀的「對象領域」與主觀的「判斷領域」的這兩個領域，在原理上應該要被區別開來才是 //。這個事情到底有著什麼樣的意義呢？它明白地表示出 *46*
「先驗對象」超越了「判斷的對立契機」，從而是存在於與「主觀性全般」無關的領域當中的。作為這樣的東西，它是作為「原本的自體性對象」而存立的。如此的「超對立的對象的邏輯學」是在「判斷對立的邏輯學」的上位，然而卻是構成其先驗的根柢之物。它是作為構成價值判斷中「對立的價值現象」的根柢的基準的「自體的、超對立的價值」而存在的「根源現象」（Urphänomen）。本來作為「先驗邏輯學」的「對象邏輯學」是在「原本的、根源的對象現象」領域中成立的，它被當作是判斷邏輯學的「原像」（Urbild）。「判斷邏輯」之物只不過是其「模像」（Nachbild），換句話說，不過是其「獲取的現象」而已。「判斷邏輯」在這個意義下就只能夠是擁有「第二次意義」的東西。判斷之物作為如此的第二次的、屬於「對象獲取的領域」的東西，必須在某種方式下是朝向著「原本的超對立的對象」的「意向活動機能」。也就是說，「判斷」應該要被理解成是構成朝向對象獲取的「模像手段」。藉由如此的手段，「對象自體」被納入（取り入れられ

し、之に加工する所に、別言すれば対象の原本的構造を主観的技巧的に破砕し、之を再構成する所に存する。此処に判断誤謬の介在し得る可能性が横はるのである。即ち誤謬発生の可能が判断の対立性に基因する。此の如き判断の対立的契機は然し正に超克せらるべきである。此意味に於いてラスクは其判断論のうちに、判断なるものが如何にして自己自らの領域に閉籠するを得ずして、超判断的なる対象領域へ指向せねばならぬか、更にまた斯かる対象領域に対する判断主観の役割の如何なるものかを論明せねばならなかつた。斯くして判断論なるものが必然的に対象的範疇論を // 其自らの原理的根柢として前提せねばならぬことが明白であらう。判断論が哲学の論理学を其根柢に予想せねばならぬ所以である。何となれば判断対立性の論理は超対立的対象自体の論理を自己基準として之に準拠せねばならぬからである。斯くて判断論は対象的範疇を自己の目標とすることによりて、自己を哲学の論理学の領域へ高揚せしめて行かねばならぬ。之がための準備段階を見るべく、我々は次に判断領域の構造形式を一応明らかにすべきである。

47

§17.1

判断が成立するためには先づ判断決定がなければならぬ。即ち判断は肯定か或は否定かなる両者択一の態度決定（Entweder-Oder eines Verhaltens）をなさなければならぬ。然るに此決定に適中する場合と錯誤を犯す場合とがある。判断作用のうちには斯く適中性（Zutreffenheit）と錯誤性（Irrigkeit）なる対立が存する。此の如き判断作用に対応して、判断に判断意味（Urteilssinn）なるものが成立する。即ち判断作用の適中性と錯誤

る）「判斷構造」中，在這裡接受判斷的處理。判斷的本質機能在於改造對象、對其加工，換句話說，是主觀地、技巧地將對象的原本構造予以破碎並將之再構成。在這裡有著判斷謬誤的介在的可能性。也就是說，謬誤發生的可能性起因於「判斷的對立性」。不過如此的判斷的對立契機，正是應該被超克的。在這個意義之下，拉斯克在其判斷論中還必須論明，判斷之物為什麼無法自我封閉在自身的領域內，而必須指向「超判斷的對象領域」的問題，再者他也必須論明「判斷主觀」對如此的「對象領域」所扮演的角色為何。如此一來，「判斷論」必然地必須以「對象的範疇論」來作為 // 其自身原理的根柢的前提就明白了。這就是為什麼「判斷論」在其根柢中，必須預想著「哲學的邏輯學」的理由。這是因為「判斷對立性的邏輯」必須將「超對立的對象自體的邏輯」作為自身的基準並且以之為準據的緣故。如此一來，「判斷論」就必須將對象範疇作為自身的目標，藉此而將自身提升到「哲學的邏輯學」的領域。為了要看清達成此目標的準備階段，接下來我們應該要先解明的是「判斷領域的構造形式」。

47

§17.1

提要：判斷的第一次客觀

「判斷」要能夠成立，首先就必須有「判斷決定」。也就是說，必須要有進行判斷「是肯定」或「是否定」的這種「二者擇一的態度決定」（Entweder-Oder eines Verhaltens）。然而在這個決定當中，會有著「適合」的情況或「犯錯」的情況。在判斷活動中是有著如此的「適合性」（Zutreffenheit）與「錯誤性」（Irrigkeit）的對立的。對應到如此的判斷活動，在判斷中就會有判斷意義（Urteilssinn）的成立。換句話說，對應於判

性とに対応して、正当と不正当なる判断意味が定立せられる。斯くして判断意味のうちにも正当性（Richtigkeit）と不正当性（Falschheit）との対立が存在する。然らば此の如き価値対立は如何にして生起し、而して夫々を正当若しくは不正当と決定する規準は抑も如何なるものであらうか。之を決定する標識は明らかに判断意味の外に求められなければならぬ。其は真正性（Wahrheit）及び反真正性（Wahrheitswidrigkeit）なるものである。真正なるもの及び反真正なるものを夫々真正及び反真正と判断する判断意味は正当であり、真正なるものを反真正と、反真正なるものを真正と判断する判断意味は不正当である。而して此の如き真正性及び反真正性は判断決定の第一次的客観（das primäre Objekt der Urteilsentscheidung）と呼ばれ、正当及び不正当なる判断意味は判断 // 決定の直接的客観（das unmittelbare Objekt）と謂はれる。然し此の如き第一次的客観なるものは未だ判断領域を超出せる超対立的なるものとして存在するものではなく、猶ほ依然として判断的なる価値対立を形成するものたるに過ぎぬ。然るに斯かる対立的なるものが判断意味の正当性及び不正当性を決定する規準とせられることは如何にして可能であらうか。対立的なるものが如何にしても対立的なるものの規準とはなり能はぬであらう。従つて此の如き第一次的客観は其自らの真正性及び反真正性を決定する更に高次的なる規準を自己の外部に仰がなければならぬ。之が明らかに価値対立的なる判断領域を超えたる、対立的契機の存せざる超対立的対象自体として指示せられるものに外ならぬ。

48

斷活動的「適合性」與「錯誤性」，就定立出了「正當」與「不正當」的「判斷意義」。如此一來，在判斷意義中就有著「正當性」（Richtigkeit）與「不正當性」（Falschheit）的對立。這樣的話，如此的「價值對立」是如何生起的，而決定各個正當或不正當的規準，究竟又是什麼樣的東西呢？決定這個事情〔正當與否〕的標誌，明白地必須要在判斷意義之外來追求。那就是「真正性」（Wahrheit）與「反真正性」（Wahrheitswidrigkeit）。將真正之物與反真正之物，各自判斷為「真正的」與「反真正的」的這種判斷意義是正當的，將真正之物判斷為反真正、將反真正之物判斷為真正，這種判斷意義是不正當的。而如此的「真正性」與「反真正性」被稱為是「判斷決定的第一次客觀」（das primäre Objekt der Urteilsentscheidung），而「正當」與「不正當」的判斷意義 // 則被稱為是判斷決定的「直接的客觀」（das unmittelbare Objekt）。但是如此第一次的客觀之物，還不是作為超出判斷領域的超對立之物而存在的，它依然只是作為形成判斷的價值對立的東西而已。然而如此的對立之物，究竟如何可能作為決定判斷意義的「正當性」與「不正當性」的規準呢？我認為對立之物無論如何都不可能作為對立之物的規準的。因而如此的第一次客觀，必須將能決定其自身的真正性與反真正性的「更高次元的規準」仰賴於自身的外部。這一點明白地，不外是對超越價值對立的判斷領域、並且作為不存在著對立契機的「超對立的對象自體」的指示。

48

§17.2

　　然らば判断主観関係の領域は純客観的超対立的対象領域へ如何なる仕方で関係するであらうか。前述の如く、対象領域に於いては範疇形式と範疇資料との両要素の結合より成る構造形式が支配し、而して此両要素は直接的に融合するのが其本質であつた。然るに主観的能動的活動たる判断の本質機能は此の如き対象を改造し、之に加工をなす所に、言ひ換へれば対象の原本的構造を技巧的に破砕し、之を主観的に再構成する所に存するものであつた。其は原像的対象に対して常に破壊者となり、対象の根源的結合を破砕して、対象構成的ならざる反省的範疇によりて人為的に意味形像（Sinngebild）を創り出す。斯かる意味に於いて判断なるものは第二次的にして附加的なる現象である。判断は先づ対象を技巧的に破砕し、然る後に之を反省的範疇によりて再統一する仕方で把捉する。然るに原像的対象の此の如き仕方によれる把捉は必ずしも常に其真正なる模像であるのでは決してない。判断領域に於いて成立する反省的範疇は、原本的自体的に存立する対象の構成的範疇を其目標とするが、然し其 // は後者の実質的意味を稀薄にした主観的範疇たるに過ぎぬ。其は構成的範疇を原型とする謂はば模型なのである。所で対象は超主観的超対立的なるものであつた。此の如き超越的自体的対象に破壊者としての判断主観が働きかける際に現はれる最初の対立的契機が、判断決定の第一次的客観たる真正性及び反真正性であつた。此の如きものは判断主観が原本的対象領域に於ける範疇形式と範疇資料との直接的結合を破砕して、而も此両要素を構造材料として夫々を相属或は不相属、若しくは適合或は不適合なる関係形式乃至構造形式に於いて見たものである。言ひ換へれば、真正性とは範疇と範疇資料との相

49

§17.2

提要：超對立的領域與判斷的主觀

這樣的話，「判斷主觀關係」的領域是在什麼樣的方式下關係到「純客觀的、超對立」的對象領域的呢？如前所述，在對象領域中，有著由「範疇形式」與「範疇質料」這兩要素的結合所成的「構造形式」在支配著的，而這兩要素的直接融合就是其本質。然而，作為主觀的主動活動的「判斷」的本質機能，就在於將如此的對象予以改造、對之加工，換句話說，就在於將對象原本的構造予以技巧性地破碎、並且將其主觀地再構成。對於「原像的對象」，它始終是作為「破壞者」，破壞對象的根源的結合，並且透過無法構成對象的「反省範疇」，而人為地創造出「意義形象」（Sinngebild）。在這樣的意義下，「判斷」是第二次地、並且是附加的現象。「判斷」首先技巧地將對象予以破碎，然後透過反省範疇，以再統一的方式來把握之。然而以如此的方式來把握「原像的對象」，並不始終必然是其〔原像的對象的〕真正的模像。在判斷領域中成立的「反省範疇」，雖然是將原本地、自體地存立的對象的「構成範疇」作為其目標，然而這 // 不過只是將後者〔構成範疇〕的實質的意義予以稀薄化之後的「主觀範疇」而已。它〔反省範疇〕可以說是以「構成範疇」為原型的「模型」。再者，「對象」卻是超主觀的、超對立之物。作為破壞者的判斷主觀，在對如此的超越的、自體的對象施以作動之際，所顯現出來的最初的對立契機，就是作為判斷決定的第一次的客觀的「真正性」與「反真正性」。這樣的東西[139]是判斷主觀將在原本的對象領域中的「範疇形式」與「範疇質料」的直接結合予以破碎，並將這兩要素作為「構造材料」，各自置於相屬或不相屬、適合或不適合的關係形式或「構造形式」中所觀看到的結果。換句話說，所謂的「真正性」指示著範

49

---

139 譯注：「這樣的東西」是指「真正性與反真正性」。

属的又は適合的関係形式を指示し、之に反して反真正性とは此両要素の不相属的又は不適合的関係形式を指示するものである。斯様にして判断領域に於いても此の如き両要素の組織関係が言ひ表はされるのであるが、然しながら其関係は対象領域に於けるが如き直接的結合の場合とは結合の仕方を異にする。其は寧ろ対象の此の如き結合を破砕することによりて成立する分裂的対立的なる領域である。所で此対立的領域は技巧的なる領域である。而して此技巧性（Künstlichkeit）は超対立的対象領域からの距離に応じて増大するものである。然らば斯くの如き対立性と技巧性とを成立せしむるものは如何なるものであらうか。之は明らかに主観性であるに外ならぬ。主観性が原本的対象の構造形式を技巧的に破砕することによりて範疇と範疇資料との結合を柔弱にするか或は全然歪曲する。之によりて反真正性、不正当性及び不適合性なる諸判断概念が生起する。判断領域は此の如き種々なる段階を指示するものに外ならぬ。斯くしてラスクに於ける判断主観なるものにはカントに於けるが如き対象構成的機能を賦与せられ能はぬことが明白であらう。此のことは認識論其自らの哲学的反省にとりて極めて重要なる意味を有するものである。対象領域に於ける範疇と範疇資料

50 //とが何等の媒介作用を俟たずして直接的に結合せられて自体的独立的に存立するといふことは、対象其自体が其自らの成立のためには何等認識作用を必要とせず、其は従つて此の如き主観作用を超越したる超対立的絶対的なるものたることを意味するに外ならぬ。ラスクに於いても認識主観は矢張り判断主観であるが、然しながら其は最早対象構成的、積極的なる意味を全然喪失して、専ら対象解体的、消極的なる役割をしか持ち能はぬものであつた。此処に於いてカントの所謂コペルニクス的業績の意義は、認識主観なるものが認識対象の立法者たる意味に解せらるべきではなく、寧ろ先験論理的なるものが対象の全領域を支配するといふ如き所謂論理的な

疇與範疇質料的「相屬的」或「適合的」關係形式，反之「反真正性」則是指示著這兩個要素的「不相屬的」或「不適合的」關係形式。透過這樣的方式，雖然在判斷領域中如此的兩要素的組織關係能夠被言表出來，然而這個關係與在對象領域中的直接結合的情況，在結合方式上是不同的。它毋寧是屬於透過將對象的如此結合予以破碎而成立出來的分裂的「對立的領域」。不過這個對立的領域是技巧的領域。而這個「技巧性」（Künstlichkeit）隨著與超對立的對象領域之間的距離的增大而增大。[140] 這樣的話，能讓如此的「對立性」與「技巧性」得以成立的東西又是什麼樣的東西呢？這明白地不外就是「主觀性」。主觀性技巧地將原本的對象的構造形式予以破碎，藉由此而「弱化」或全然地「扭曲」範疇與範疇質料的結合。透過這樣的方式，反真正性、不正當性以及不適合性等等的諸判斷概念就生起了。判斷領域所指示的不外就是如此的種種階段。如此一來，就可以明白地看到，拉斯克哲學中的「判斷主觀」，並不像康德哲學中的判斷主觀那樣，是不能夠被賦予「對象構成」的機能的。這對於認識論自身的哲學的反省來說，有著極為重要的意義。對象領域中的「範疇」與「範疇質料」// 並不依賴於任何媒介作用，就直接地結合在一起並且是自體地、獨立地存立的，這不外是意味著「對象自體」在其自身的成立上，並不需要任何的認識活動，對象自體因而是超越了如此主觀活動的「超對立的、絕對之物」。雖然在拉斯克哲學當中，認識主觀仍然是判斷主觀，然而它早就已經全然喪失了對象構成的、積極的意義，而只能夠扮演著對象解體的、消極的角色而已。在這裡，康德所謂的哥白尼的業績的意義，就不應該被理解成「認識主觀」是作為「認識對象的立法者」的意思，毋寧應該要被理解為「先驗邏輯之物」對「對象的全部領域」的支配的這種所謂的「邏輯之物的汎主宰」（Panarchie des

50

---

140 譯注：這裡的意思是說，「與超對立的對象的距離愈遠」表示添加的「主觀的技巧愈大」。

るものの汎主宰（Panarchie des Logischen）なる意味に理解せらるべきものとなる。此のことは抑も如何なる意味を有するものであらうか。我々は次に之を明らかにしよう。

§18.1

　　本質的には未だ依然として判断領域に所属していて、而も対象領域に最も接近せるものは我々の前に見た判断決定の第一次的客観たる真正性と反真正性とであつた。即ち第一次的客観なるものは原本的対象の構造形式の主観性による技巧的破砕の際に最初に生起する所の判断対立性であつた。従つて其は対象領域に最接近的なるものにしても、未だ対象的意味を有ち得ない。斯かるものとして其は当然判断主観の領域に所属するのであるが、然し判断作用が定立する所の正当性と不正当性との対立を有する如き判断意味とは異なるものであつて、寧ろ斯かる対立の規準となるものであつた。此際真正性は絶対肯定の要求者として正当性の規準となり、反真正性は之に反して絶対否定の要求者として不正当性の規準をなすものである。此の如き第一次的客観を更に破砕して、之を反省的範疇によりて処理し以つて肯定乃至否定の判断を下すことによりて生じたるものが即ち判断意味 // なのである。而して之が第一次的客観との一致或は不一致によりて正当性と不正当性との価値対立を現出せしめるのである。然るに此第一次的客観なるものは未だ判断意味ではなく、此の如き判断意味を成立せしむる意味成素（Bestandsstück des Urteilssinnes）として判断意味の対立性の根柢に必然的に予想せらるべき所のものである。夫故に第一次的客観の本質的意味は、主観関係性の対立的契機を超越せる対象の超対立的領域と判断主観の技巧性の附加せる判断意味の対立性の領域との中間領域に其位置を占むる其自身対立的なる判断成素のうちに見出されるものである。斯かる

Logischen）的意義。這到底擁有什麼樣的意義呢？這是我們接下來要予以解明的。

§18.1

提要：超對立的對象與第一次的客觀

在本質上還仍然屬於「判斷領域」，然而卻又是最接近「對象領域」的東西，是我們之前所看過的作為判斷決定的第一次的客觀的「真正性」與「反真正性」。也就是說，「第一次的客觀」是「原本的對象的構造形式」被「主觀性」技巧地破碎的時候，最一開始所生起的「判斷的對立性」。因而它雖然是最接近於對象領域之物，但是卻還不擁有「對象」的意義。作為這樣的東西，它雖然理所當然地屬於「判斷主觀」的領域，但是卻不同於有著被判斷活動所定立出來的「正當性與不正當性的對立」的這種「判斷意義」，它毋寧是作為如此正當性與不正當性的「對立的基準」。這個時候「真正性」作為絕對肯定的要求者，而成為「正當性的基準」，「反真正性」則相反地作為絕對否定的要求者，而構成了「不正當性的基準」。如此進一步地將「第一次的客觀」予以破碎，將其透過「反省範疇」來處理、藉此而對其做出「肯定」或「否定的判斷」所產生出來的結果，就是「判斷意義」//。而它[141]是透過與「第一次的客觀」的「一致或不一致」，來顯現「正當性與不正當性」的「價值對立」之物。然而這個「第一次的客觀」還不是判斷意義，「作為讓如此的判斷意義得以成立的意義成素」（Bestandsstück des Urteilssinnes），它必須是在「判斷意義的對立性」的根柢中必然地要被預想之物。因而「第一次的客觀」的本質意義，是在超越了主觀關係性的對立契機的對象的「超對立的領域」，與判斷主觀的技巧性的附加的判斷意義的「對立性的領域」的「中間領域」中，佔有其位置的「自身對立的判斷成

51

---

141 譯注：「它」應是指「判斷意義」。

ものとしての第一次的客観なるものは従つて正当性と不正当性との如き判断決定のための最後の規準となり能はぬことが明白である。夫故に此の如き第一次的客観なるものは判断の価値決定の究極的なる規準原理をなすものでなく、之を更に其自らの外部に仰がなければならぬ所以である。斯くして求められたものが即ち原本的超対立的対象であるに外ならぬ。ラスクに於いて此の如き対象が結局一切の価値対立性の究極的規準原理と看做されていたことは、此意味に於いて其哲学が究極原理的なるものに逢着している所以のものを指示する。ラスク哲学の我々に興味あるものも此点に存するに外ならぬ。然るにカント哲学の立脚し而も之に忠実であらんことを欲する其哲学の志向する究極地は果してカント的であらうか。

§18.2

　　カントとラスクとに於いて対象の概念が縦令同じく先験論理的に理解せられていたにしても、其は各々によりて異なりたる意味を賦与せられていた。カントの場合に於いては其が認識主観の悟性形式たる範疇の綜合的統一機能によりて構成せられたる現象概念を意味するものであつた。即ち対象なるものが判断主観の作用によりて定立せられたる認識現象であつた。此処に於いては判断主観が対象の立法者であると看做された。即ち対象なるも//のが成立し得るためには、此の如き判断主観が前提せられていなければならぬと看做されていた。別言すれば、対象領域は判断領域を其原理的根柢とするのでなければならぬとせられた。然るにラスクの対象概念の意味は正に此の如き関係を逆に見たものであつた。即ち対象領域が判断主観によりて何等侵犯せられ能はざる原本的根源現象として自体的独

素」中來找出的。作為如此的第一次的客觀，因而無法就成為「正當性」或「不正當性」的這種「判斷決定」的最終的規準，這一點也就明白了。因此如此的第一次的客觀，並不是構成判斷的「價值決定」的究極的規準原理，而這是為什麼它〔判斷的價值決定的究極的規準原理〕必須再進一步地仰賴在其自身的外部的東西的理由。如此一來，所要追求的東西不外就是「原本的超對立的對象」。在拉斯克哲學中，如此的對象最終被當作是一切的價值對立的究極的規準原理，而在這個意義下，拉斯克的哲學之所以會遭遇到（逢着している）究極原理之物的理由，就被指示出來了。我們之所以對拉斯克的哲學感到興趣，無非也就在這一點。然而立足於康德哲學之上，並且打算忠實於康德哲學的拉斯克的哲學，其哲學所意向的究極境地，果真可以說是康德式的嗎？

§18.2

提要：拉斯克對「哥白尼轉向」的解釋

　　儘管在康德與拉斯克哲學中的「對象」概念，都同樣地被理解為是「先驗邏輯式的」，但是其各自還是被賦予了不同的意義。在康德的情況，「對象」意指的是透過作為認識主觀的悟性形式的範疇的綜合統一機能所構成的「現象」概念。也就是說，「對象」是為「判斷主觀的活動」所定立出來的「認識現象」。在這裡「判斷主觀」被視為是「對象」的立法者。也就是說，要讓「對象」//得以成立，如此的「判斷主觀」必須要被當作「前提」。換句話說，「對象領域」必須以「判斷領域」為其原理的根柢。然而拉斯克的「對象」概念的意義，恰恰是顛倒過來看這樣的關係。也就是說，「對象領域」作為不會受到「判斷主觀」的任何侵犯的「原本的根源現象」，而被視為是自體地、獨立地存立之物。在這裡，判斷主觀並不是作為

52

立的に存立するものと看做されていた。此処では判断主観が対象成立のための前提となるのではなく、却つて対象なるものが判断領域を構成せしむる原理的根柢をなすものであつた。対象領域は存在界と妥当界とを包容する其自体広汎なる超対立的世界であつた。存在と妥当とは対象領域を成立せしむる所の構成的領域範疇（konstitutive Gebietskategorie）であるに外ならぬ。然るに存在界と妥当界とは相並立するものではなく、両領域の間には階層関係が存する。我々の前に見た如く、存在界は存在範疇と存在するものの範疇資料との原本的結合によりて成立するものであるが、然し其存在範疇は妥当界の資料たる妥当するものであるに外ならぬ。斯くして存在界は両階層の下層として、妥当界は其上層として相互に密接的なる組織構造をなすものである。此の如き両階層が即ち先験論理的なる対象領域であると謂れ、其範疇は構成的であると呼ばれる。判断の領域とは恰かも此の如き原本的なる対象を把捉する第二次的対象獲得的現象を成り立たしむる主観的範疇の領域であり、而して此の如き範疇が反省的（reflexiv）であると呼ばれる。此の如き反省的範疇が主観性の形式であるに外ならぬ。然るに之とは截別せらるべき構成的範疇は主観的形式ではなく、対象其自体の形式である。対象の領域は存在と妥当とを基本的なる構成的範疇として、此領域範疇の下に資料の雑多性によりて諸種の特殊的個別的なる範疇関係が分化せられる。範疇関係の特性は、範疇形式が範疇資料に対妥当（hingelten）し、後者は前者に // よりて当触（betreffen）せられる所に存する。対象とは恰も此の如き性質を有する範疇形式と範疇資料との原本的直接的結合であつた。斯かるものとしての対象は判断領域に全然無関的であり、之を超越したる自体的存立であり、従つて判断主観によりて侵害若しくは毀損せられ得ざる独立的なるものである。斯くの如き対象概念が同じくコペルニクス的転換の先験的理説の立場によりて獲得せられたものであるに拘らず、カントの場合に於けるが如き判断主観によれる構成の意味を

53

讓對象得以成立的前提，反倒是「對象」是作為讓「判斷領域」得以構成的原理的根柢。「對象領域」是將存在界與有效界皆包容在內的、其自體廣泛的「超對立的世界」。「存在」與「有效」不外是讓對象領域得以成立的「構成的領域範疇」（konstitutive Gebietskategorie）。然而存在界與有效界並不是相互並立的，在兩個領域之間存在著階層的關係。就如我們先前所見，「存在界」是透過「存在範疇」與存在之物的「範疇質料」的原本的結合而成立的，但是存在界的「存在範疇」不外就是作為有效界的「質料」的「有效之物」。如此一來，存在界作為兩階層的下層，而有效界則作為其上層，兩者構成相互之間緊密接合的組織構造。如此的兩階層被稱為「先驗邏輯的對象領域」，其範疇則被稱為是「構成的」。而「判斷領域」正就是讓把握如此的原本的對象的「第二次的對象獲取的現象」得以成立的「主觀的範疇領域」，而如此範疇則被稱為是「反省的」（reflexiv）。如此的反省範疇不外是「主觀性」的形式。然而應與之截然分別開的「構成範疇」，並不是主觀的形式，而是「對象自體」的形式。對象領域以「存在」與「有效」作為基本的構成範疇，在這兩個「領域範疇」之下，透過質料的雜多性而被分化成各種特殊的個別的「範疇關係」。範疇關係的特性在於：「範疇形式」對「範疇質料」是「向有效的」（hingelten），「範疇質料」則是「範疇形式」所關涉（betreffen）// 之物。所謂的「對象」恰恰就是有著如此性質的「範疇形式」與「範疇質料」的原本的直接的結合。作為如此之物的「對象」與「判斷領域」是全然無關的、是超越判斷領域而自體地存立的，從而是不會受到「判斷主觀」的侵害或毀損的獨立之物。儘管這樣的「對象」概念也同樣是透過「哥白尼的轉向」的「先驗理說」的立場所獲得之物，但是它是全然喪失了像康德哲學那樣的為判斷主觀所構成的意義，而是有著純粹

53

全然喪失して、純粋にして且つ積極的なる意味を有する自体的存立であつた。此のことに関してラスク自らは次の如く言明している。「コペルニクス的理説の前提の下に於いてでさへも、判断領域に於ける特質的なるもの其自らが対象の中へは持ち込まれるを許されぬことが今や明確である。コペルニクス的に解釈せられたる対象領域、言ひ換へれば範疇と範疇資料との結合によりて成れる対象的根源構造は超対立的規準をなすものとして判断領域の特有的なる諸現象に対極するものである。」[5]

§18.3

斯くしてカントによりて創始せられた先験論理学はラスクに至りて其本来の主観主義的傾向を喪失して、純粋客観論理的なる意味を賦与せられる場所に達した。従つて此処では判断主観なるものはカントに於けるが如き対象構成的積極的なる意味を賦与せられ能はずして、寧ろ其に対象解体的消極的なる役割をのみ演ぜしむるに留まつた。此処に至りてコペルニクス的理説の真意義は、認識主観が認識せらるべき対象の立法者となることをではなく、却つて認識主観を超越したる純粋客観論理的なるものが対象界の全領域を普ねく支配するといふ論理的なるものの汎主宰を意味する

---

[5] Emil Lask, Gesammelte Schriften, II. Band, S. 366. "Jetzt ist der Nachweis erbracht,dass auch unter den Voraussetzungen der kopernikanischen. Lehre gerade das, was der Urteilsregion das Gepräge gibt, nicht in die Gegenstände hineinverlegt werden darf. Auch die kopernikanisch inerpretierte Gegenstandsregion, die gegenständliche Urstruktur, das Ineinander von Kategorie und Kategorienmaterial, steht als übergegensätzlicher Massstab den spezifischen Phänomenen der Urteilsregion gegenüber. "

的、而且積極的意義的自體存立之物。關於這一點，拉斯克自己是這麼說明的：「就算是處於哥白尼的理說的前提之下，判斷領域中的特質自身，也不允許被帶入『對象』當中的，這點現在已經明確了。被哥白尼式地解釋的『對象領域』，換句話說，透過『範疇』與『範疇質料』的結合而成立的對象的根源構造，作為構成超對立的規準，是與判斷領域的特有的諸現象完全相反之物。」[5]

§18.3

提要：先驗邏輯學與邏各斯的邏輯學

如此一來，為康德所創始的「先驗邏輯學」，到了拉斯克就喪失了其本來的主觀主義的傾向，而達到了被賦予「純粹客觀邏輯」的意義。因而在這裡，「判斷主觀」就不能夠被賦予如同在康德哲學中的「對象構成」的積極意義，它毋寧僅止於扮演著「對象解體」的消極的角色而已。到了這一步，哥白尼的理說的真義，就不應該被解釋成「認識主觀是所認識的對象的立法者」，反而應該被解釋成是超越了認識主觀的「純粹客觀邏輯之物」普遍地支配著「對象界」的全部領域的這種「邏輯之物的汎主宰」的意思。即使規定「對象的構造」的東西是這種「客觀的邏輯」，但是它決然不可能是「判

---

[5] Emil Lask, Gesammelte Schriften, II. Band, S. 366. "Jetzt ist der Nachweis erbracht,dass auch unter den Voraussetzungen der kopernikanischen. Lehre gerade das, was der Urteilsregion das Gepräge gibt, nicht in die Gegenstände hineinverlegt werden darf. Auch die kopernikanisch interpretierte Gegenstandsregion, die gegenständliche Urstruktur, das Ineinander von Kategorie und Kategorienmaterial, steht als übergegensätzlicher Massstab den spezifischen Phänomenen der Urteilsregion gegenüber."

にあると解せらるべきである。対象の構造を規定するものが此の如き客観論理的なるものであるにしても、其は決して判断論理的なるものではあり得ない。斯くしてカントの認識批判論其自身が更 // めて哲学的批判を受くべき宿命を自らのうちに内有するものであつて、此処に於いて哲学の論理学なるロゴス論理学（Logologie）が新たに創設せられるに至つたのである。 先験論理学は従つて、此の如きロゴス論理学であるべきであつて、単なる悟性判断の論理学を意味するものでないことが今や明白であらう。斯くして判断対立性の論理は必然的に絶対統一性の超対立的論理の領域へ自己を高揚せしめなければならぬ。之が即ち判断論から対象範疇論への移行であるに外ならぬ。然らばラスクの到達した斯くの如き超対立的対象の概念は我々の研究が顕揚すべき真理自体概念とは果して同一の領域に於いて共存するものであらうか。我々は最後に斯く問はねばならぬであらう。我々の今迄の論述によりて既に明らかなる如く、其は純粋論理的概念であつて、真理自体が意味する純粋事実存在の概念とは直ちに契合すべくもない。其は純粋客観的意味自体として判断主観性を超えたる領域に存立するといふ意味に於いて我々の真理自体概念に甚だ近接的であるが、然し是故を以つて両者が直ちに同一なのではない。ラスクの超対立的対象の概念は寧ろボルツアノに於ける真理自体の概念と相合致するものと見らるべきであらう。前者の対象概念に所属する基本的概念は全対象領域を包括する最高形式としての妥当概念であつて、而して此概念が純粋客観的意味を有するといふことは、之が明らかにボルツアノに於ける定言的根本妥当として存立する積極的なる命題自体のうちに含まれる純粋意味自体の概念と相契合するものなることを意味するであらう。ラスクの此の如き対象概念は恰も我々によりて擬而真理自体として顕揚せられ得べき概念に該当するものであつて、之が哲学論究の一重要問題として提出せらるべき所のものである。此のことに就いての詳細なる論述は後来第三章に俟つこととして、今

斷邏輯」。如此一來，康德的認識批判論本身，可以說在其自身當中，就內在地包含著要再次地 // 接受哲學的批判的宿命，在這裡一門作為「哲學的邏輯學」的「邏各斯的邏輯學」（Logologie）就被全新地創設出來了。「先驗邏輯學」從而應該是如此的「邏各斯的邏輯學」，而不是意味著單純的「悟性判斷的邏輯學」，這一點我們現在明白了。如此一來，判斷對立性的邏輯就必然地必須要將自己提昇到絕對統一性的「超對立的邏輯」的領域。這無非是從「判斷論」到「對象範疇論」的移行。這樣的話，拉斯克所到達的如此「超對立的對象」的概念，與我們的研究所應該要顯揚的「真理自體」概念，到底是不是在同一的領域中共存的東西呢？我們終究必須如此來提問。就像我們到目前為止的論述所已然解明的，拉斯克的「超對立的對象」是「純粹邏輯」的概念，與真理自體所意味的「純粹事實存在」的概念也並不直接地契合。它在作為「純粹客觀的意義自體」而在「超越判斷主觀性的領域」中存立的這個意義之下，是與我們的真理自體概念極為接近的，但是兩者並不因此而直接地是同一之物。拉斯克的超對立的對象概念，毋寧應該被視為是與波扎諾思想中的真理自體的概念相合致之物。屬於前者〔拉斯克的〕的對象概念的這個基本概念，是作為包括全部對象領域的最高形式的「有效概念」，而這個概念是有著「純粹客觀的意義」的，這意謂著拉斯克的對象概念明白地是與在波扎諾哲學中的、作為定言的根本有效而存立的、積極的「命題自體」中所包含的「純粹意義自體」的概念相契合之物。拉斯克的如此的對象概念，恰好就相當於被我們作為「擬而真理自體」所要顯揚的概念，這應作為在哲學論究上的一個重要問題而被提出。關於這一點的詳細論述，我將其留待〔本論著的〕第三章，現在我們暫且只要闡明拉斯克的

は差当りラスク哲学の我々の研究に寄与する積極的意義を明らかにし、其
55 // 中に純粋論理学なる新たな領域の開かれ得べきことの示唆のみを顕揚す
るを以つて満足とせねばならぬ。

哲學，對我們的研究所賦予的積極意義，並且 // 顯揚出在其中，有著得以開　　55
拓出一門「純粹邏輯學」的嶄新領域的提示就夠了。

譯注者後記

　　開始翻譯這本書的時候，說沒有放棄的念頭是不可能的。對我來說，如果不是嚴格意義下的哲學家，翻譯就沒有動機，因而這份工作有很長一段時間是在懷疑中前進。撰寫解說的時候，正好經歷了很多事情，脾氣變得暴躁，還好還可以勉強自己做做翻譯。定稿的時候，心情也是矛盾的，明明知道是重要的文本，又無法做到最好，只能在不確定中一路向前。不過事情就算沒有變好，似乎也會淡去，疑點即使盤根錯節，好像也會露出一點端倪，雖然真假虛實一樣難以分辨，但或許現實世界本來就是如此。不論如何，第一分冊出版了，讀者在這裡可以看到一個具原創性的思想型態，用詞嚴謹、概念清楚明白。曾天從將自己的想法，置於與各個哲學家的對決中來逐步展開、擴大為一個體系，將其分辨出來需要一點時間。學界這些年來，忙於吸收各種知識，要自行判斷經典變得困難。其實學術各有強項，原本就強求不得，雖說術業有專攻，學術有自律，但是只要涉及「臺灣哲學」這個名稱，歷史糾結就纏繞不去。或許就像木村敏說的，研究者與被研究的對象「之間」（あいだ），在生命的底部不可能沒有任何連關。這種「連關」因為不是存在之物，就存在來看是無，所以要體會到它的存在，大概只有在失去的時候。

　　跟很多同時代的研究者一樣，筆者在大學的時候，就知道曾天從在青文出版社的那一套中文書，但是被其煩瑣、看似無差別的概念所困擾，很快就棄之不顧。但是現在看來，原來各個看似無差別的概念，與德文之間有著明確的對應關係，看似煩瑣其實是不混淆，或許因此才能看到別人所看不到的地方。重新開始注意到他，大概是洪子偉在推動臺灣哲學的時候，想想距今也應該快十年了。但是知道這一本書是更早的事，記得有一陣子在清華過得不是很愉快，於是開始翻譯日本哲學，在這期間也順便去臺大哲學系系圖、

文圖看看，知道林義正老師在整理臺灣哲學的文獻，也就順便去拜訪，在他的研究室裡，第一次看到這本書。當時臺大總圖沒有這麼多限制，事後找到機會就將它影印了，但是就一直放著。直到開始翻譯洪耀勳的時候，才拿出來對照著看，慢慢地摸清楚他的著作性格。曾天從在解說其他的哲學家的時候，是將自己的理解與批評置於其中，然後再逐步地將其突顯出來，或許是習慣上的一致，比較能體會這中間的轉折，但是由於牽涉到的不只一位哲學家，讓這個轉折相當細微（nunance），實際解說的時候，遭遇到不少困難。每每變動一個語詞或意義，就必須從頭來過，無法面面俱到。讀者在閱讀的時候，可以體會到二十世紀以後的哲學研究者，所背負的哲學史知識之沉重。但是它並沒有淹沒我們這位 26 歲的哲學家，反而讓他的體系更廣且深。如此的綜合能力是罕見的，其學識背景的來源，想必需要許多可信賴的二手資料，而這些或許仍留存在臺大圖書館，這一點只能留待後人的解明。

在筆者的想法裡面，哲學是理論的工作，理論的概念是理想的，然而其目標在把握現實世界。或許是因為如此，所以在某種意義上，哲學理論都是一種「顛倒世界」。表面上來看，現實不同於邏輯（理論），理論只能把握完結之物（對象）（Gegenstand），現實始終比對象還多，它是「超（溢出、多於）對象之物」（Übergegenständliches）。在這個意義下，理論是現實的顛倒，完結無法把握未完結。明白地分別開兩個世界，用同一的邏各斯（道）來貫穿之，形成向上之道（*analogos*）與向下之道（*katalogos*），回到邏各斯的本義，展開其所具有這兩條路徑，可以說是曾天從的目標，是其對永恆哲學的貢獻，也是其所未完成的工作。要了解這個體系的構想，我們要先了解認識的本質及其問題。在當代哲學中，首選的人物自然是胡塞爾，當初譯《現象學的觀念》的時候，就有這種模糊的感覺，也證明是正確的選擇。

本譯注得以完成，首先要感謝周碧娥、蔡英俊兩位人社院前院長，以及人社院孫立梅秘書，在我意志消沉的時候，給與我繼續的動力。其次感謝

歐美所的洪子偉教授對臺灣哲學的推動，讓塵封已久的記憶能夠被喚醒。再者也要感謝世新大學的高君和教授，高教授幫我補足了當初影印時的缺頁，而且大小完美一致，讓翻譯這個傷眼的工作，能帶著愉快的心情。初譯的工作，是由在日本留學的傅培剛完成，幫筆者解決了許多難題。日文部分是由筆者的國科會助理二鄉美帆博士負責，譯文每一個字句，我們都討論過，有模稜兩可、妥協、固執的地方，但不論如何，任何的選詞、更動，都是一個可能的解讀，有新的收穫，也有自身詮釋的涉入，大概翻譯都是如此，而一如往常地，任何錯誤都由筆者個人承擔。再者要感謝國立清華大學出版社，在翻譯上給予我極大的自由，編輯劉立葳的細心校對，提供了許多編輯上的建議，也是特別要感謝的。最後一樣要感謝自己的父母親、婷琪與久晏，沒有他們的支持，這本譯注是無法順利完成的。

國家圖書館出版品預行編目 (CIP) 資料

真理原理論：純粹現實學序說. 第一分冊(論項1-18)/曾天從
著；黃文宏譯注/解說. -- 初版. -- 新竹市：國立清華大學出版
社, 2023.05

260面 ; 17×23公分

ISBN 978-626-97249-1-8(平裝)

1.CST: 真理論

166   112003794

真理原理論——純粹現實學序說
第一分冊 （論項 *1-18*）

作　　者：曾天從
譯 注 者：黃文宏
發 行 人：高為元
出 版 者：國立清華大學出版社
社　　長：巫勇賢
執行編輯：劉立葳
地　　址：300044 新竹市東區光復路二段 101 號
電　　話：(03)571-4337
傳　　真：(03)574-4691
網　　址：http://thup.site.nthu.edu.tw
電子信箱：thup@my.nthu.edu.tw
其他類型版本：無其他類型版本
展 售 處：紅螞蟻圖書有限公司 (02)2795-3656
　　　　　　http://www.e-redant.com
　　　　　　五南文化廣場 (04)2437-8010
　　　　　　http://www.wunanbooks.com.tw
　　　　　　國家書店 (02)2518-0207
　　　　　　http://www.govbooks.com.tw
出版日期：2023 年 5 月初版
定　　價：平裝本新臺幣 300 元

ISBN 978-626-97249-1-8　　GPN 1011200424

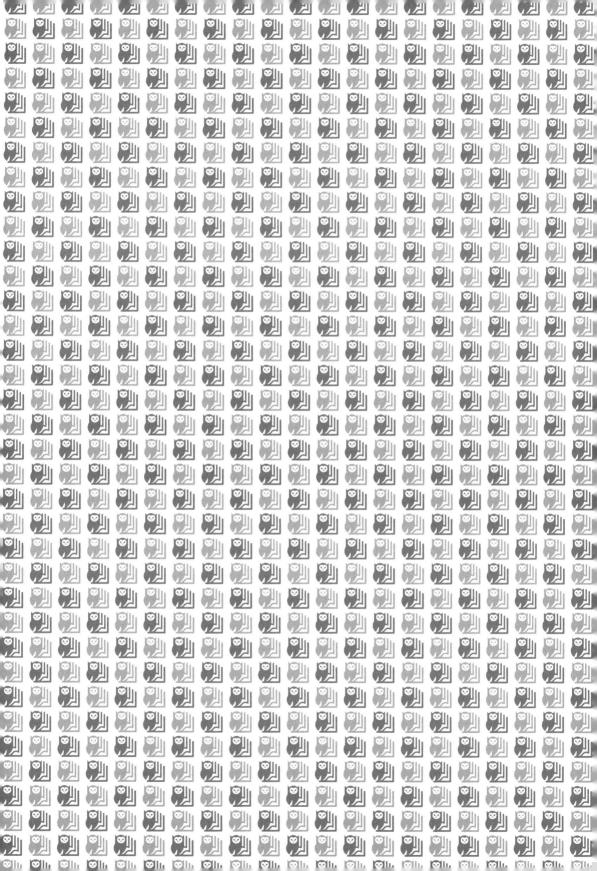

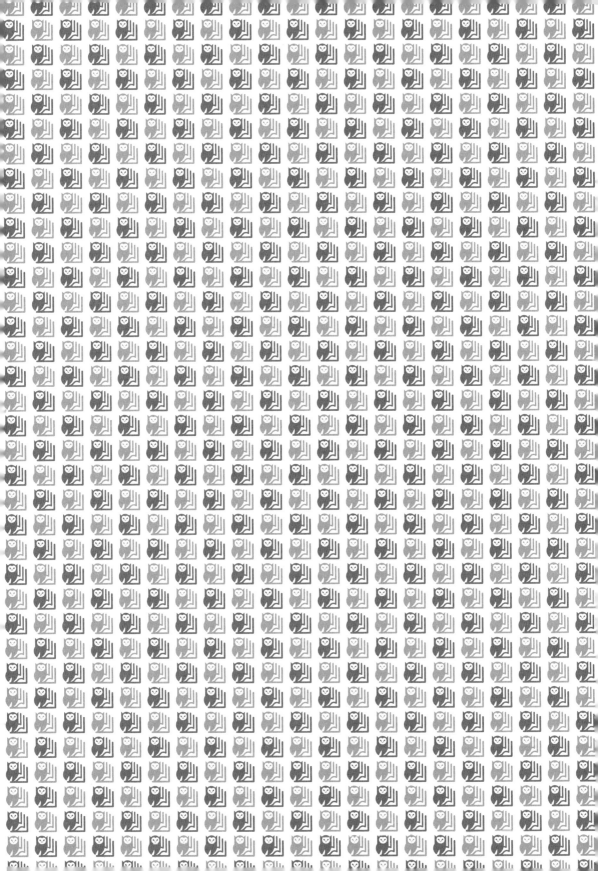

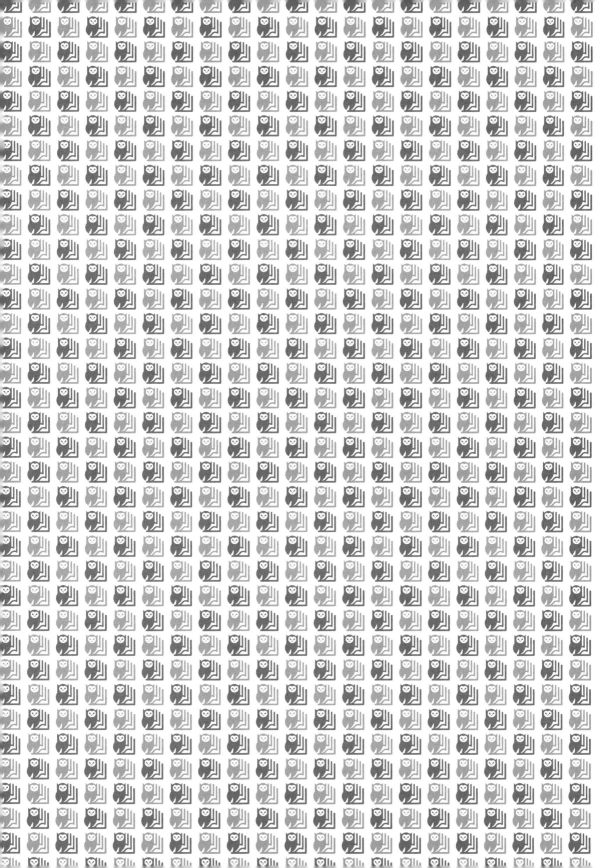

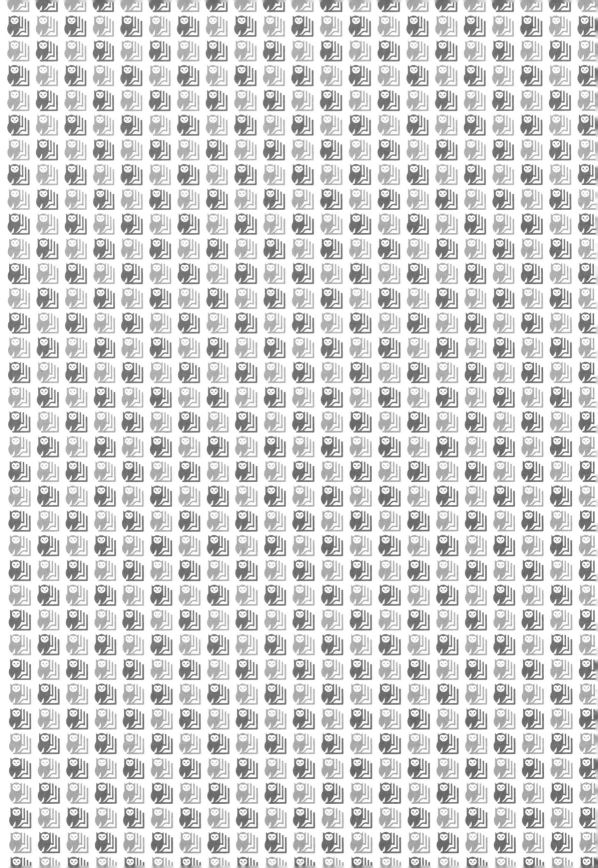